世界遺産シリーズ

JN122843

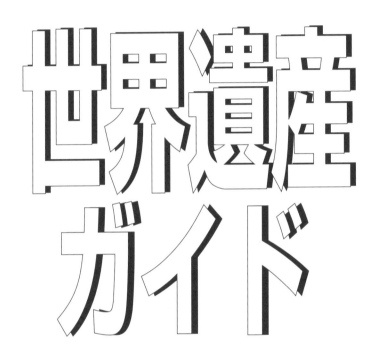

世界遺産ガイド

－日本編－
2024 改訂版

《 目　次 》

■日本の世界遺産暫定リスト記載物件　各物件の概要

【資料・写真提供　敬称略】

文化庁文化財保護部記念物課、環境省自然保護局自然保護課、環境省自然保護局東北地区自然保護事務所、㈳北海道観光連盟東京案内所、知床羅臼町観光協会、知床斜里町観光協会、青森県教育庁文化財保護課、青森県観光推進課、青森県観光情報アプティネットaptinet、深浦町教育委員会、深浦町観光課、西口正司氏、西目屋村企画観光課、秋田県総務部広報課、藤里町企画課、八峰町観光工商観光課、鹿角市産業建設部 観光商工課、岩手県広聴広報課、商工労働観光部、㈳岩手県観光連盟、㈶岩手県観光協会、平泉町農林商工観光課、㈳平泉観光協会、新潟県佐渡市産業観光部世界遺産推進課、群馬県庁企画課ぐんまイメージアップ推進室、富岡市教育委員会世界遺産推進課、中之条町教育委員会、栃木県商工労働部観光交流課、日光市観光商工課、㈳日光観光協会、東京都小笠原支庁、小笠原村観光局／OTA/OVTB、東京都台東区世界遺産登録推進室、神奈川県広報課、商業観光流通課、鎌倉市観光課、鎌倉市観光協会フォトライブラリー、岐阜県商工局、岐阜県文化課、㈳岐阜県観光連盟、岐阜デジタルアーカイブ、白川村商工観光課、白川郷観光協会、富山県商工労働部観光課、㈳富山県観光連盟、五箇山観光協会、富士宮市役所商工観光課、滋賀県商工観光政策課、京都府商工部観光・商業課、京都市文化財保護課、京都市産業観光局観光部観光振興課、京都市総務局国際化推進室、神崎順一氏、宇治市商工観光課、滋賀県広報課、商工観光政策課、㈳びわこビジターズ・ビューロー、大津市観光課、彦根市観光課、歴史街道推進協議会、㈳堺観光コンベンション協会、奈良県文化観光局、奈良市経済部観光課、斑鳩町観光産業課、吉野町、橿原市観光課、三重県農水商工部観光・交流室、和歌山県教育庁生涯学習局文化遺産課、和歌山県観光振興課、和歌山県広報課＜和歌山県フォトライブラリー＞、高野町、㈳和歌山県観光連盟、兵庫県産業労働部国際交流局観光交流課、姫路市産業局商工部観光振興課、島根県教育委員会文化財課、㈳島根県観光連盟、広島県、広島市市民局平和推進室、㈶広島平和文化センター情報資料室、廿日市市観光課、北九州市産業経済局商業・観光部観光課、福岡県宗像市経営企画部経営企画課世界遺産登録推進室、

（一社）長崎県観光連盟情報企画部情報企画課、長崎市さるく観光課、環境省屋久島世界遺産センター、屋久島自然保護官事務所、鹿児島県観光課、鹿児島観光連盟、屋久杉自然館、松本薫氏、屋久島町観光商工課、種子屋久連絡協議会、沖縄県広報課、那覇市経済文化部観光課、ユネスコ。ユネスコ世界遺産センター、IUCN（国際自然保護連合）、ICOMOS（国際記念物遺跡会議）、Bahrain Authority for Culture and Antiquities、シンクタンクせとうち総合研究機構、世界遺産総合研究所／古田陽久

【表紙写真】

（表）　（裏）

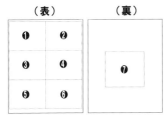

❶鹿苑寺＜金閣寺＞（京都府）
❷日光東照宮・陽明門（栃木県）
❸那智大滝・那智原始林（和歌山県）
❹富岡製糸場（群馬県）
❺大仙陵古墳（大阪府）
❻熊野古道（和歌山県）
❼佐渡・道遊の割戸（新潟県）

日本の世界遺産　概説

古都京都の文化財（京都市、宇治市、大津市）
（**Historic Monuments of Ancient Kyoto（Kyoto, Uji and Otsu Cities**）

第18回世界遺産委員会プーケット会議（タイ）　1994年登録
文化遺産　登録基準（ii）（iv）

写真：金閣寺（京都市北区）

　昨今、戦争や紛争のない平和と安全な社会が担保されての世界遺産であることを痛感する。世界遺産とは、ユネスコ（国際連合教育科学文化機関）の世界遺産条約に基づいて、「世界遺産リスト」に登録された自然遺産や文化遺産のことで、2024年1月現在、自然遺産が227、文化遺産が933、自然遺産と文化遺産の両方の登録基準を満たす複合遺産が39で、合計では、世界の168の国と地域にまたがる1199である。

　世界遺産条約が採択されたのは、1972年のユネスコ総会で、地球上の「顕著な普遍的価値」（Outstanding Universal Value 略称 OUV）を有する自然景観、地形・地質、生態系、生物多様性などの自然遺産と人類が残した遺跡、建造物群、モニュメントなどの文化遺産を自然災害や人為災害などあらゆる脅威や危険から守っていく為の国際的な保護条約のことである。

　ユネスコは、世界遺産条約採択50周年であった一昨年の2022年を「The Next 50」と題して、世界遺産をレジリエンス（困難への適応能力）、人類、イノベーションのシンボルとして、過去を単に振り返るのではなく、これからの50年間、いかに世界遺産がこれらの価値を維持し持続的成長していけるかを問い、未来への方向性を提唱する年と定めた。

　「世界遺産リスト」には、自然と文化の各分野を代表する多様な物件が登録されているが、近年は、専門機関のIUCN（国際自然保護連合）やICOMOS（国際記念物遺跡会議）の事前審査も厳選化傾向にある。

　専門機関からの勧告内容を基に「世界遺産リスト」への登録の可否を最終的に決めるのは、毎年定期的に開催される、21か国の締約国からなる世界遺産委員会で、グローバルな視点からの審議が行われる。

　日本が世界遺産条約を締約したのは、1992年で、世界で125番目であった。

　日本の世界遺産で、最初に「世界遺産リスト」に登録されたのは1993年で、「法隆寺地域の仏教建造物」（奈良県）、「姫路城」（兵庫県）、「屋久島」（鹿児島県）、「白神山地」（青森県、秋田県）の4件が登録され、昨年の2023年は30周年であった。

　日本にあるユネスコの世界遺産の数は、2024年1月現在、自然遺産が5、文化遺産が20、合計25で、複合遺産はまだない。日本の世界遺産の数は、国際的に見ると、世界で第11位、アジア地域では、中国、インド、イランに続いて第4位である。

　世界遺産になることによる最大のメリットは、地域の創生や再生への効果だけではなく、長期的な保護や保存の為の管理計画を策定しなければならないこともあり、万全の保護や保存の為の管理体制が構築されること、また、世界遺産登録後も多くの人の監視（モニタリング）の目にさらされることもあり、良いものが更に良くなる好循環の保護システムが機能することではないかと思う。

　世界遺産地は、常に開発圧力、観光圧力、環境圧力など多様な脅威や危険にさらされている。1995年1月の阪神・淡路大震災、2011年3月の東日本大震災、2016年4月の熊本地震、2017年7月の九州北部の豪雨災害、2018年7月の西日本豪雨に代表される様に、予測不可能な災害に見舞われることもあり、顕在化している危険だけではなく、潜在的な脅威や危険にも対応できる危機管理体制の確立が必要である。

　本書では、2024年に世界遺産登録30周年を迎える「古都京都の文化財」（京都市、宇治市、大津市）、25周年の「日光の社寺」、20周年の「紀伊山地の霊場と参詣道」、10周年の「富岡製糸場と絹産業遺産群」、5周年の「百舌鳥・古市古墳群：古代日本の墳墓群」等、日本の25件の世界遺産と2024年以降の世界遺産登録をめざす「佐渡島の金山」等の5件の暫定リスト記載物件を特集する。

　世界遺産条約、それに、日本の世界遺産の持続可能な発展、地域の創生や再生、コロナ後の訪日外国人旅行者（インバウンド）等、観光客の増加が図れる参考書になればと思う。

2024年1月　　世界遺産総合研究所　古田陽久

日本の世界遺産　地方別・都道府県別の数

地 方 別

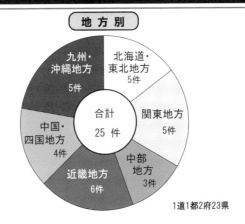

九州・沖縄地方 5件	北海道・東北地方 5件
中国・四国地方 4件	関東地方 5件
近畿地方 6件	中部地方 3件

合計 25 件

1道1都2府23県

●文化遺産　○自然遺産

2023年12月現在

都道府県別

都道府県名	数	登 録 遺 産 名
奈　良　県	3	●法隆寺地域の仏教建造物 ●古都奈良の文化財　●紀伊山地の霊場と参詣道
鹿 児 島 県	3	●明治日本の産業革命遺産−製鉄・製鋼、造船、石炭産業 ○屋久島　○奄美大島、徳之島、沖縄島北部及び西表島
岩　手　県	3	●平泉−仏国土（浄土）を表す建築・庭園及び考古学的遺跡群 ●明治日本の産業革命遺産−製鉄・製鋼、造船、石炭産業 ●北海道・北東北の縄文遺跡群
広　島　県	2	●広島の平和記念碑（原爆ドーム） ●厳島神社
東　京　都	2	○小笠原諸島 ●ル・コルビュジエの建築作品−近代建築運動への顕著な貢献−
静　岡　県	2	●富士山−信仰の対象と芸術の源泉 ●明治日本の産業革命遺産−製鉄・製鋼、造船、石炭産業
長　崎　県	2	●明治日本の産業革命遺産−製鉄・製鋼、造船、石炭産業 ●長崎と天草地方の潜伏キリシタン関連遺産
熊　本　県	2	●明治日本の産業革命遺産−製鉄・製鋼、造船、石炭産業 ●長崎と天草地方の潜伏キリシタン関連遺産
福　岡　県	2	●明治日本の産業革命遺産−製鉄・製鋼、造船、石炭産業 ●「神宿る島」宗像・沖ノ島と関連遺産群
北　海　道	2	○知床　　●北海道・北東北の縄文遺跡群
青　森　県 秋　田　県	2 2	○白神山地　　●北海道・北東北の縄文遺跡群
沖　縄　県	2	●琉球王国のグスクと関連遺産群 ○奄美大島、徳之島、沖縄島北部及び西表島
栃　木　県	1	●日光の社寺
群　馬　県	1	●富岡製糸場と絹産業遺産群
富　山　県 岐　阜　県	1 1	●白川郷・五箇山の合掌造り集落
山　梨　県	1	●富士山−信仰の対象と芸術の源泉
滋　賀　県 京　都　府	1 1	●古都京都の文化財（京都市　宇治市　大津市）
三　重　県 和 歌 山 県	1 1	●紀伊山地の霊場と参詣道
大　阪　府	1	●百舌鳥・古市古墳群：日本古代の墳墓群
兵　庫　県	1	●姫路城
島　根　県	1	●石見銀山遺跡とその文化的景観
山　口　県	1	●明治日本の産業革命遺産−製鉄・製鋼、造船、石炭産業
佐　賀　県	1	●明治日本の産業革命遺産−製鉄・製鋼、造船、石炭産業

日本の世界遺産　概説

日本の世界遺産　該当する登録基準

物件名 ＼ 登録基準	文化遺産						自然遺産			
	(ⅰ)	(ⅱ)	(ⅲ)	(ⅳ)	(ⅴ)	(ⅵ)	(ⅶ)	(ⅷ)	(ⅸ)	(ⅹ)
●法隆寺地域の仏教建造物	●	●		●		●				
●姫路城	●			●						
●古都京都の文化財（京都市　宇治市　大津市）		●		●						
●白川郷・五箇山の合掌造り集落				●	●					
●広島の平和記念碑（原爆ドーム）						●				
●厳島神社	●	●		●		●				
●古都奈良の文化財		●	●	●		●				
●日光の社寺	●			●		●				
●琉球王国のグスク及び関連遺産群		●	●			●				
●紀伊山地の霊場と参詣道		●	●	●		●				
●石見銀山遺跡とその文化的景観		●	●		●					
●平泉−仏国土（浄土）を表す建築・庭園		●				●				
●富士山−信仰の対象と芸術の源泉			●			●				
●富岡製糸場と絹産業遺産群		●		●						
●明治日本の産業革命遺産		●		●						
●ル・コルビュジエの建築作品	●	●				●				
●神宿る島」宗像・沖ノ島と関連遺産群		●	●							
●長崎と天草地方の潜伏キリシタン関連			●							
●百舌鳥・古市古墳群			●	●						
●北海道・北東北の縄文遺跡群			●		●					
○白神山地									○	
○屋久島							○		○	
○知床									○	○
○小笠原諸島									○	
○奄美大島、徳之島、沖縄島北部及び西表島										○

●文化遺産　　○自然遺産　　　　　　　　　　　　2023年4月現在

日本の世界遺産　世界遺産登録の歩み

1992年 6月19日	世界遺産条約締結を国会で承認。
1992年 6月26日	受諾の閣議決定。
1992年 6月30日	受諾書寄託、125番目*の世界遺産条約締約国となる。
	*現在は、旧ユーゴスラヴィアの解体によって、締約国リスト上では、124番目になっている。
1992年 9月30日	わが国について発効。
1992年10月	ユネスコに、奈良の寺院・神社、姫路城、日光の社寺、鎌倉の寺院・神社、法隆寺の仏教建造物、厳島神社、彦根城、琉球王国の城・遺産群、白川郷の集落、京都の社寺、白神山地、屋久島の12件の暫定リストを提出。
1993年12月	第17回世界遺産委員会カルタヘナ会議から世界遺産委員会委員国（任期6年）世界遺産リストに「法隆寺地域の仏教建造物」、「姫路城」、「屋久島」、「白神山地」の4件が登録される。
1994年11月	「世界文化遺産奈良コンファレンス」を奈良市で開催。「オーセンティシティに関する奈良ドキュメント」を採択。
1994年12月	世界遺産リストに「古都京都の文化財(京都市、宇治市、大津市)」が登録される。
1995年 9月	ユネスコの暫定リストに原爆ドームを追加。
1995年12月	世界遺産リストに「白川郷・五箇山の合掌造り集落」が登録される。
1996年12月	世界遺産リストに「広島の平和記念碑（原爆ドーム）」、「厳島神社」の2件が登録される。
1998年11月30日～12月5日	第22回世界遺産委員会京都会議（議長：松浦晃一郎氏）
1998年12月	世界遺産リストに「古都奈良の文化財」が登録される。
1999年11月	松浦晃一郎氏が日本人として初めてユネスコ事務局長（第8代）に就任。
1999年12月	世界遺産リストに「日光の社寺」が登録される。
2000年5月18～21日	世界自然遺産会議・屋久島2000
2000年12月	世界遺産リストに「琉球王国のグスク及び関連遺産群」が登録される。
2001年 4月 6日	ユネスコの暫定リストに「平泉の文化遺産」、「紀伊山地の霊場と参詣道」、「石見銀山遺跡」の3件を追加。
2001年 9月 5日～9月10日	アジア・太平洋地域における信仰の山の文化的景観に関する専門家会議を和歌山市で開催。
2002年 6月30日	世界遺産条約受諾10周年。
2003年12月	第27回世界遺産委員会マラケシュ会議から2回目の世界遺産委員会委員国（任期4年）
2004年 6月	文化財保護法の一部改正によって、新しい文化財保護の手法として「文化的景観」が新設され、「重要文化的景観」の選定がされるようになった。
2004年 7月	世界遺産リストに「紀伊山地の霊場と参詣道」が登録される。
2005年 7月	世界遺産リストに「知床」が登録される。
2005年10月15～17日	第2回世界自然遺産会議　白神山地会議
2007年 1月30日	ユネスコの暫定リストに「富岡製糸場と絹産業遺産群」、「小笠原諸島」、「長崎の教会群とキリスト教関連遺産」、「飛鳥・藤原-古代日本の宮都と遺跡群」、「富士山」の5件を追加。
2007年 7月	世界遺産リストに「石見銀山遺跡とその文化的景観」が登録される。
2007年 9月14日	ユネスコの暫定リストに「国立西洋美術館本館」を追加。
2008年 6月	第32回世界遺産委員会ケベック・シティ会議で、「平泉-浄土思想を基調とする文化的景観-」の世界遺産リストへの登録の可否が審議され、わが国の世界遺産登録史上初めての「登録延期」となる。2011年の登録実現をめざす。

日本の世界遺産 概説

2009年 1月 5日	ユネスコの暫定リストに「北海道・北東北を中心とした縄文遺跡群」、「九州・山口の近代化産業遺産群」、「宗像・沖ノ島と関連遺産群」の3件を追加。	
2009年 6月	第33回世界遺産委員会セビリア会議で、「ル・コルビジュエの建築と都市計画」（構成資産のひとつが「国立西洋美術館本館」）の世界遺産リストへの登録の可否が審議され、「情報照会」となる。	
2009年10月1日〜2015年3月18日	国宝「姫路城」大天守、保存修理工事。	
2010年 6月	ユネスコの暫定リストに「百舌鳥・古市古墳群」、「金を中心とする佐渡鉱山の遺産群」の2件を追加することを、文化審議会文化財分科会世界文化遺産特別委員会で決議。	
2010年 7月	第34回世界遺産委員会ブラジリア会議で、「石見銀山遺跡とその文化的景観」の登録範囲の軽微な変更（442.4ha→529.17ha）がなされる。	
2011年 6月	第35回世界遺産委員会パリ会議から3回目の世界遺産委員会委員国（任期4年）「小笠原諸島」、「平泉-仏国土（浄土）を表す建築・庭園及び考古学的遺跡群」の2件が登録される。「ル・コルビュジエの建築作品-近代建築運動への顕著な貢献-」（構成資産のひとつが「国立西洋美術館本館」）は、「登録延期」決議がなされる。	
2012年 1月25日	日本政府は、世界遺産条約関係省庁連絡会議を開き、「富士山」（山梨県・静岡県）と「武家の古都・鎌倉」（神奈川県）を、2013年の世界文化遺産登録に向け、正式推薦することを決定。	
2012年 7月12日	文化審議会の世界文化遺産特別委員会は、「富岡製糸場と絹産業遺産群」（群馬県）を2014年の世界文化遺産登録推薦候補とすること、それに、2011年に世界遺産リストに登録された「平泉」の登録範囲の拡大と登録遺産名の変更に伴い、追加する構成資産を世界遺産暫定リスト登録候補にすることを了承。	
2012年11月6日〜8日	世界遺産条約採択40周年記念最終会合が、京都市の国立京都国際会館にて開催される。メインテーマ「世界遺産と持続可能な発展：地域社会の役割」	
2013年 1月31日	世界遺産条約関係省庁連絡会議（外務省、文化庁、環境省、林野庁、水産庁、国土交通省、宮内庁で構成）において、世界遺産条約に基づくわが国の世界遺産暫定リストに、自然遺産として「奄美・琉球」を記載することを決定。世界遺産暫定リスト記載の為に必要な書類をユネスコ世界遺産センターに提出。	
2013年3月	ユネスコ、対象地域の絞り込みを求め、世界遺産暫定リストへの追加を保留。	
2013年 4月30日	イコモス、「富士山」を「記載」、「武家の古都・鎌倉」は「不記載」を勧告。	
2013年 6月 4日	「武家の古都・鎌倉」について、世界遺産リスト記載推薦を取り下げることを決定。	
2013年 6月22日	第37回世界遺産委員会プノンペン会議で、「富士山-信仰の対象と芸術の源泉」が登録される。	
2013年 8月23日	文化審議会世界文化遺産・無形文化遺産部会及び世界文化遺産特別委員会で、「明治日本の産業革命遺産-九州・山口と関連遺産-」を2015年の世界遺産候補とすることを決定。	
2014年1月	「奄美・琉球」、世界遺産暫定リスト記載の為に必要な書類をユネスコ世界遺産センターに再提出。	
2014年 6月21日	第38回世界遺産委員会ドーハ会議で、「富岡製糸場と絹産業遺産群」が登録される。	
2014年 7月10日	文化審議会世界文化遺産・無形文化遺産部会及び世界文化遺産特別委員会で、「長崎の教会群とキリスト教関連遺産」を2016年の世界遺産候補とすることを決定。	
2014年10月	奈良文書20周年記念会合（奈良県奈良市）において、「奈良＋20」を採択。	
2015年 5月 4日	イコモス、「明治日本の産業革命遺産-九州・山口と関連遺産-」について、「記載」を勧告。	
2015年 7月 5日	第39回世界遺産委員会ボン会議で、「明治日本の産業革命遺産：製鉄・製鋼、造船、石炭産業」について、議長の差配により審議なしで登録が決議された後、日本及び韓国からステートメントが発せられた。	

2015年 7月28日	文化審議会世界文化遺産・無形文化遺産部会で、「『神宿る島』宗像・沖ノ島と関連遺産群」を2017年の世界遺産候補とすることを決定。	
2016年 1月	「紀伊山地の霊場と参詣道」の軽微な変更（「熊野参詣道」及び「高野参詣道」について、延長約41.1km、面積11.1haを追加）申請書をユネスコ世界遺産センターへ提出。（2016年5月イコモス勧告、7月第40回世界遺産委員会イスタンブール会議において審議の予定であったが、不測の事態が発生したため、2016年10月のパリでの臨時委員会での審議に持ち越された。）	
2016年 1月	「富士山－信仰の対象と芸術の源泉」の保全状況報告書をユネスコ世界遺産センターに提出。（2016年7月の第40回世界遺産委員会イスタンブール会議で審議）	
2016年 2月1日	「奄美大島、徳之島、沖縄島北部及び西表島」世界遺産暫定リストに記載。	
2016年 2月	イコモスの中間報告において、「長崎の教会群とキリスト教関連遺産」について、「長崎の教会群」の世界遺産としての価値を、「禁教・潜伏期」に焦点をあてた内容に見直すべきとの評価が示され推薦を取下げ、修正後、2018年の登録をめざす。	
2016年 5月17日	フランスなどとの共同推薦の「ル・コルビュジエの建築作品-近代建築運動への顕著な貢献-」（日本の推薦物件は「国立西洋美術館」）、「登録記載」の勧告。	
2016年 7月17日	第40回世界遺産委員会イスタンブール会議で、「ル・コルビュジエの建築作品-近代建築運動への顕著な貢献-」が登録される。（フランスなど7か国17資産）	
2016年 7月25日	文化審議会において、「長崎の教会群とキリスト教関連遺産」を2018年の世界遺産候補とすることを決定。（→「長崎と天草地方の潜伏キリシタン関連遺産」）	
2017年 1月20日	「奄美大島、徳之島、沖縄島北部及び西表島」ユネスコへ世界遺産登録推薦書を提出。	
2017年 6月30日	世界遺産条約受諾25周年。	
2017年 7月 8日	第41回世界遺産委員会クラクフ会議で、「『神宿る島』宗像・沖ノ島と関連遺産群」が登録される。（8つの構成資産すべて認められる）	
2017年 7月31日	文化審議会世界文化遺産部会で、「百舌鳥・古市古墳群」を2019年の世界遺産候補とすることを決定。	
2018年 1月19日	閣議において、「百舌鳥・古市古墳群」の推薦書をユネスコへ提出することが了解される。2月1日までにユネスコ世界遺産センターへ提出。	
2018年 6月28日	「富士山－信仰の対象と芸術の源泉」、世界遺産登録5周年。	
2018年 6月 30日	第42回世界遺産委員会マナーマ会議で、「長崎と天草地方の潜伏キリシタン関連遺産」（長崎県・熊本県）が世界遺産リストに登録される。	
2019年	「古都京都の文化財」世界遺産登録25周年、「日光の社寺」20周年、「紀伊山地の霊場と参詣道」15周年、「富岡製糸場と絹産業遺産群」5周年、「ル・コルビュジエの建築作品」3周年	
2019年 7月	第43回世界遺産委員会で、「百舌鳥・古市古墳群」（大阪府）の登録可否を審議。	
2020年 7月	第44回世界遺産委員会から新登録に関わる登録推薦件数1国1件と審査件数の上限数は35となる。	
2020年 7月	第44回世界遺産委員会で、「北海道・北東北の縄文遺跡群」の登録可否を審議。	
2021年	文化庁、京都市の京都府警察本部の本館に全面的に移転。	
2022年	世界遺産条約採択50周年、日本の世界遺産条約締約30周年。	
2022年11月16日	ユネスコの第17回総会で世界遺産条約が採択されて50周年。	
2023年 3月27日	文化庁、京都市の京都府警察本部の本館に全面的に移転、業務開始。「文化芸術立国目指す」	
2023年12月11日	日本、世界遺産初登録30年。	
2024年 7月	第46回世界遺産委員会インド会議。	

日本の世界遺産　分布図（含む暫定リスト記載物件）

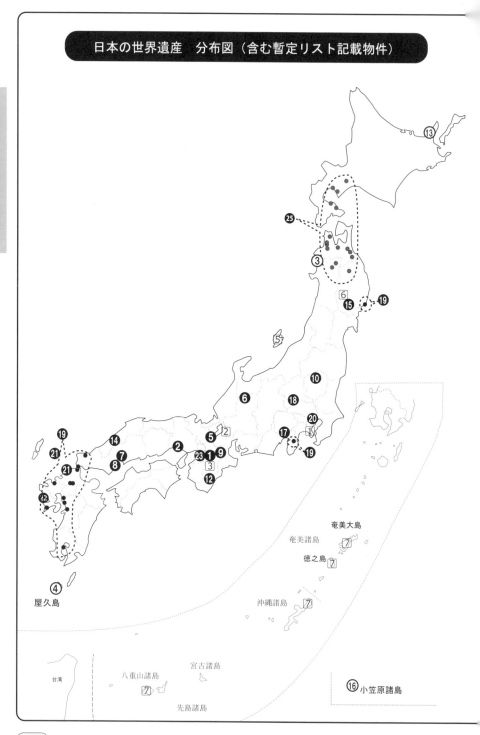

④ 屋久島

奄美大島

奄美諸島

徳之島

沖縄諸島

宮古諸島

八重山諸島

先島諸島

台湾

⑯ 小笠原諸島

世界遺産登録物件 <small>（登録年）</small>　　●文化遺産　　○自然遺産

❶法隆寺地域の仏教建造物 <small>(1993年)</small>
❷姫路城 <small>(1993年)</small>
③白神山地 <small>(1993年)</small>
④屋久島 <small>(1993年)</small>
❺古都京都の文化財（京都市、宇治市、大津市） <small>(1994年)</small>
❻白川郷・五箇山の合掌造り集落 <small>(1995年)</small>
❼広島の平和記念碑（原爆ドーム） <small>(1996年)</small>
❽厳島神社 <small>(1996年)</small>
❾古都奈良の文化財 <small>(1998年)</small>
❿日光の社寺 <small>(1999年)</small>
⓫琉球王国のグスク及び関連遺産群 <small>(2000年)</small>
⓬紀伊山地の霊場と参詣道 <small>(2004年)</small>
⑬知床 <small>(2005年)</small>
⓮石見銀山遺跡とその文化的景観 <small>(2007年／2010年)</small>
⓯平泉−仏国土（浄土）を表す建築・庭園及び考古学的遺跡群 <small>(2011年)</small>
⑯小笠原諸島 <small>(2011年)</small>
⓱富士山−信仰の対象と芸術の源泉 <small>(2013年)</small>
⓲富岡製糸場と絹産業遺産群 <small>(2014年)</small>
⓳明治日本の産業革命遺産：製鉄・製鋼、造船、石炭産業 <small>(2015年)</small>
⓴ル・コルビュジエの建築作品−近代建築運動への顕著な貢献− <small>(2016年)</small>
㉑「神宿る島」宗像・沖ノ島と関連遺産群 <small>(2017年)</small>
㉒長崎と天草地方の潜伏キリシタン関連遺産 <small>(2018年)</small>
㉓百舌鳥・古市古墳群：古代日本の墳墓群 <small>(2019年)</small>
㉔奄美大島、徳之島、沖縄島北部及び西表島 <small>(2021年)</small>
㉕北海道・北東北の縄文遺跡群 <small>(2021年)</small>

暫定リスト記載物件 <small>（暫定リスト記載年）</small>

① 古都鎌倉の寺院・神社ほか <small>(1992年)</small> →武家の古都・鎌倉
　（登録推薦書類「取り下げ」）
② 彦根城 <small>(1992年)</small>
③ 飛鳥・藤原の宮都とその関連資産群 <small>(2009年)</small>
④ 金を中心とする佐渡鉱山の遺産群 <small>(2010年)</small>　→　佐渡島の金山
⑤ 平泉−仏国土（浄土）を表す建築・庭園及び考古学的遺跡群 <small>(2012年)</small> <small>（登録範囲の拡大）</small>

2023年12月現在

日本の世界遺産　歴史的な位置づけ

日本の世界遺産　概説

日 本 略 史	世 界 略 史

先土器

明石人？
葛生人
牛川人

- アウストラロピテクス、ホモ＝ハビリス（400万年前）
- ジャワ原人　ピテカントロプス＝エレクトゥス
- 北京原人（60〜15万年前）
- ネアンデルタール人（約20万年前）
- クロマニョン人（約4万〜1万年前）
- ラスコー洞窟　BC13000年頃
- アルタミラ洞窟　BC15000〜12000年頃

──BC10000

縄文

白神山地のブナ林　樹齢8000年
屋久島の縄文杉　樹齢7200年

──BC5000

大森貝塚
三内丸山遺跡
尖石遺跡

エジプト文明　メソポタミア文明　インダス文明

- ヘッド・スマッシュト・イン・バッファロー・ジャンプ
- モヘンジョダロ遺跡　　エーゲ文明
- エジプトのピラミッド　BC2000年頃
- ──BC2000　　クレタ文明
- ミケーネ文明
- アブ・シンベル神殿　BC1300年頃
- 古代オリンピック大会はじまる　BC776年　──BC1000
- ローマ建国　BC753年
- 釈迦生誕　BC623年
- 蘇州古典庭園　BC514年　──BC500
- ペルセポリス　BC522年〜BC460年頃
- パルテノン神殿　BC447年　　テオティワカン
- 秦の始皇帝　中国を統一　BC221年

中国文明

弥生

光武帝　倭の奴国に印綬を授与　57年

妻木晩田遺跡

吉野ケ里遺跡

卑弥呼　親魏倭王の号を受ける　239年
出雲荒神谷遺跡
登呂遺跡

ローマ帝国

- イエス　BC4年頃〜AD30年頃　　──紀元
- 光武帝　後漢成立　25年　　アンソニー島
- ヴェスヴィオ火山の大噴火　79年
- 五賢帝時代　96年〜180年　──101年
- ローマ帝国全盛時代
- マルクス＝アウレリウス帝即位　161年
- ガンダーラ美術栄える
- 後漢滅び魏呉蜀の3国分立　220年　──201年
- ササン朝ペルシア起こる　226年
- 呉滅び、晋が中国を統一　280年
- コンスタンティノープル遷都　330年　──301年
- エルサレムの聖墳墓教会　327年
- 莫高窟　366年
- ゲルマン民族の大移動　375年

マヤ文明

古墳

箸墓古墳
宗像・沖ノ島祭祀

百舌鳥・古市古墳群
仏教の伝来　538年頃
加茂岩倉遺跡
聖徳太子　摂政　593年

- 高句麗　平壌に遷都　427年　──401年
- 西ローマ帝国滅亡　476年
- フランク王国建国　481年
- 竜門石窟　494年　──501年
- マホメット　571年〜632年
- 隋（589年〜618年）

14

※上記に掲げたもののうち、特に、先土器、縄文、弥生、古墳時代のものは、未だ時代が特定できていないものもあります。紙面のスペースの関係もあり、この表は、あくまでも、参考程度にとどめて下さい。

シンクタンクせとうち総合研究機構

日本の世界遺産 概説

[日本の出来事]（年代順）

飛鳥	聖徳太子 憲法十七条の制定 604年
	法隆寺創建 607年
奈良	平城京遷都 710年
	春日大社創建 763年
	最澄 比叡山延暦寺創建 788年
	平安京遷都 794年
平安	最澄 天台宗を開く 805年
	空海 真言宗を開く 806年
	弘法大師 高野山開創 816年
	古今和歌集成る 905年
	醍醐寺五重塔建つ 951年
	藤原道長 摂関政治 966年～1027年
	紫式部 源氏物語
	藤原道長全盛時代 1016年～1027年
	平等院阿弥陀堂（鳳凰堂）落成 1053年
	藤原清衡 平泉に中尊寺建立 1105年
	平清盛 太政大臣になる 1167年
	平清盛 厳島神社を造営 1168年
	源頼朝 鎌倉幕府を開く 1192年
鎌倉	東大寺再建供養 1195年
	親鸞 教行信証を著わす 1224年
	日蓮 法華宗を始む 1253年
	円覚寺舎利殿 1285年
南北朝	足利尊氏 室町幕府を開く 1338年
	夢窓疎石 西芳寺（苔寺）再興1339年
	金閣寺建立 1397年
室町	興福寺 五重塔 再建 1426年
	琉球王国が成立 1429年
	竜安寺 禅宗寺院となる 1450年
	銀閣寺建立 1483年
	フランシスコ・ザビエル 鹿児島上陸1549年
	室町幕府滅亡 1573年
安土桃山	金剛峯寺建立 1593年
	佐渡島で金脈発見 1601年
	彦根城築城 1604年～1622年
	姫路城天守閣造営 1608年
	日光東照宮神殿竣工 1617年
江戸	五箇山の合掌造り 江戸時代初期
	東大寺大仏再建 1701年
	本居宣長 古事記伝完成 1798年
明治	明治日本の産業革命遺産
	富岡製糸場創建 1872年
	神田駿河台にニコライ堂落成 1891年
	赤坂離宮建つ 1908年
大正	
昭和	広島、長崎に原爆投下 1945年
	ユネスコ加盟 1951年
	国連加盟 1956年
	国立西洋美術館完成 1959年
平成	世界遺産条約締結 1992年
	日本、世界遺産条約締約20周年 2012年

[世界の出来事]

マヤ文明／アステカ文明／インカ帝国／ルネサンス

世界の出来事	年代
唐（618年～907年）／イスラム教成立 610年	601年
ラサのポタラ宮	
アラブ軍がオアシス都市ブハラを占領 674年	701年
李白、杜甫など唐詩の全盛	
仏国寺建立 752年	
カール大帝戴冠 800年	
イスラム文化の全盛	801年
ボロブドゥールの建設	
黄巣の乱 875年	
アンコール 889年	901年
ビザンツ帝国の最盛時代	
宋建国 960年	
神聖ローマ帝国成立 962年	
セルジューク朝成立 1038年	1001年
ローマ・カトリック教とギリシャ正教完全分離	
十字軍 エルサレム王国建国 1099年～1187年	
ラパ・ヌイ モアイの石像	1101年
パリ ノートルダム大聖堂建築開始 1163年	
ピサの斜塔 1174年	
ドイツ騎士団おこる	
アミアン大聖堂建立 1220年	1201年
ケルン大聖堂 礎石 1248年	
ドイツ「ハンザ同盟」成立 1241年	
マルコ・ポーロ「東方見聞録」 1299年	1301年
英仏百年戦争 1338年～1453年	
明建国 1368年	
宗廟着工 1394年着工	
昌徳宮 1405年	1401年
クスコ	
コロンブス アメリカ大陸発見 1492年	
マチュピチュ	1501年
アステカ帝国滅亡 1521年／インカ帝国滅亡 1533年	
インド ムガル帝国成る 1526年	
パドヴァの植物園 1545年	
タージ・マハル廟の造営 1632年～1653年	1601年
ヴェルサイユ宮殿着工 1661年着工	
イギリス 名誉革命 1688年	
キンデルダイク・エルスハウトの風車	1701年
アメリカ独立宣言公布 1776年	
フランス革命 1789年～1794年	
ナポレオン皇帝となる 1804年	1801年
ダーウィン「種の起源」1859年	
ケルン大聖堂完成 1880年	
旧ヴィクトリア・ターミナス駅完成 1887年	
ロシア革命 1917年	1901年
ヴァルベルイの無線通信所 1922年～1924年	
アウシュヴィッツ強制収容所 1940年	
ブラジルの首都 ブラジリアに遷都 1960年	
シドニーのオペラ・ハウス 1973年完成	
ソ連崩壊 1991年	
ユネスコ、世界遺産条約採択40周年 2012年	2001年

日本の世界遺産 概説

コア・ゾーン(推薦資産)

登録推薦資産を効果的に保護するたに明確に設定された境界線。

境界線の設定は、資産の「顕著な普遍的価値」及び完全性及び真正性が十分に表現されることを保証するように行われなければならない。_____ ha

- ●文化財保護法
  国の史跡指定
  国の重要文化的景観指定など
- ●自然公園法
  国立公園、国定公園
- ●都市計画法
  国営公園

登録範囲

バッファー・ゾーン(緩衝地帯)

推薦資産の効果的な保護を目的として、推薦資産を取り囲む地域に、法的または慣習的手法により補完的な利用・開発規制を敷くことにより設けられるもうひとつの保護の網。推薦資産の直接のセッティング(周辺の環境)、重要な景色やその他資産の保護を支える重要な機能をもつ地域または特性が含まれるべきである。_____ ha

- ●景観条例
- ●環境保全条例

長期的な保存管理計画

登録推薦資産の現在及び未来にわたる効果的な保護を担保するために、各資産について、資産の「顕著な普遍的価値」をどのように保全すべきか(参加型手法を用いることが望ましい)について明示した適切な管理計画のこと。どのような管理体制が効果的かは、登録推薦資産のタイプ、特性、ニーズや当該資産が置かれた文化、自然面での文脈によっても異なる。管理体制の形は、文化的視点、資源量その他の要因によって、様々な形式をとり得る。伝統的手法、既存の都市計画や地域計画の手法、その他の計画手法が使われることが考えられる。

- ●管理主体
- ●管理体制
- ●管理計画

- ●記録・保存・継承
- ●公開・活用(教育、観光、まちづくり)

- ●地域計画、都市計画
- ●協働のまちづくり

担保条件

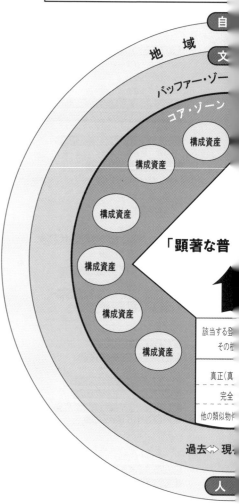

世界遺産登録と「顕著な普

顕著な普遍的価値(Outs

国家間の境界を超越し、人類全体にとって現代及文化的な意義及び/又は自然的な価値を意味す国際社会全体にとって最高水準の重要性を有す

ローカル ⇨ リージョナル ⇨ ナショナ

自

地 域

文

バッファー・ゾーン

コア・ゾーン

構成資産

構成資産

構成資産

構成資産

構成資産

構成資産

「顕著な普

該当する登
その相

真正(真

完全

他の類似物件

過去⇄現

人

登録遺産名:○○○○○○○○○○○○
日本語表記:○○○○○○○○○○○○
位置(経緯度):北緯○○度○○分　東経○
登録遺産の説明と概要:○○○○○○○○○
　　　　　　　　　　　○○○○○○○○○

の考え方について

alue＝OUV）

性をもつような、傑出した
と恒久的に保護することは

⇨グローバル

成資産

構成資産

構成資産

構成資産

境界線
（バウンダリーズ）

（英語）
○○

○○○○○
○○○

日本の世界遺産　概説

必要十分条件の証明

【登録基準（クライテリア）】

必要条件

(i) 人類の創造的天才の傑作を表現するもの。
→人類の創造的天才の傑作

(ii) ある期間を通じて、または、ある文化圏において、建築、技術、記念碑的芸術、町並み計画、景観デザインの発展に関し、人類の価値の重要な交流を示すもの。
→人類の価値の重要な交流を示すもの

(iii) 現存する、または、消滅した文化的伝統、または、文明の、唯一の、または、少なくとも稀な証拠となるもの。
→文化的伝統、文明の稀な証拠

(iv) 人類の歴史上重要な時代を例証する、ある形式の建造物、建築物群、技術の集積、または、景観の顕著な例。
→歴史上、重要な時代を例証する優れた例

(v) 特に、回復困難な変化の影響下で損傷されやすい状態にある場合における、ある文化（または、複数の文化）、或は、環境と人間との相互作用、を代表する伝統的集落、または、土地利用の顕著な例。
→存続が危ぶまれている伝統的集落、土地利用の際立つ例

(vi) 顕著な普遍的な意義を有する出来事、現存する伝統、思想、信仰、または、芸術的、文学的作品と、直接に、または、明白に関連するもの。
→普遍的出来事、伝統、思想、信仰、芸術、文学的作品と関連するもの

(vii) もっともすばらしい自然の現象、または、ひときわすぐれた自然美をもつ地域、及び、美的な重要性を示すもの。→自然景観

(viii) 地球の歴史上の主要な段階を示す顕著な見本であるもの。これには、生物の記録、地形の発達における重要な地学的進行過程、或は、重要な地形的、または、自然地理的特性などが含まれる。
→地形・地質

(ix) 陸上、淡水、沿岸、及び、海洋生態系と動植物群集の進化と発達において、進行しつつある重要な生態学的、生物学的プロセスを示す顕著な見本であるもの。→生態系

(x) 生物多様性の本来的保全にとって、もっとも重要かつ意義深い自然生息地を含んでいるもの。これには、科学上、または、保全上の観点から、普遍的価値をもつ絶滅の恐れのある種が存在するものを含む。
→生物多様性

※上記の登録基準(i)～(x)のうち、一つ以上の登録基準を満たすと共に、それぞれの根拠となる説明が必要。

【真正（真実）性（オーセンティシティ）】

十分条件

文化遺産の種類、その文化的文脈によって一様ではないが、資産の文化的価値（上記の登録基準）が、下に示すような多様な属性における表現において真実かつ信用性を有する場合に、真正性の条件を満たしていると考えられ得る。
○形状、意匠
○材料、材質
○用途、機能
○伝統、技能、管理体制
○位置、セッティング（周辺の環境）
○言語その他の無形遺産
○精神、感性
○その他の内部要素、外部要素

完全性（インテグリティ）

自然遺産及び文化遺産とそれらの特質のすべてが無傷で包含されている度合を測るためのものさしである。従って、完全性の条件を調べるためには、当該資産が以下の条件をどの程度満たしているかを評価する必要がある。
a) 「顕著な普遍的価値」が発揮されるのに必要な要素（構成資産）がすべて含まれているか。
b) 当該物件の重要性を示す特徴を不足なく代表するために適切な大きさが確保されているか。
c) 開発及び管理放棄による負の影響を受けていないか。

他の類似物件との比較

当該物件を、国内外の類似の世界遺産、その他の物件と比較した比較分析を行わなければならない。比較分析では、当該物件の国内での重要性及び国際的な重要性について説明しなければならない。

※世界遺産の登録基準

（ⅰ）人類の創造的天才の傑作を表現するもの。　→人類の創造的天才の傑作

（ⅱ）ある期間を通じて、または、ある文化圏において、建築、技術、記念碑的芸術、町並み計画、景観デザインの発展に関し、人類の価値の重要な交流を示すもの。　→人類の価値の重要な交流を示すもの

（ⅲ）現存する、または、消滅した文化的伝統、または、文明の、唯一の、または、少なくとも稀な証拠となるもの。
→文化的伝統、文明の稀な証拠

（ⅳ）人類の歴史上重要な時代を例証する、ある形式の建造物、建築物群、技術の集積、または、景観の顕著な例。
→歴史上、重要な時代を例証する優れた例

（ⅴ）特に、回復困難な変化の影響下で損傷されやすい状態にある場合における、ある文化（または、複数の文化）或は、環境と人間との相互作用を代表する伝統的集落、または、土地利用の顕著な例。
→存続が危ぶまれている伝統的集落、土地利用の際立つ例

（ⅵ）顕著な普遍的な意義を有する出来事、現存する伝統、思想、信仰、または、芸術的、文学的作品と、直接に、または、明白に関連するもの。→普遍的出来事、伝統、思想、信仰、芸術、文学的作品と関連するもの

（ⅶ）もっともすばらしい自然的現象、または、ひときわすぐれた自然美をもつ地域、及び、美的な重要性を含むもの。→自然景観

（ⅷ）地球の歴史上の主要な段階を示す顕著な見本であるもの。これには、生物の記録、地形の発達における重要な地学的進行過程、或は、重要な地形的、または、自然地理的特性などが含まれる。
→地形・地質

（ⅸ）陸上、淡水、沿岸、及び、海洋生態系と動植物群集の進化と発達において、進行しつつある重要な生態学的、生物学的プロセスを示す顕著な見本であるもの。→生態系

（ⅹ）生物多様性の本来的保全にとって、もっとも重要かつ意義深い自然生息地を含んでいるもの。これには、科学上、または、保全上の観点から、すぐれて普遍的価値をもつ絶滅の恐れのある種が存在するものを含む。
→生物多様性

日本の世界自然遺産

奄美大島、徳之島、沖縄島北部及び西表島
Amami-Oshima Island, Tokunoshima Island, the northern part of Okinawa Island and Iriomote Island

第44回世界遺産委員会拡大会合オンライン会議　2021年登録
自然遺産　登録基準（ix）（x）
写真：やんばる国立公園（沖縄県国頭郡国頭村、大宜味村および東村）

白 神 山 地

登録遺産名	**Shirakami-Sanchi**
遺産種別	自然遺産
登録基準	(ix) 陸上、淡水、沿岸、及び、海洋生態系と動植物群集の進化と発達において、進行しつつある重要な生態学的、生物学的プロセスを示す顕著な見本であるもの。
暫定リスト記載	1992年　**日本政府推薦**　1992年12月
登録年月	1993年12月（第17回世界遺産委員会カルタヘナ会議）
登録遺産面積	**コア・ゾーン** 10,139ha　**バッファー・ゾーン** 6,832ha　合計 16,971ha

登録遺産の概要　白神山地は、青森県西南部から秋田県北西部にかけて広がる標高100mから1,200m余に及ぶおよそ130,000ha の山岳地帯の総称。また、日本海に注ぐ河川の源流部が集中し、様々な動植物を育み続ける母なる森である。白神山地のブナ林は、8,000年近い歴史をもち、縄文時代の始まりとともに誕生したと考えられており、縄文に始まる東日本の文化は、ブナの森の豊かな恵みの中で育まれてきた。古代の人々の生活そのものの狩猟、採取はブナの森の豊かさに支えられ、現代の私たちもブナの森の恵みに預かっている。白神山地は、ブナ林が支えてきた太古からの極めて価値の高い自然生態系を保っており、屋久島とともに日本初の世界遺産として認められた。世界遺産登録区域は、16,971ha（169.7km²）（青森県側 12,627ha、秋田県側 4,344ha）であり、世界最大級の広大なブナ原生林の美しさと生命力は人類の宝物といえ、また、白神山地全体が森林の博物館的景観を呈している。

分類	生態系
IUCN 管理区分	原生自然地域　※IUCN＝国際自然保護連合
特色	人為の影響をほとんど受けていない原生的なブナ天然林が世界最大級の規模で分布。
動物〔哺乳類〕	ニホンカモシカ、ニホンザル、ツキノワグマ、タヌキ、キツネ、アナグマ、テン、ヤマネ、アカネズミ、ウサギコウモリ、ホンドオコジョなど14種
〔鳥　類〕	イヌワシ、クマゲラ、オオタカ、クマタカ、シノリガモなど84種
〔昆虫類〕	フジミドリシジミ、オオゴマシジミなど2000種以上
〔両生類〕	ハコネサンショウウオ、トウホクサンショウウオ、アズマヒキガエル、カジカガエル、モリアオガエルなど13種
〔爬虫類〕	ニホントカゲ、カナヘビ、シマヘビ、ヤマカガシなど7種
植物	アオモリマンテマ、ツガルミセバヤ、オガタチイチゴツナギ、ミツモリミミナグサなど 500種以上。
	ブナ群落、サワグルミ群落、ミズナラ群落等多種多様な植物群落が共存。
位　置	青森県南西部と秋田県北西部の県境部にまたがる山岳地帯
所在地	青森県（西津軽郡鰺ヶ沢町、深浦町、岩崎村、中津軽郡西目屋村）
	秋田県（山本郡藤里町、八峰町、能代市）
保護	**自然環境保全法**　自然環境保全地域　**自然公園法**　自然公園（津軽国定公園）**林野庁国有林野管理経営規定**　森林生態系保護地域 **文化財保護法** 【国の特別天然記念物】ニホンカモシカ 【国の天然記念物】クマゲラ、イヌワシ、ヤマネ **青森県自然公園条例、秋田県自然公園条例**

白神山地

規制	秋田県側はバッファ・ゾーンも含め原則として登録地域はすべて立入禁止
保存	「世界遺産白神山地憲章」（青森・秋田両県）制定（2001年10月）
管理	環境省、林野庁、文化庁、青森県、秋田県
管理計画	白神山地世界遺産地域管理計画

活用

●白神山地世界遺産センター　遺産地域の自然環境に関する普及活動、自然学習の拠点
　（西目屋館）〒036-1411　青森県中津軽郡西目屋村大字田代字神田61-1　Tel.0172-85-2622
　（藤里館）〒018-3201　秋田県山本郡藤里町藤琴字里栗63　Tel.0185-79-3001
●自然観察館・ハロー白神 〒038-2723　青森県西津軽郡鰺ヶ沢一ツ森吉川30 Tel.0173-79-2717
●八森ぶなっこランド　自然観察会、体験学習、白神山地インフォメーションセンター
　〒018-2632　秋田県山本郡八峰町三十釜144-1　Tel.0185-77-3086
●白神山地ビジターセンター　大型映像などでブナの森を紹介する。
　〒036-1411　青森県中津軽郡西目屋村大字田代字神田61-1　Tel.0172-85-2810

イベント	世界自然遺産会議　2005年10月15日〜17日
見所と景観	●白神岳（1,231m）　山頂まで、約6時間30分。山頂からは向白神岳、岩木山、真瀬岳、二ツ森、摩須賀岳が展望できる。 ●二ツ森（1,086m）　青秋林道終点から1時間弱で登山できる。山頂からは白神山地一帯、津軽平野、岩木山、日本海、男鹿半島が展望できる。 ●津軽峠からの白神山地のパノラマ。 ●白神ラインからの眺望、暗門の滝
観光コース	●秋田八森コース（初級・中級者向き） あきた白神駅→八森ぶなっこランド、二ツ森山頂トレッキング ●青森西目屋コース（中級者向き） 弘前→白神山地世界遺産センター(西目屋館)、ブナの里白神館、グリーンパークもりのいずみ、アクアグリーンビレッジANMON、暗門の滝 ●秋田藤里コース（上級者向き） 二ツ井→白神山地世界遺産センター(藤里館)、駒ヶ岳山頂、岳岱自然観察教育林

白神山地の入山マナー

　①決められた道を歩きましょう！
　②動植物を大切に！
　③ゴミは持ち帰りましょう！
　④トイレは適切に！
　⑤たき火は止めましょう！
　⑥ペットの持ち込みは止めましょう！
　⑦魚釣りは禁止されています。

危機因子	森林火災、地球温暖化、キツツキ、クマゲラなど絶滅危惧種の衰退 許可なしの入山、野生植物の盗掘、ゴミのポイ捨て、落書き
保護関連機関	東北地区国立公園・野生生物事務所、青森営林局、秋田営林局、 青森県、青森県教育委員会、秋田県、秋田県教育委員会

白神山地や観光宿泊等に関する現地照会先

（青森県）
●青森県環境生活部自然保護課　〒030-8570　青森市長島1-1-1　Tel.017-734-9257
●㈳青森県観光連盟　〒030-0803　青森市安方1-1-40　Tel.017-722-5080
●西目屋村商工観光係　〒036-1492　西目屋村田代稲元144　Tel.0172-85-2111
●鰺ヶ沢町産業振興課観光商工班　〒038-2792　鰺ヶ沢町本町 209-2　Tel.0173-72-2111
●深浦町観光課　〒038-2324　深浦町深浦苗代沢84-2　Tel.0173-74-2111

白神山地

（秋田県）
- ●秋田県自然保護課　　　　　〒010-8570　秋田市山王4-1-1　　　℡018-860-1612
- ◉㈳秋田県観光連盟　　　　　〒010-8572　秋田市山王3-1-1　　　℡018-860-2267
- ●藤里町商工観光課　　　　　〒018-3201　藤里町藤琴字藤琴8　　℡0185-79-2115

参考資料
- ●「日本の世界自然遺産　知床・白神山地・屋久島」　　　　環境省
- ●「白神山地世界遺産地域管理計画」　　　　　　　　　　　環境省、林野庁、文化庁
- ●「世界遺産白神山地～ブナ原生林～」　　　　　　　　　　青森県
- ●「白神山地」　　　　　　　　　　　　　　　　　　　　　青森県
- ●「世界遺産　白神山地」　　　　　　　　　　　　　　　　津軽広域観光圏協議会

参考URL　世界遺産白神山地　　　　　　　**http://www.pref.aomori.lg.jp/nature/nature/shirakami.html**
　　　　　白神山地世界遺産センター　　　**http://tohoku.env.go.jp/nature/shirakami/**
　　　　　ユネスコ世界遺産センター　　　**http://whc.unesco.org/en/list/663**

備考
- ●青森県側の核心地域への入山は、2003年7月1日から、27の指定ルートを利用した登山に限り、森林管理署や役場などに届出書を提出するだけで可能になった。
- ●秋田県側の核心地域への入山は、1997年から、森林生態系の保全を目的に「原則入山禁止」の入山規制を行っている。

当シンクタンクの協力
- ●中国新聞【今を読む】「日本初登録30年　保全措置の進化が求められる」　2023年12月 9日
- ●朝日新聞夕刊「あのとき それから 平成5年(1993年)世界遺産初登録」　2014年 9月20日
- ●ぱしふぃっくびいなす船内講演「日本が誇る世界自然遺産（知床、白神山地、屋久島）の地をめぐる旅」日本一周クルーズ　2007年9月

世界遺産白神山地憲章

　文明の発達とともに地球上の自然が次第に失われて来ましたが、幸いにも日本にはまだ豊かな天然林が残っていました。
　青森・秋田両県の擁する白神山地の広大なブナ天然林とその生態系が世界的に貴重な価値を認められ、1993年12月にユネスコが日本で最初の世界自然遺産として登録しました。日本のみならず全世界が白神山地を永久に保護することを宣言したのです。
　ブナ天然林での降雨が枝葉や根幹を伝わって大地に吸収され、多種多様の動植物を育みながら谷川に滲出し大海に達し、豊かな恵みを与えます。海水は水蒸気や雲となって再び山地に還り、大いなる生命の循環が行われています。
　白神山地は地球上の至宝であり、これを保護して次の世代に伝えるのが人類の責務です。21世紀を迎えた今、青森・秋田両県の私たちは心を一つにして、この世界遺産を守るための理念を憲章として掲げます。

1　白神山地を中心にした自然界には、森・川・海で多様な生命の環（わ）が拡がっています。ここから発信される自然の不思議さに耳を傾けましょう。
1　白神山地を見つめ、ブナ天然林の静けさに浸り、私たちの新しい体験を充たす感動を味わい、自分自身を深く考えるチャンスにしましょう。
1　白神山地は天然の博物館です。尊い遺産が伝えられたことに感謝し、一人ひとりがルールを守り、ブナ天然林の美しさを残すため、ベストを尽くしましょう。

平成13年10月7日

青 森 県・秋 田 県

白神山地

白神山地（青森県側）

白神山地（青森県側）

白
神
山
地

白神山地 二ツ森（秋田県側）

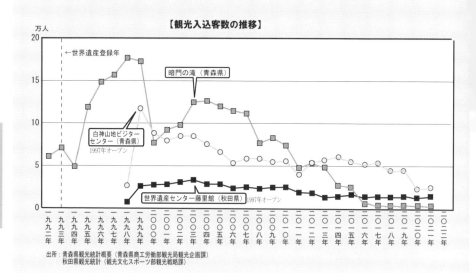

【観光入込客数の推移】

白
神
山
地

出所：青森県観光統計概要（青森県商工労働部観光局観光企画課）
　　　秋田県観光統計（観光文化スポーツ部観光戦略課）

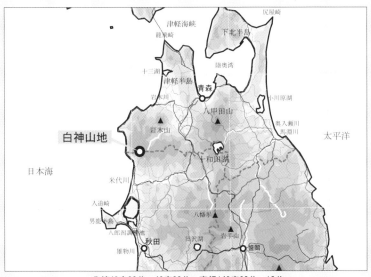

北緯40度22分～40度32分　東経140度02分～12分

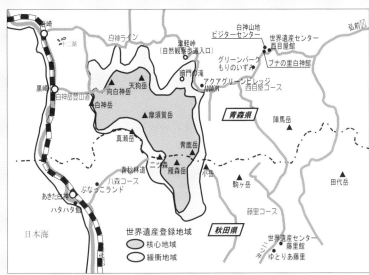

交通アクセス　●白神山地世界遺産センター西目屋館
　　　　　　　　JR弘前駅から車で40分、或は、東北自動車道大鰐弘前ICからアップルロードで60分。
　　　　　　　　青森空港から西目屋村へは、路線バスで約2時間。
　　　　　　　●白神山地世界遺産センター藤里館
　　　　　　　　JR奥羽本線二ッ井駅から車で20分。
　　　　　　　　大館能代空港から藤里町へは、路線バスで約40分。

白神山地

屋 久 島

登録遺産名	**Yakushima**
遺産種別	自然遺産

登録基準　(vii)　もっともすばらしい自然的現象、または、ひときわすぐれた自然美をもつ地域、及び、美的な重要性を含むもの。

　　　　　(ix)　陸上、淡水、沿岸、及び、海洋生態系と動植物群集の進化と発達において、進行しつつある重要な生態学的、生物学的プロセスを示す顕著な見本であるもの。

暫定リスト記載	1992年	**日本政府推薦**　1992年12月
登録年月	1993年12月　（第17回世界遺産委員会カルタヘナ会議）	
登録遺産面積	10,747ha（屋久島の約20%）	

登録遺産の概要　屋久島は、鹿児島県の南方約60kmのコバルトブルーの海に浮かぶ周囲132km、面積500km²、わが国では5番目に大きい離島。屋久島は、中生代白亜紀の頃までは海底であったが、新生代になって造山運動が活発化、約1400万年前、海面に岩塊の一部が現われ島の原形がつくられた。日本百名山の一つで、九州最高峰の宮之浦岳(1935m)を中心に、永田岳、安房岳、黒味岳など1000mを越える山々が40座以上も連なる。登録遺産は、宮之浦岳を中心とした島の中央山岳地帯に加え、西は国割岳を経て海岸線まで連続し、南はモッチョム岳、東は愛子岳へ通じる山稜部を含む区域。国の特別天然記念物にも指定されている樹齢7200年ともいわれる縄文杉を含む1000年を超す天然杉の原始林、亜熱帯林から亜寒帯林に及ぶ植物が、海岸線から山頂まで垂直分布しており、クス、カシ、シイなどが美しい常緑広葉樹林（照葉樹林）は世界最大規模。樹齢1000年以上の老樹の杉を特に屋久杉と呼ぶ。樹齢数100年の若い杉は屋久小杉。屋久杉の木目は美しく、樹脂が多く、材質は朽ち難く世界の銘木として珍重されている。またヤクザル、ヤクシカ、鳥、蝶、昆虫類も多数生息している。

分類	自然景観、生態系
IUCN　管理区分	国立公園、厳正自然保護地域、生物圏保護区　　※IUCN＝国際自然保護連合
特色	常緑広葉樹林（照葉樹林）は世界最大規模
	樹齢7200年ともいわれる縄文杉を含む1000年を超す天然杉の原始林
特質	●杉が生育する生態系として最良の地域。
	●照葉樹林が原生状態で残されている。
	●生物地理学上の境界にあって垂直分布する多様な植物相
動物	ヤクザル、ヤクシカ、ウミガメ、アカヒゲ、アカコッコ、カラスバト
植物	屋久杉、クス、カシ、シイ
所在地	鹿児島県熊毛郡屋久島町
所有者	国（96%）、民間（4%）
保護	**自然環境保全法**　原生自然環境保全地域（屋久島原生自然環境保全地域）
	自然公園法　国立公園（霧島屋久国立公園）
	林野庁国有林野管理経営規定　**森林生態系保護地域**(屋久島森林生態系保護地域)
	文化財保護法
	〔国の特別天然記念物〕　屋久島スギ原始林
	〔国の天然記念物〕　アカヒゲ、カラスバト、アカコッコ、イイジマムシクイ
保全	屋久島宣言
管理	環境省、林野庁、文化庁、鹿児島県
管理計画	屋久島世界遺産地域管理計画

屋
久
島

活用
- ●屋久島世界遺産センター　〒891-4311　熊毛郡屋久島町安房前岳　　Tel0997-46-2992
- ●屋久杉自然館　　　　　　〒891-4311　熊毛郡屋久島町安房2739-343　Tel0997-46-3113
- ●屋久島環境文化村センター〒891-4205　熊毛郡屋久島町宮之浦823-1　Tel0997-42-2900
- ●屋久島森林環境保全センター〒891-4205　熊毛郡屋久島町宮之浦1577-1　Tel0997-42-1230
- ●自然林養林ヤクスギランド　〒891-4311　熊毛郡屋久島町安房荒川　　Tel0997-42-3508
- ●屋久島環境文化研修センター〒891-4311　熊毛郡屋久島町安房前岳2739　Tel0997-46-2900
- ●屋久町歴史民俗資料館　　　〒891-4205　熊毛郡屋久島町宮之浦　　　Tel0997-43-5900

舞台小説	●小説家林芙美子は、ホテル屋久島荘（旧安房旅館）で、遺稿小説「浮雲」を執筆し、『屋久島は、月のうち35日は雨』と記している。
伝統行事	●屋久島の山岳信仰-岳参り（たけまいり）　　宮之浦岳、永田岳、栗生岳、太忠岳、愛子岳など
見所と景観	●日本百名山の一つで、九州最高峰の宮之浦岳（1935m）を中心に、永田岳、安房岳、黒味岳など1000mを越える山々が40座以上も連なる。 ●樹齢1000年以上の老樹の杉を特に屋久杉という。
問題点	●ヤクシカの食害による農林業被害と過剰な採食圧による生態系や生物多様性への深刻な影響 ●観光客のゴミやふん尿被害 ●登山道等の荒廃
解決策	廃棄物を極力出さない「ゼロ・エミッション」の地域づくり、携帯トイレの導入
危機因子	火災、台風
課題	●入山制限の是非、●縄文杉への登山者対策
保護関連機関	九州地区国立公園・野生生物事務所、熊本営林局、鹿児島県、鹿児島県教育委員会等

屋久島や観光宿泊等に関する現地照会先
- ●㈳屋久島観光協会　　　　〒891-4207　熊毛郡屋久島町小瀬田310-1　　Tel0997-49-4010
- ●屋久島観光案内所
  - （宮之浦港）　　　　　　〒891-4205　熊毛郡屋久島町宮之浦1208　　Tel0997-42-1019
  - （安房）　　　　　　　　〒891-4311　熊毛郡屋久島町安房150　　　Tel0997-46-2333
- ●屋久島町商工観光課　　　〒891-4207　熊毛郡屋久島町小瀬田469-45　Tel0997-43-5900

参考資料
- ●「日本の世界自然遺産白神山地・屋久島」　　　環境庁
- ●「屋久島世界遺産地域管理計画」　　　　　　　環境省、林野庁、文化庁
- ●「図説・屋久島」　　　　　　　　　　　　　　鹿児島県保健環境部環境政策課
- ●「屋久島　やくすぎ物語」　　　　　　　　　　屋久島町立屋久杉自然館
- ●「屋久島が今問いかける」　　　　　　　　　　㈶屋久島環境文化財団
- ●「屋久島」　　　　　　　　　　　　　　　　　屋久島世界遺産センター運営協議会

参考URL　　　　　屋久島世界遺産センター　　**http://www.env.go.jp/park/kirishima/ywhcc/**
　　　　　　　　　ユネスコ世界遺産センター　**http://whc.unesco.org/en/list/662**

当シンクタンクの協力
- ●中国新聞【今を読む】「日本初登録30年　保全措置の進化が求められる」　2023年12月 9日
- ●朝日新聞夕刊「あのとき それから 平成5年(1993年)世界遺産初登録」　2014年 9月20日
- ●ぱしふぃっくびいなす船内講演「日本が誇る世界自然遺産（知床、白神山地、屋久島）の地をめぐる旅」日本一周クルーズ　2007年9月

屋久島

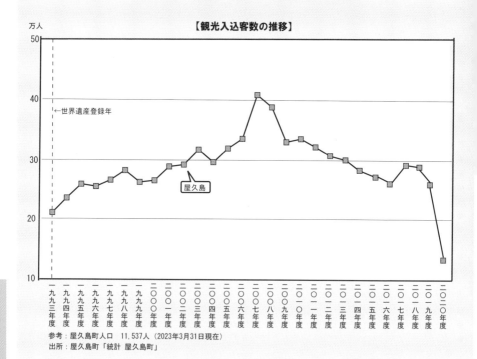

九州最高峰の宮之浦岳(1935m)

【観光入込客数の推移】

参考：屋久島町人口　11,537人（2023年3月31日現在）
出所：屋久島町「統計 屋久島町」

屋久島

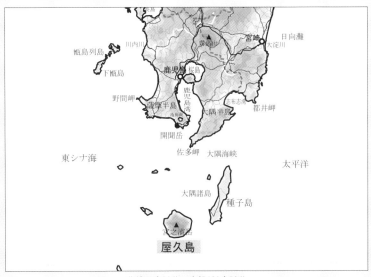

瓶島列島
下瓶島
川内川
霧島川
宮崎
大淀川
日向灘
鹿児島
桜島
野間岬
薩摩半島
鹿児島湾
池田湖
大隅半島
志布志湾
都井岬
開聞岳
佐多岬
大隅海峡
大隅諸島
東シナ海
太平洋
種子島
宮之浦岳
屋久島

北緯30度20分　東経130度32分

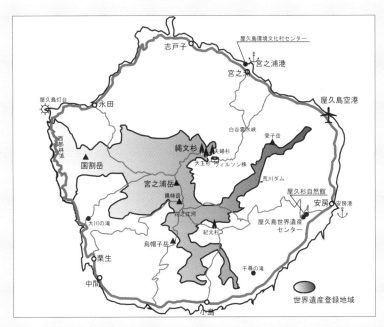

志戸子
屋久島環境文化村センター
宮之浦港
宮之浦
屋久島灯台
永田
屋久島空港
西部林道
白谷雲水峡
愛子岳
縄文杉
夫婦杉
大王杉 ウィルソン株
国割岳
荒川ダム
宮之浦岳
屋久杉自然館
安房
安房港
翁岳
花之江河
屋久島世界遺産
センター
大川の滝
紀元杉
烏帽子岳
栗生
千尋の滝
中間
小島
世界遺産登録地域

交通アクセス
- 屋久島空港まで鹿児島空港から30分、福岡空港から70分、伊丹空港から90分
- 鹿児島港からジェットフォイルで　2時間30〜40分
- フェリー　鹿児島から屋久島港まで毎日往復1便　約4時間
　　　　　はいびすかす（隔日1便　種子島経由）約13時間

屋久島

知床

知　床

登録遺産名	**Shiretoko**
遺産種別	自然遺産

登録基準 （ix）陸上、淡水、沿岸、及び、海洋生態系と動植物群集の進化と発達において、進行しつつある重要な生態学的、生物学的プロセスを示す顕著な見本であるもの。

（x）生物多様性の本来的保全にとって、もっとも重要かつ意義深い自然生息地を含んでいるもの。これには、科学上、または、保全上の観点から、すぐれて普遍的価値をもつ絶滅の恐れのある種が存在するものを含む。

暫定リスト記載	2003年　　**日本政府推薦**　2004年1月
IUCN調査	2004年7月　デビッド・シェパード氏（IUCN保護地域事業部長）
登録年月	2005年7月（第29回世界遺産委員会ダーバン会議）
登録遺産の面積	**コア・ゾーン**　34,000ha
	バッファー・ゾーン　37,100ha（海域の22,400haを含む）

登録遺産の概要　知床は、北海道の北東にあり、地名はアイヌ語の「シリエトク」に由来し、地の果てを意味する。知床の世界遺産の登録面積は、核心地域が34,000ha、緩衝地域が37,100haの合計71,100haである。登録範囲は、長さが約70kmの知床半島の中央部からその先端部の知床岬までの陸域48,700haとその周辺のオホーツク海域22,400haに及ぶ。知床は、海と陸の生態系の相互作用を示す複合生態系の顕著な見本であり、海、川、森の各生態系を結ぶダイナミックなリンクは、世界で最も低緯度に位置する季節的な海氷の形成とアイス・アルジーと呼ばれる植物プランクトンの増殖によって影響を受けている。それは、オオワシ、オジロワシ、シマフクロウなど絶滅が危惧される国際的希少種やシレトコスミレなどの知床山系固有種にとってでもある。知床は、脅威にさらされている海鳥や渡り鳥、サケ科魚類、それにトドや鯨類を含む海棲哺乳類にとって地球的に重要である。2005年7月に南アフリカのダーバンで開催された第29回世界遺産委員会で世界遺産になった。わが国では13番目の世界遺産、自然遺産では3番目で、海域部分が登録範囲に含まれる物件、そしてその生物多様性が登録基準として認められた物件としては、わが国初である。将来的に、その環境や生態系が類似しているクリル諸島（千島列島ロシア連邦）との2か国にまたがる「世界遺産平和公園」（World Heritage Peace Park）として発展する可能性もある。また、知床の管理面では、誇れる伝統文化を有する先住民族アイヌの参画、そして、エコツーリズム活動の発展も望まれている。2015年の登録10周年を節目に、北海道知床世界自然遺産条例が設定され、毎年1月30日を「世界自然遺産・知床の日」とすることになった。

分　類	生態系、生物多様性
生物地理区分	満州・日本混交林（Manchu-Japanese Mixed Forest）
Udvardyの	界：旧北界（The Palaearctic Realm）
地域区分	地区：混交林（日本・満州）（Manchu-Japanese Mixed Forest）
	群系：温帯広葉樹林および亜寒帯落葉低木密生林
	（Temperate broad-leaf forests or woodlands and subpoplar deciduous thickets）

普遍的価値	日本に残された最後の原始地域
学術的価値	自然科学、動物学、植物生態学
動　物	ヒグマ、エゾシカ、キタキツネ、オジロワシ、トド、アザラシ、シャチ、シマフクロウ、オジロワシ、ウミウ、オオセグロカモメ
植　物	ミズナラ、ハリギリ、トドマツ、ダケカンバ、ハイマツ、シレトコスミレ、シレトコトリカブト、シコタンザサ、エゾカンゾウ、イタヤカエデ、シナノキ

所在地	北海道斜里郡斜里町、目梨郡羅臼町
所有	国有地（うち国有林95%）、北海道有地、町有地、私有地

管理	林野庁、環境省、文化庁、北海道、斜里町、羅臼町、自然公園財団知床支部

保護　**自然公園法**　知床国立公園（1964年6月1日指定）
　　　　自然環境保全法　遠音別岳原生自然環境保全地域（1980年2月4日指定）
　　　　国有林野の管理・経営に関する法律　知床森林生態系保護地域
　　　　鳥獣保護法　国設鳥獣保護区（特定鳥獣生息地）　　知床
　　　　文化財保護法〔国の天然記念物〕鳥類：オジロワシ、オオワシ、エゾシマフクロウ、
　　　　クマゲラ、ヒシクイ、マガン　　　昆虫：カラフトルリシジミ
　　　　絶滅のおそれのある野生動植物の種の保存に関する法律　国内希少野生動植物種
　　　　北海道知床世界遺産条例（2016年4月1日施行）

世界遺産登録前後の歩み

1964年 6月	知床が日本で23番目の国立公園に指定。
1971年	「知床旅情」のヒットで、観光客増加。
1974年	斜里町、羅臼町両町による「知床憲章」制定。
1977年 2月	「知床百平方メートル運動」がスタート。
1980年	知床横断道路開通。
1980年	第1回知床自然教室開催。
1980年 2月	遠音別岳原生自然環境保全地域に指定。
1982年	国設知床鳥獣保護区指定。
1988年	㈶知床財団設立。
1988年	知床自然センター開設。
1990年	知床森林生態系保護地域指定。
1993年12月	知床を世界遺産に登録しようとする動きが地元斜里町から始まる。
1999年	知床五湖・カムイワッカ間の車両規制開始。
2003年 3月	第1回世界自然遺産候補地に関する検討会（環境省と林野庁で共同設置）
2003年 3月	第2回世界自然遺産候補地に関する検討会で、詳細に検討すべき17地域を選定 利尻・礼文・サロベツ原野、知床、大雪山、阿寒・屈斜路・摩周、日高山脈、早池峰山、飯豊・朝日連峰、奥利根・奥只見・奥日光、北アルプス、富士山、南アルプス、祖母山・傾山・大崩山、九州中央山地と周辺山地、阿蘇山、霧島山、伊豆七島、小笠原諸島、南西諸島の17地域を選定
2003年 4月	第3回世界自然遺産候補地に関する検討会で、三陸海岸、山陰海岸の2地域を加えた19地域について詳細検討
2003年 5月	第4回世界自然遺産候補地に関する検討会で、知床、大雪山と日高山脈を統合した地域、飯豊・朝日連峰、九州中央山地周辺の照葉樹林、小笠原諸島、琉球諸島の6地域を抽出。登録基準に合致する可能性が高い地域として、知床、小笠原、琉球諸島の3地域を選定
2003年10月	「知床」を新たな自然遺産の候補地として、政府推薦。小笠原、琉球諸島については、保護管理措置等の条件が整い次第、推薦書の提出をめざす方針。
2004年 1月	「知床」の推薦書類を、ユネスコに提出
2004年	環境省エコツーリズム推進モデル事業の指定を受け、知床エコツーリズム推進協議会設立。
2004年 7月	IUCNの専門家(IUCN保護地域事業部長 デビッド・シェパード氏)による現地調査。
2005年 7月	南アフリカで開催された第29回世界遺産委員会ダーバン会議で「知床」が登録
2008年 2月	IUCNとユネスコ世界遺産センターによる海域の保全状況等について評価するための調査団が来日。
2008年 5月	IUCNが作成した現地調査報告書がユネスコ世界遺産センターから送付される。
2008年 6月	現地調査報告書に対するコメントをユネスコ世界遺産センターに提出。
2008年 7月	第32回世界遺産委員会ケベック会議で、知床の保全状況の最終的な評価がなされる。
2009年12月	2008年第32回世界遺産委員会での勧告を受けて、環境省・林野庁・文化庁・北海道は、「知床世界自然遺産地域管理計画」を策定。
2010年 4月23日	知床五湖高架木道開通。
2012年 2月	第32回世界遺産委員会ケベック会議での決議勧告（2008年現地調査団の勧告）の実施状況をユネスコ世界遺産センターに報告

知床

2012年 6月	第36回世界遺産委員会で、第32回世界遺産委員会ケベック会議での決議勧告（2008年現地調査団の勧告）の実施状況を検討
2012年 6月	第36回世界遺産委員会で、「アジア・太平洋地域の保全状態等に関する定期報告」
2015年 7月	世界遺産登録10周年
	第39回世界遺産委員会ボン会議で、ルシャ川におけるサケ科魚類の移動と産卵の改善及び漁業者とトドの摩擦対応における進捗状況を含めた保全状況が報告された。
2016年3月31日	北海道知床世界遺産条例施行に併せ、毎年1月30日を「世界自然遺産・知床の日」とすることを決定。
2017年7月	第41回世界遺産委員会クラクフ会議で、保全状況や第39回世界遺産委員会でのトドの採捕上限頭数の定期的な点検調節、ルシャ川のダムの追加的な改善などの勧告に対する実施状況について報告。
2025年 7月	世界遺産登録20周年

第32回世界遺産委員会ケベック会議での決議勧告

1) さらなる保護の層を加える観点から、国際海事機関（IMO）と共に、世界遺産地域の海域について、特別敏感海域（PSSA）の指定について検討すること
2) 海域管理計画を世界遺産地域全体の管理計画に統合し、活動内容や成果、客観的に検証できる指標、それに役割と責任分担を明確にし、実施スケジュールを詳細に示すこと
3) 世界遺産地域全体の管理計画を見直し、海域やサケ科魚類、シカ、エコツーリズムと適正利用を含むすべての個別計画を統合した形で完成させること
4) 漁業資源も含めた海洋生物の多様性の持続的な生産力を確保する為の、海洋の生息地の範囲内での禁漁区を含めた地域に即した保全地域の特定や指定、取組を検討すること
5) 資源利用の問題、特にスケトウダラの持続可能でない漁獲について、長期的な解決策を見つける為と、科学的情報の定期的な交換の為、ロシア連邦との間で始められた協力を継続すること
6) 世界遺産地域内におけるサケの自由な移動を推進する対策を継続、推進させるとともに、サケの遡上個体を増加させる為の対策を、特に、ルシャ川の工作物の改良を優先して継続、推進し、サケの個体群への影響を監視すること
7) シカによる自然植生への食圧の影響の受容できる限界を定める為の指標を作成し、抑制措置が世界遺産地域のシカ個体群や生物多様性、生態系に与える影響を監視すること
8) 世界遺産地域に関する統合的なエコツーリズム戦略を策定し、その戦略と知床内の観光・経済的開発の地域戦略との間に密接な連携・統合を確保すること
9) （i）モニタリングプログラムと、（ii）知床世界遺産の価値に対する気候変動の影響を最小限にとどめるための順応的な管理戦略を含んだ知床の「気候変動戦略」を開発すること

脅威 ●ゴミの投げ捨て ●ところ構わぬ立小便 ●羅臼岳、知床連山縦走路、硫黄山等の登山道の荒廃 ●踏み込みによる植生破壊 ●禁止場所でのたき火、釣り、植物採取 ●エゾシカ、キタキツネ、ヒグマなど野生生物への餌付け ●シマフクロウ、オジロワシなどの鳥類の無秩序な写真撮影や録画・録音 ●自動車の増加による環境悪化や植物への悪影響

利活用	自然教育、環境教育、観光、観賞、観察、映画やテレビのロケ
見 所	知床岬、羅臼岳、硫黄山、知床五湖、岩尾別海岸、オシンコシンの滝 オロンコ岩、夕陽台、ブユニ岬、フレペの滝、知床峠、カムイワッカ湯の滝
施 設	知床国立公園羅臼ビジターセンター ℡0153-87-2828
	知床自然センター ℡0152-24-2114
	斜里町立知床博物館 ℡0152-23-1256

イベント ●知床ファンタジア（斜里町 1月28日〜3月3日） ●らうすオジロまつり（羅臼町 2月中旬） ●知床開き（羅臼町 6月第3週の土・日曜日） ●羅臼岳山開き（斜里町 7月第1日曜日） ●羅臼岳安全祈願祭（羅臼町 7月上旬） ●しれとこ斜里ねぶた（斜里町 7月第4金・土曜日） ●らうす漁火まつり（羅臼町 9月第3土・日曜日） ●知床番屋祭り（斜里町 10月中旬〜11月中旬） ●知床峠紅葉ウォーク（羅臼町 10月上旬）

文化財 **斜里町** オクシベツ川遺跡環状列石、朱円竪穴住居跡群、朱円環状列石、来運1遺跡

羅臼町　旧植別神社跡、久右衛門の潤跡、羅臼のひかりごけ、羅臼の間歇泉
　　　　知床いぶき樽

知床に関する照会先
- ●環境省自然環境局自然環境計画課　〒100-8975　東京都千代田区霞が関1-2-2　℡03-3581-3351
- ●環境省北海道地方環境事務所(札幌)　〒060-0001　札幌市中央区北3条西10丁目1　℡011-251-8700
- ●環境省北海道地方環境事務所(釧路)　〒085-8639　釧路市幸町10-3-4F　℡0154-32-7500
- ●林野庁森林整備部森林保全課　〒100-8955　東京都千代田区霞が関1-2-1　℡03-3502-8111
- ●知床森林センター　〒099-4355　斜里郡斜里町ウトロ東　℡0152-24-3466
- ●北海道環境生活部環境局生物多様性保全課　〒060-8588　札幌市中央区北3条西6丁目　℡011-231-4111
- ●北海道網走支庁地域政策部地域政策課　〒093-8585　網走市北7条西3丁目　℡0152-44-7171
- ●北海道根室支庁地域政策部地域政策課　〒087-8588　根室市常盤町3-28-2F　℡0153-24-5572
- ●(財)知床財団(知床自然センター)　〒099-4356　斜里郡斜里町字岩宇別531　℡0152-24-2114
- ●知床エコツーリズム推進協議会事務局　〃　〃
- ●羅臼ビジターセンター　〒086-1822　目梨郡羅臼町湯ノ沢町6-27　℡0158-87-2828
- ●斜里町立知床博物館　〒099-4113　斜里郡斜里町本町49-2　℡0152-23-1256
- ●知床斜里町観光協会　〒099-4113　斜里郡斜里町本町29-8　℡0152-22-2125
- ●知床羅臼町観光協会　〒086-1892　目梨郡羅臼町本町361-1　℡0153-87-3360
- ●羅臼町　〒086-1892　目梨郡羅臼町栄町100-83　℡0153-87-2111
- ●斜里町　〒099-4192　斜里郡斜里町本町12　℡0152-23-3131

参考URL　知床世界遺産　http://shiretoko-whc.jp/
　　　　　　ユネスコ世界遺産センター　http://whc.unesco.org/en/list/1193

当シンクタンクの協力
- ●ぱしふぃっくびいなす船内講演「日本が誇る世界自然遺産(知床、白神山地、屋久島)の地をめぐる旅」日本一周クルーズ　2007年9月
- ●道新オホーツク政経文化懇話会　講演　「世界遺産が地域を拓く」　2005年8月8日
- ●札幌市厚別区民センター　講演　「旅する気分で不思議な世界遺産にふれてみよう～映像で見る多様な世界遺産～」　2004年6月19日

世界の宝　しれとこ宣言

　知床は、海と陸の生態系と生物の多様性が類いまれな価値をもつ、世界自然遺産です。
　知床は、北半球で流氷が接岸する世界最南端の地であり、海から陸に繋がる生態系の微妙なバランスの下で多様な動植物が混在し、オオワシやオジロワシなどの国際的希少種の重要な繁殖地にもなっています。そして豊かな海の恵みは、遡上する魚によって森に運ばれ、そこに生息するヒグマなどの動物を育んできました。この大いなる知床の自然環境は、いにしえの時代から、この地に息づく多様な「いのち」の営みを支えています。
　世界自然遺産「知床」を、人類共有の財産として、次の世代に責任を持って引き継いでいくためにも、私たちは、尊い歴史の歩みと大地の記憶を心に刻み込み、アイヌの人達をはじめ地域の先人達がこれまで培ってきた知恵と技術をしっかり学びながら、道民一丸となって世界に誇る知床の適正な利用と保全に努めていくことをここに宣言します。

平成17年10月30日

北海道知事　　高橋　はるみ
斜里町長　　　午来　昌
羅臼町長　　　脇　紀美夫

知
床

最高峰の羅臼岳（1661m）、硫黄山（1563m）、知床岳（1254m）などの知床連山

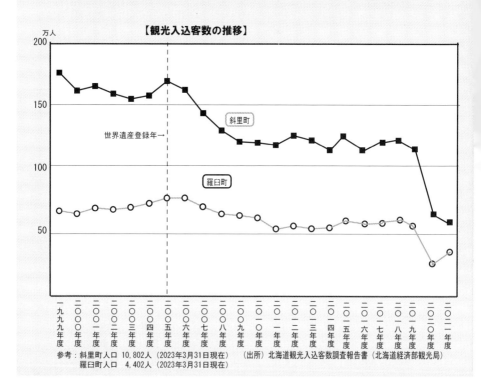

【観光入込客数の推移】

万人

世界遺産登録年→

斜里町

羅臼町

一九九九年度　二〇〇〇年度　二〇〇一年度　二〇〇二年度　二〇〇三年度　二〇〇四年度　二〇〇五年度　二〇〇六年度　二〇〇七年度　二〇〇八年度　二〇〇九年度　二〇一〇年度　二〇一一年度　二〇一二年度　二〇一三年度　二〇一四年度　二〇一五年度　二〇一六年度　二〇一七年度　二〇一八年度　二〇一九年度　二〇二〇年度　二〇二一年度

参考：斜里町人口　10,802人（2023年3月31日現在）　　（出所）北海道観光入込客数調査報告書（北海道経済部観光局）
　　　羅臼町人口　4,402人（2023年3月31日現在）

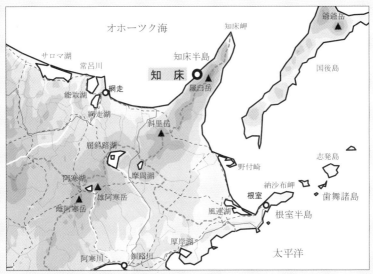

斜里町　北緯43度44分～北緯44度21分　東経114度33分～東経145度22分

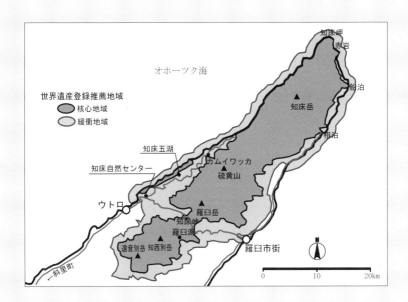

交通アクセス　●斜里町へは、女満別空港から車で、国道244号線経由、約1時間。
　　　　　　　　　●羅臼町へは、中標津空港から車で約1時間。

小笠原諸島

登録遺産名	**Ogasawara Islands**
遺産種別	自然遺産

登録基準 (ix) 陸上、淡水、沿岸、及び、海洋生態系と動植物群集の進化と発達において、進行しつつある重要な生態学的、生物学的プロセスを示す顕著な見本であるもの。

暫定リスト記載	2007年　　　　**日本政府推薦**　2010年1月
IUCN調査	2010年7月　ピーター・シャディ氏、ナオミ・ドーク氏 （IUCNアジア地域事務所（バンコク））
登録年月	2011年6月（第35回世界遺産委員会パリ会議）
登録遺産面積	7,939ha（陸域面積 6,358ha　海域面積 1,581ha）

登録遺産の概要　小笠原諸島は、日本の南部、東京湾からおよそ1,000km（竹芝～父島間）南方の海上に南北400km にわたって散在する大小30余りの島々からなる。世界遺産の登録面積は、7,939haで、北ノ島、聟島、媒島、嫁島、弟島、兄島、父島、西島、東島、南島、母島、向島、平島、姪島、姉島、妹島、北硫黄島、南硫黄島、西之島の島々と周辺の岩礁等、それに海域の構成資産からなる。小笠原諸島の生物相は、大陸と一度も陸続きになったことのない隔離された環境下で、様々な進化をとげて多くの種に分化した生物から構成され、441種類の固有植物など固有種率が高い。小笠原諸島は、海洋島生態系における特に陸産貝類と維管束植物において適応放散という進化の過程の貴重な証拠の多いことが評価され、世界自然遺産に登録された。小笠原諸島は、限られた陸域でありながら、固有種を含む動植物の多様性に富んでおり、オガサワラオオコウモリやクロアシアホウドリなど世界的に重要とされる絶滅のおそれのある195種の生息・生育地でもあり、北西太平洋地域における生物多様性の保全のために不可欠な地域でもある。

分　類	生態系
Udvardyの 地域区分	**界**：オセアニア界（The Oceanian Realm）
	地区：ミクロネシア（Micronesian）
	群系：島嶼混合系（Mixed island systems）

普遍的価値	世界でも有数の透明度の高さを誇る海に囲まれた独自の生態系の動植物を有する自然の宝庫で、東洋のガラパゴス、或は日本のガラパゴス諸島と呼ばれている。

動　物	オガサワラコウモリ、アオウミガメ、ハハジマメジロ、アカガシラカラスバト、シマアカネ、カタマイマイ 繁殖地：コアホウドリ、クロアシアホウドリ、カツオドリ
植　物	ムニンヤツデ、ムニンノボタン、オガサワラグワ、ハハジマノボタン

所在地	東京都小笠原村
所　有	小笠原国立公園（国有地　83.4%、　民有地　16.6%）
管　理	関東地方環境事務所 〒330-6018　埼玉県さいたま市中央区新都心11-2-18F　　℡048-600-0516 小笠原自然保護官事務所 〒100-2101　東京都小笠原村父島字西町ガゼボ2F　　℡04998-2-7174

　　　　　　　　　　　　　　　　　シンクタンクせとうち総合研究機構

保　護	自然公園法　小笠原国立公園（1972年10月16日指定）
	自然環境保全法　原生自然環境保全地域　南硫黄島
	国有林野の管理・経営に関する法律　小笠原諸島森林生態系保護地域
	鳥獣保護法　国設鳥獣保護区（特定鳥獣生息地）　小笠原諸島
	文化財保護法〔国の特別天然記念物〕ハハジマメグロ
	〔国の天然記念物〕南硫黄島

利活用	散策、海水浴、スキューバーダイビング、シュノーケル、
	アオウミガメの産卵観察、ホエールウォッチング
特産品	果物などの加工品、自然塩、イルカ・クジラのアクセサリー、Tシャツ

小笠原諸島や観光宿泊等に関する照会先

●環境省小笠原自然保護官事務所	〒100-2101	東京都小笠原村父島西町ガゼボ2F	℡04998-2-7174
●東京都小笠原支庁	〒100-2101	東京都小笠原村父島西町	℡04998-2-2121
●　　〃　　母島出張所	〒100-2211	東京都小笠原村母島元地	℡04998-3-2121
●東京都環境局自然環境部緑環境課	〒163-8001	東京都新宿区西新宿2-8-1	℡03-5388-3454
●小笠原村産業観光課	〒100-2101	東京都小笠原村父島西町	℡04998-2-3111
●小笠原村観光協会（父島）	〒100-2101	東京都小笠原村父島東町	℡04998-2-2587
●小笠原村観光協会（母島）	〒100-2211	東京都小笠原村母島元地	℡04998-3-2300
●小笠原ビジターセンター	〒100-2101	東京都小笠原村父島西町	℡04998-2-3001
●小笠原村観光局	〒105-0022	東京都港区海岸1-4-15島嶼会館2F	℡03-5776-2422

小笠原諸島の地形・地質

小笠原諸島は、地球上の大陸形成の元となる海洋性島弧（海洋プレート同士がぶつかり合って形成された列島）が、どのように発生し成長するかという進化の過程を、陸上に露出した地層や無人岩（ボニナイト）などの岩石から解明することのできる世界で唯一の場所である。

小笠原諸島の気候

小笠原諸島は、亜熱帯に位置し、気温の変化が比較的少ない海洋性の気候。父島の年間の最低気温は10度程度、最高気温は32度程度、年平均23度で、過ごしやすい気候である。

小笠原諸島の暮らし

人が暮らしているのは、父島と母島だけで、人口は、父島、母島合わせて約2500人。最大の島である父島の面積でも約24km²しかなく、その他の島の大部分は10km²以下の無人島である。

小笠原カントリーコード

①貴重な小笠原を後世に引き継ぐ。
②ゴミは絶対捨てずに、すべて持ち帰る。
③歩道をはずれて歩かない。
④動植物は採らない、持ち込まない、持ち帰らない。
⑤動植物に気配りをしながらウォッチングを楽しむ。
⑥さんご礁等の特殊地形を壊さない。
⑦来島記念などの落書きをしない。
⑧全島キャンプ禁止となっているのでキャンプはしない。
⑨移動は、できるだけ自分のエネルギーを使う。
⑩水を大切にし、トイレなど公共施設をきれいに使う。

小笠原諸島

〔水産生物の採捕に関するルール〕（漁業種・漁業調整規則）
〔イシガキダイ、イシダイのキャッチ＆リリースに関する注意〕
〔小笠原ホエールウォッチング協会自主ルール〕
〔アホウドリ類ウォッチングのルール〕
〔ウミガメに遭遇した場合の注意点（ガイドライン）〕
〔長谷グリーンペペについて〕
〔オオコウモリウォッチングについてのガイドライン〕
〔東平アカガシラカラスバトサンクチュアリの自主ルール〕
〔南島、母島石門一帯適正な利用のルール〕（東京都版エコツーリズム）
〔母島石門の自主ルール〕

見どころ

〈父島〉小笠原諸島最大の島で小笠原村の中心的機能を担う。面積約24km²（千代田区の約2倍余）、最高部は中央山(318m)、島の周囲は52kmで、海岸線は比較的おだやか。

○小笠原村観光協会・小笠原ホエールウオッチング協会　二見港から徒歩6分
○大神山公園内（大村中央地区）の通称「ゲゲゲ・ハウス」　二見港から徒歩3分
○小笠原ビジターセンター　二見港から徒歩8分
○三日月山展望台ウェザーステーション　二見港から徒歩30分／標高差約200m
○宮之浜海岸　二見港から車で5分
○旭平展望台　二見港から車で10分
○中央山展望台　二見港から車で20分
○コペペ海岸　二見港から車で20分
○南島　二見港から船で20分

〈母島〉父島の南約50kmに位置し、面積約21km²、最高部は乳房山（463m）、島の周囲は58kmで、ほとんど急峻な崖である。

小笠原の歩み

1543年	大航海時代、スペイン船により小笠原諸島が発見される。
1593年	信州・小笠原貞頼により発見（伝）
1830年	欧米人5人とハワイの先住民族20数人が父島に上陸、最初の居住者となる。
19世紀	諸外国による太平洋での捕鯨が盛んに。
	（ジャパングラウンド）　→　捕鯨船の寄港、補給地として開拓
1853年	ペリー提督が父島に来航、米国領有を宣言
1861年	外国奉行・水野忠徳が咸臨丸で来島、領有宣言
1941年	太平洋戦争開戦
1944年	小笠原島民が内地に強制疎開
1945年	終戦　→　米軍の統治下に入る
1968年	日本に返還（6月26日）

小笠原諸島

世界遺産登録前後の歩み

1986年度〜	ムニンツツジ、ムニンノボタンなどの絶滅危惧植物の保護増殖事業
1994年度〜	聟島列島を中心としたヤギの排除と植生回復事業
2000年度〜	アカガシラカラスバトの保護増殖事業
2003年5月	第4回世界自然遺産候補地に関する検討会で、登録基準に合致する可能性が高い地域として、「知床」、「小笠原諸島」、「琉球諸島」の3地域が選ばれる。
2003年10月	東京都、「小笠原諸島における世界自然遺産登録に関する推進会議およびプロジェクトチーム（PT）」を設置。
2004年8月	小笠原諸島森林生態系保護地域設定委員会の検討会開催。
2004年度	小笠原諸島における世界自然遺産登録に関する推進会議報告書をまとめる。（小笠原諸島を世界自然遺産に〜かけがえのない自然を次世代に伝えるための東京都の考え方〜）
2005年6月	「特定外来生物による生態系等に係る被害の防止に関する法律(外来生物法)」施行。
2007年1月30日	ユネスコの世界遺産暫定リストに「小笠原諸島」が記載。
2010年7月	IUCNの専門家（IUCNアジア地域事務所（バンコク）ピーター・シャディ氏とナオミ・ドーク氏）による現地調査。
2011年6月	第35回世界遺産委員会パリ会議で、「登録」を決議。但し、登録基準の(vii) 4800万年の歴史を有する海洋性島弧起源の地形・地質、(x) 絶滅危惧種を含む動植物の生物多様性は認められず。
2026年6月	世界遺産登録15周年。

課題

● 東京都が小笠原諸島・父島の西側に突き出た半島にある旧日本海軍飛行場跡地を建設候補地に選定。計画では、旧滑走路とその周辺をかさ上げした後、1200mの滑走路を建設。プロペラ機で、本土と2時間半で結ぶことを想定している。IUCNは「依然として潜在的な脅威」との見解を明らかにし、さらに「空港建設でさらに高まりかねない脆弱な自然や生き物たちのリスクを強く意識している」などと懸念も表明。専門家は「周辺環境が維持されていないと判断されれば、登録そのものに影響しかねない」と指摘している。

● オガサワラゼミ、アノールトカゲ、ノヤギ、ヤクザイショリノアカギ、オオヒキガエル、クマネズミなどの外来種対策。

● 生態系の維持。

● エコツーリズムの改善。

● 島民の意識改革を兼ねた環境教育の充実。

● 自然と共生した島の暮らしの実現。

備考	● 小笠原固有種のカタマイマイが、クマネズミなどの外来種によって絶滅の危機に瀕しており、早急な対策が必要。

参考URL	ユネスコ世界遺産センター	http://whc.unesco.org/en/list/1362
	小笠原自然情報センター	http://ogasawara-info.jp/

当シンクタンクの協力

● にっぽん丸船内講演「世界自然遺産・小笠原諸島の特質と魅力」小笠原と硫黄島周遊クルーズ　　2015年3月

● 経済同友会産業懇談会「世界遺産の現状と日本の課題〜平泉・小笠原諸島の世界遺産登録を振り返って」」　　2011年10月

● 読売新聞特集「環境ルネサンス」「日本の自然遺産(5)「登録後見据え空港論議」2007年1月20日

小笠原諸島

南島沈水カルスト

父島・二見港出港時の恒例行事　島民の「お見送り」

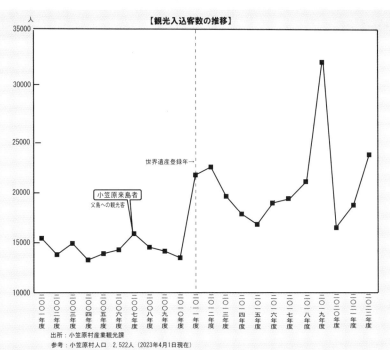

【観光入込客数の推移】

世界遺産登録年→

小笠原来島者
父島への観光客

出所：小笠原村産業観光課
参考：小笠原村人口　2,522人（2023年4月1日現在）

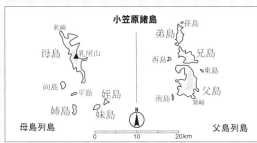

小笠原諸島

乾崎
母島　乳房山
向島
平島　姪島
姉島　妹島
母島列島

弟島　孫島
西島　兄島
東島
南島　父島
巽崎
父島列島

0　　10　　20km

北緯27度43分6秒　東経142度5分59秒

伊豆諸島＆小笠原位置図

利島　大島
神津島　新島
　　三宅島
御蔵島
八丈島
青ヶ島

・鳥島

伊豆諸島

小笠原国立公園

聟島
父島
母島
北硫黄島
・硫黄島
南硫黄島

小笠原諸島

0　100　200　300
km

交通アクセス

●父島（二見港）　東京竹芝客船ターミナルから25時間30分
　　　　　　　　　（小笠原海運　℡03-3451-5171）
●母島　父島二見港から「ははじま丸」で約2時間。

小笠原諸島

奄美大島、徳之島、沖縄島北部及び西表島

英語名	Amami-Oshima Island, Tokunoshima Island, the northern part of Okinawa Island and Iriomote Island
登録基準	（x） 生物多様性の本来的保全にとって、もっとも重要かつ意義深い自然生息地を含んでいるもの。これには、科学上、または、保全上の観点から、すぐれて普遍的価値をもつ絶滅の恐れのある種が存在するものを含む。

暫定リスト記載	2016年2月1日
IUCNの現地調査	2019年（令和元年）10月5日（土）〜12日（土）

ウェンディー・アン・ストラーム（Wendy Ann Strahm）氏（スイス国籍）IUCN専門家
ウルリーカ・オーバリ（Ulrika Åberg）氏（スウェーデン国籍）　　　　IUCN世界遺産部門職員

物件の概要　　　奄美大島、徳之島、沖縄島北部及び西表島は、日本列島の南端部、鹿児島県と沖縄県にまたがる南北約850kmに点在する島々である。登録推薦地域は、中琉球の奄美大島、徳之島、沖縄島北部と、南琉球の西表島の4地域の5構成要素で構成され、面積42,698haの陸域である。中琉球及び南琉球は日本列島の南端部にある琉球列島の一部の島々であり、黒潮と亜熱帯性高気圧の影響を受け、温暖・多湿な亜熱帯性気候を呈し、主に常緑広葉樹多雨林に覆われている。登録推薦地域は、世界の生物多様性ホットスポットの一つである日本の中でも生物多様性が突出して高い地域である中琉球・南琉球を最も代表する区域で、多くの分類群において多くの種が生息する。また、絶滅危惧種や中琉球・南琉球の固有種が多く、それらの種の割合も高い。さらに、さまざまな固有種の進化の例が見られ、特に、遺存固有種及び／または独特な進化を遂げた種の例が多く存在する。これらの生物多様性の特徴はすべて相互に関連しており、中琉球及び南琉球が大陸島として形成された地史の結果として生じてきた。分断と孤立の長い歴史を反映し、陸域生物はさまざまな進化の過程を経て、海峡を容易に越えられない非飛翔性の陸生脊椎動物群や植物で固有種の事例が多くみられるような、独特の生物相となった。また、中琉球と南琉球では種分化や固有化のパターンが異なっている。このように登録推薦地域は、多くの固有種や絶滅危惧種を含む独特な陸域生物にとって、全体として世界的にかけがえのなさが高い地域であり、独特で豊かな中琉球及び南琉球の生物多様性の生息域内保全にとって最も重要な自然の生息・生育地を包含した地域である。2021年のオンラインでの第44回世界遺産福州（中国）会議で登録された。

所在地	鹿児島県(奄美市、大和村、宇検村、瀬戸内町、龍郷町、徳之島町、天城町、伊仙町) 沖縄県(国頭村、大宜味村、東村、竹富町)

位　置	北緯24度〜29度　東経123度〜130度
気　候	亜熱帯性気候
分　類	生態系、生物多様性
Udvardyの地域区分	界：旧北界　　地区：琉球諸島　　群系：島嶼混合系
世界遺産のカテゴリー	自然遺産
共同推薦省庁	環境省、林野庁
顕著な普遍的価値	●大陸島における陸生生物の隔離による種分化・系統的多様化の諸段階を明白に表す顕著な見本。 ●固有種が多く生息・生育し、日本本土やユーラシア大陸の近隣地域に近縁種が分布しない遺存固有種も多数見られる。 ●亜熱帯起源の動植物はもとより、とりわけ分散能力の高い植物や昆虫などには、

奄美大島、徳之島、沖縄島北部及び西表島

東アジアのほか、東南アジアやさらには大洋州起源とされる系統も含まれる。
- ●この地域の生物相を構成する種の多くは、学術上または保全上顕著な普遍的価値を有する絶滅のおそれのある種であり、奄美・琉球はそれらの種の重要かつ不可欠な生息・生育地である。

特　質	●独特の地史を有し、多様で固有性の高い亜熱帯生態系や珊瑚礁生態系がある。 ●優れた景観や絶滅危惧種の生息地となっている。
学術的価値	生物学、地学
保護担保措置	●西表石垣国立公園（1972年指定／2007年に石垣島地域を加え名称変更） ●やんばる国立公園（2016年指定） ●奄美群島国立公園（2017年指定）
国際的な保護	●コンサベーション・インターナショナル（Conservation International 略称 CI） 生物多様性ホットスポット（Biodiversity Hotspot） ●バードライフ・インターナショナル（Birdlife International） 「固有鳥類生息地」（Endemic Bird Areas of the World） 「鳥類重要生息地」（Important Bird Areas） ●世界自然保護基金（WWF）「地球上の生命を救うためのエコリージョン・グローバル200」
管　理	環境省沖縄奄美自然環境事務所、林野庁九州森林管理局
モニタリング	環境省国際サンゴ礁研究・モニタリングセンター
動　物	イリオモテヤマネコ（CR）、アマミノクロウサギ（EN）、ケナガネズミ、オキナワトゲネズミ（CR）、トクノシマトゲネズミ（EN）、ルリカケス（VU）、リュウキュウヤマガメ（EN）、クロイワトカゲモドキ（EN）、イボイモリ（EN）、ナミエガエル、ノグチゲラ（CR）、ヤンバルクイナ（EN）　など （注）（　）内は、IUCN Red Listのランク
植　物	アマミテンナンショウ、アマミスミレ、アマミデンダ、クニガミトンボソウ、コケタンポポ
利活用	環境教育、エコ・ツーリズム、地域づくり
施　設	●環境省奄美野生生物保護センター ●西表石垣国立公園黒島ビジターセンター ●竹富島ビジターセンター
博物館	奄美市立奄美博物館　奄美市名瀬長浜町517番地　　0997-54-1210
観光入込客数	奄美地区　916,612人（2019年度延べ宿泊者数 対2018年度　3.5%増加） 　〃　　　885,882人（2018年度延べ宿泊者数） 八重山地区　651,747人（2019年度延べ宿泊者数 対2018年度　56%減少） 　〃　　　1,482,153人（2018年度延べ宿泊者数） 　うち　西表島　東部　136,930人（2019年度延べ宿泊者数） 　　　　　　　　西部　 39,335人（2019年度延べ宿泊者数）

奄美大島、徳之島、沖縄島北部及び西表島

これまでの経緯と今後の予定

2003年10月	環境省と林野庁が、学識経験者からなる「世界自然遺産候補地に関する検討会」を共同で設置、自然遺産の新たな推薦候補地を学術的見地から検討、世界遺産の候補地として選定される。
2013年1月31日	世界遺産条約関係省庁連絡会議（外務省、文化庁、環境省、林野庁、水産庁、国土交通省、宮内庁で構成）において、世界遺産条約に基づくわが国の世界遺産暫定リストに、自然遺産として「奄美・琉球」を記載することを決定。 世界遺産暫定リスト記載のために必要な書類をユネスコ世界遺産センターに提出。
2013年3月	ユネスコ、対象地域の絞り込みを求め、世界遺産暫定リストへの追加を保留。
2014年1月	世界遺産暫定リスト記載のために必要な書類をユネスコ世界遺産センターに再提出。
2016年2月1日	世界遺産暫定リスト記載
2017年1月20日	ユネスコへ世界遺産登録推薦書（正式版）を提出
2017年夏〜秋頃	IUCNによる現地調査・評価
2018年5月頃	IUCNによる評価結果の勧告
2019年秋頃	IUCNによる現地調査・評価
2020年5月頃	IUCNによる評価結果の勧告は第44回世界遺産委員会福州（中国）会議2020がコロナ禍で延期された為、延期。
2020年6〜7月頃	第44回世界遺産委員会福州（中国）会議2020で登録可否の審議が行われる予定であったが、コロナ禍の為、延期になった。
2021年5月	IUCNによる評価結果の勧告。
2021年7月	第44回世界遺産委員会福州（中国）会議2021で登録される。
2026年7月	世界遺産登録5周年。

今後の課題	●侵略的外来種（IAS）の駆除管理。 ●地球の温暖化等が原因と思われる珊瑚の白化現象対策。 ●やんばる地域での、ごみの不法投棄や野生化したイヌやネコの放置。 ●関係行政機関や地域関係者、専門家等との連携・協働による保全管理体制の整備。 ●総合的モニタリングシステムの構築。 ●地域の理解・合意形成。 ●世界遺産の登録範囲（尖閣諸島を登録範囲に含めてはという意見もある） ●沖縄の北部訓練場返還地を必要に応じて推薦地に統合する等の必要な調整。 ●外国人の土地所有。 ●観光計画、訪問者管理計画。
備考	●奄美群島日本復帰70周年（2023年12月25日） ●2024年、世界遺産登録3周年
参考資料	●環境省・林野庁の報道発表資料 ●一般財団法人自然環境研究センター ●鹿児島県環境林務部自然保護課 ●沖縄県

当シンクタンクの協力

●KTS鹿児島テレビ　プライム・ニュース「奄美大島、徳之島、沖縄島北部及び西表島」「登録延期」
　　　　　　　　　　　　　　　　　　　　　　　　　　　　　　　　2018年5月3日
●朝日新聞鹿児島版「奄美『減らせ天敵』／世界遺産へむけて」
　　　　　　　　　　　　　　　　　　　　　　　　　　　　　　　　2009年2月25日

奄美大島
（写真）金作原原生林

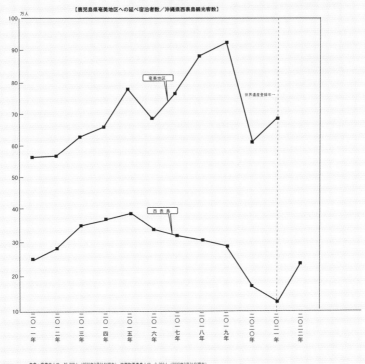

【鹿児島県奄美地区への延べ宿泊者数／沖縄県西表島観光客数】

参考：奄美市人口　40,990人（2023年3月31日現在）　竹富町西表島人口　2,382人（2023年3月31日現在）
出所：鹿児島県庁・観光戦略部観光課（鹿児島県の観光の動向 地区別延べ宿泊者数）
　　　沖縄県竹富町（竹富町入域観光客数）

奄美大島、徳之島、沖縄島北部及び西表島

徳之島
（写真）湯湾岳

沖縄島北部
（写真）やんばる国立公園

奄美大島、徳之島、沖縄島北部及び西表島

西表島
（写真）仲間川流域

交通アクセス　●徳之島へは、鹿児島空港から飛行機で徳之島空港まで約55分。
　　　　　　　　　●西表島へは、石垣島の離島ターミナルから高速船、或は、フェリーで
　　　　　　　　　　大原港、或は、上原港へ。

「奄美大島、徳之島、沖縄島北部及び

顕著な普遍的価値（Ou

国家間の境界を超越し、人類全体にとって現
文化的な意義及び／又は自然的な価値を意
国際社会全体にとって最高水準の重要性を

ローカル ⇨ リージョナル ⇨ ナシ

```
┌──────────────────────────┐
│ コア・ゾーン（登録資産） │    登
│                          │    録
│      37,873  ha          │    範
│  ● 自然公園法            │    囲
└──────────────────────────┘
```

```
┌──────────────────────────┐
│ バッファー・ゾーン（緩衝地帯） │
│      25,482  ha          │
│  ● 自然公園法            │
└──────────────────────────┘
```

ユーラシア大陸から分離、結合し、小島嶼
過程で生じた独自の生物進化と、奄美大島
生息するアマミノクロウサギと西表島のイリオモテ
国の特別天然記念物に指定されている。4.
陸生哺乳類の6割、両生類は8割は固有利
沖縄島北部のヤンバルクイナなどは、IUCN か
絶滅危惧種に指定。

```
┌──────────────────────────┐
│ 長期的な保存管理計画     │
```
● 西表石垣国立公園（2016年大規模拡張）
● やんばる国立公園（2016年指定）
● 奄美群島国立公園（2017年指定）

● 教育
＜ガイダンス施設＞
□ 環境省奄美野生生物保護センター
□ 西表石垣国立公園黒島ビジターセンター
□ 竹富島ビジターセンター

● 観光
□ エコ・ツーリズム

● まちづくり

● 問題点
□ 推薦地の中には、分断されているところがあり、
　生態学的な持続可能性に重大な懸念がある。
□ 推薦地は4島に分かれているが、その選定が
　本当に適当かどうか、もしくは、それらの連続性
　を担保できないかどうか、それを種の長期的な
　保護の観点から再検討すべき。

● 課題
① 希少種の保護・増殖
　・生息状況の把握
　・交通事故等の防止
　・密猟・盗採の防止パトロール
② 外来種等の対策
　・マングース対策
　・ネコ対策　など
③ 適正利用とエコ・ツーリズム推進
　・エコ・ツーリズムの推進
　・利用コントロールの検討
　・エコ・ツアーガイドの普及

担　保　条　件

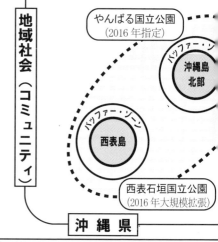

地域社会（コミュニティ）

やんばる国立公園
（2016年指定）

沖縄島
北部

西表島

西表石垣国立公園
（2016年大規模拡張）

沖縄県

【専門機関 IUCN の現地調査】2017 年 10 月 11 日〜 20

【専門機関 IUCN の評価結果の世界
□ 登録（記載）〔I〕　　□ 情報照会〔R〕　　☑

【第 42 回世界遺産委員会マナーマ会議】　登録推薦書
□ 登録（記載）〔I〕　　□ 情報照会〔R〕　　□

登録遺産名：**Amami-Oshima Island, Tokunoshim**
Iriomote Island（英語）
日本語表記：奄美大島、徳之島、沖縄島北部及び
位置（経緯度）：北緯24度〜29度　東経123度〜1

登録遺産の説明と概要：This property consists of Amami-Oshima Island, Tokunoshima Island, the n
inscription on the World Heritage List is to be limited, in the light of scientific research and studies
As the result of the these islands' long isolation, this property shows a series of speciations in vari
fauna and flora that are characterized by high proportions of endemic and rare species.

奄美大島、徳之島、沖縄島北部及び西表島

顕著な普遍的価値」の考え方

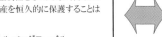

l Value＝OUV）

重要性をもつような、傑出した
産を恒久的に保護することは

ナル ⇨グローバル

バッファー・ゾーン

奄美大島

奄美群島国立公園
（2017 年指定）

鹿児島県

2県1市6町5村

美市、大和村、宇検村、
、龍郷町、徳之島町、天城町、
頁村、大宜味村、東村、竹富町）

ト・パーキン氏とバスチャン・ベルツキー氏

つの勧告区分】

）〕   □ 不登録（不記載）〔N〕

2月1日までに再提出・再チャレンジ。
）〕   □ 不登録（不記載）〔N〕

rthern part of Okinawa Island and

リスト記載年：2016年

kinawa Island and Iriomote Island. The area which demonstrates Outstanding Universal Value for
ur islands.
eages of the islands and the state of relict endemisms. This identified area is currently harbour diverse

---

必要十分条件の証明

必要条件

登録基準（クライテリア）とその根拠

(ix) 陸上、淡水、沿岸、及び、海洋生態系と動植物群集の進化と発達において、進行しつつある重要な生態学的、生物学的プロセスを示す顕著な見本であるもの。
→生態系

＜その根拠の説明＞
この地域だけに残された遺存固有種が分布しており、また、島々が分離・結合を繰り返す過程で多くの進化系統に種分化が生じている。

(x) 生物多様性の本来的保全にとって、もっとも重要かつ意義深い自然生息地を含んでいるもの。これには、科学上、または、保全上の観点から、すぐれて普遍的価値をもつ絶滅の恐れのある種が存在するものを含む。
→生物多様性

＜その根拠の説明＞
IUCNレッドリストに掲載されている多くの国際的希少種や固有種の生息・生育地であり、世界的な生物多様性保全の上で重要な地域である。

十分条件

真正（真実）性（オーセンティシティ）

本遺産は文化的価値を主張するものではないため該当しない。

完全性（インテグリティ）

①複数の島嶼がシリアルで構成され世界遺産としての価値を示す要素を全て包含している。

②価値を長期的に維持するために適切な面積が確保されている

③開発等の悪影響を受けていない。

他の類似物件との比較

当該遺産は日本の中でも生物種数、固有種数、絶滅危惧種数が多く、国内の4つの自然遺産と比較すると、植物種数は屋久島に次ぎ、また、陸生哺乳類の種数は知床に次いで多く、他の分類群はすべて上回っており、生物多様性に富んだ地域である。

- カリフォルニア湾の島々と保護地域群（メキシコ）
- アレハンドロ・デ・フンボルト国立公園（キューバ）
- ブルーマウンテン山脈とジョン・クロウ山地（ジャマイカ）など

奄美大島、徳之島、沖縄島北部及び西表島

日本の世界文化遺産

紀伊山地の霊場と参詣道
Sacred Sites and Pilgrimage Routes in the Kii Mountain Range)
第28回世界遺産委員会蘇州会議（中国）　2004年登録
文化遺産　登録基準（ⅰ）（ⅱ）（ⅳ）（ⅵ）

写真：熊野那智大社、那智山青岸渡寺、那智大滝、那智原始林（和歌山県那智勝浦町）

法隆寺地域の仏教建造物

法隆寺地域の仏教建造物

登録遺産名	**Buddhist Monuments in the Horyuji Area**
遺産種別	文化遺産

登録基準　(i)　人類の創造的天才の傑作を表現するもの。

(ii) ある期間を通じて、または、ある文化圏において、建築、技術、記念碑的芸術、町並み計画、景観デザインの発展に関し、人類の価値の重要な交流を示すもの。

(iv) 人類の歴史上重要な時代を例証する、ある形式の建造物、建築物群、技術の集積、または、景観の顕著な例。

(vi) 顕著な普遍的な意義を有する出来事、現存する伝統、思想、信仰、または、芸術的、文学的作品と、直接に、または、明白に関連するもの。

暫定リスト登載　1992年　　**日本政府推薦**　1992年9月

登録年月　　1993年12月（第17回世界遺産委員会カルタヘナ会議）

登録遺産面積　　**コア・ゾーン**　15.3ha　**バッファー・ゾーン**　570.7ha　**合計**　586ha

登録遺産の概要　法隆寺地域の仏教建造物は、奈良県生駒郡斑鳩町にあり、法隆寺、法起寺からなる。日本には8世紀以前に建立された木造建造物が28棟残るが、その内11棟が法隆寺地域に所在する。法隆寺は、世界最古の木造建築物の中門、金堂、日本の塔の中で最古の五重塔などからなる西院伽藍、夢殿を中心とした東院伽藍などからなる。また、法起寺には日本最古の三重塔が残存する。この地域は、その他にも多くの古刹にも恵まれ、日本の仏教寺院の全歴史を物語る文化遺産がここに総合されている。法隆寺地域は、建造物群だけではなく、釈迦三尊像、百済観音像、救世観音像などの仏像、法隆寺会式(聖霊会)などの宗教儀礼、学問、歴史、信仰など日本の仏教文化の宝庫ともいえ、斑鳩の里として、日本人の心のふるさとになっている。

分類	建造物群、仏教建造物
特色	飛鳥時代の姿を現在に伝える世界最古の木造建造物。
特質	建築様式とエンタシスなどのデザインと芸術性。
位置	奈良県西北部の田園風景が広がる聖徳太子ゆかりの斑鳩の里にある。
所在地	奈良県生駒郡斑鳩町
創建者	推古天皇と聖徳太子
創建	607年
焼失	670年
再建	7世紀後半〜8世紀初頭
所有者	法隆寺　　**宗派**　聖徳宗総本山
	法起寺　　**宗派**　聖徳宗総本山
保護	**文化財保護法**

〔国宝建造物〕（法隆寺）金堂、鐘楼、聖霊院、南大門、五重塔、大講堂、東院鐘楼、東室、中門、綱封蔵、西円堂、回廊、三経院・西室、経蔵、夢殿、伝法堂、東大門、食堂　（法起寺）三重塔

〔国の重要文化財建造物〕　法隆寺上御堂、東院南門、舎利殿・絵殿など

保全	斑鳩町環境保全条例
保存	古都における歴史的風土の保存に関する特別措置法（古都保存法）
管理	法隆寺
管理活動	巡回、警備、監視カメラ等
活用	法隆寺iセンター　〒636-0116　斑鳩町法隆寺1-8-25　℡0745-74-6800
伝統行事	2月1日〜3日　鬼追式　　3月22〜24日　法隆寺会式
まちづくり	歴史的景観保全事業（斑鳩町）
危機因子	地震、火災、台風
課題	●斑鳩の里の景観の継承
	●保存修理
	●観光者の長時間滞在

保護関連機関　　斑鳩町役場教育委員会

法隆寺地域の仏教建造物や観光宿泊等に関する現地照会先
- 斑鳩町観光産業課　　　〒636-0198　斑鳩町法隆寺西 3-7-12　　℡0745-74-1001
- 法隆寺ｉセンター　　　〒636-0116　斑鳩町法隆寺1-8-25　　　℡0745-74-6800
- 斑鳩文化財センター　　〒636-0114　斑鳩町法隆寺西1-11-14　℡0745-70-1200
- 法隆寺寺務所　　　　　〒636-0115　斑鳩町法隆寺山内1-1　　℡0745-75-2555

見所と景観	●世界最古の木造建築物の中門、金堂（法隆寺）
	●日本の塔の中で最古の五重塔などからなる西院伽藍（法隆寺）
	●夢殿を中心とした東院伽藍（法隆寺）
	●釈迦三尊像、百済観音像、救世観音像などの仏像（法隆寺）
	●法隆寺会式（聖霊会）などの宗教儀礼（法隆寺）
	●日本最古の三重塔（法起寺）

参考資料
- 「世界遺産一覧表記載推薦書　法隆寺地域の仏教建造物」　文化庁
- 「法隆寺畧縁起」　　　　　　　　　　　聖徳宗総本山　法隆寺
- 「いかるがIKARUGA」　　　　　　　　斑鳩町・斑鳩町観光協会
- 「斑鳩町観光ガイド−斑鳩町イラストマップ」　斑鳩町
- 「古代浪慢街道」　　　　　　　　　　　斑鳩町ほか

参考URL	ユネスコ世界遺産センター　http://whc.unesco.org/en/list/660
	斑鳩町　http://www.town.ikaruga.nara.jp
	法隆寺　http://www.horyuji.or.jp
	法起寺　http://www.horyuji.or.jp/hokiji.htm
	法隆寺ｉセンター　http://www.4.kcn.ne.jp/~ikaru-i/

当シンクタンクの協力
- 中国新聞【今を読む】「日本初登録30年　保全措置の進化が求められる」　2023年12月 9日
- 朝日新聞夕刊「あのとき それから 平成5年(1993年)世界遺産初登録」　2014年 9月20日

構成資産面積

登録資産	登録資産面積（ha）	緩衝地帯面積（ha）
法　隆　寺	14.6	571
法　起　寺	0.7	
合　　計	15.3	571

法隆寺地域の仏教建造物

〈法隆寺〉

〒636-0115　奈良県生駒郡斑鳩町法隆寺山内1-1　　℡0745-75-2555

法隆寺は、推古朝の607年に、聖徳太子（574～622年）が推古天皇（554～628年）と共に太子の父君・用明天皇の為に建立したとされる。一度全焼し710年頃までの再建説が有力で、1400年に及ぶ輝かしい伝統を今に誇る。西院にある金堂、五重塔、中門、廻廊は、優れた意匠を持つ世界最古の木造建造物である。回廊の中に東西に金堂と塔を配置する構成は、世界的にも珍しく、中国や朝鮮にも残存しない初期仏教建築様式である。東院は、8世紀前半に建設された伽藍で、八角円堂である夢殿を本堂とし、その周囲に回廊を巡らせ、後方に講堂である伝法堂や僧坊を配する。

国宝建造物　　金堂、鐘楼、聖霊院、南大門、五重塔、大講堂、東院鐘楼、東室、中門、綱封蔵、西円堂、廻廊、三経院及び西室、食堂及び細殿、経蔵、夢殿、伝法堂、東大門
重要文化財建造物　　法隆寺上御堂、妻室、新堂、西院西南隅子院築垣、西院大垣、東院西南隅子院築垣、西園院唐門、大湯屋、大湯屋表門、地蔵堂、中院本堂、東院廻廊、東院四脚門、東院舎利殿及び絵殿、東院大垣、東院南門（不明門）、東院礼堂、北室院太子殿、薬師坊庫裡

拝観時間　　8：00～17：00（2／22～11／3）、8：00～16：30（11／4～2／21）
交通アクセス　●JR法隆寺駅より徒歩約20分
　　　　　　　　　　バス「法隆寺門前」行き、法隆寺門前下車
　　　　　　　　　●JR王寺駅より　バス「春日大社・奈良」行き、法隆寺前下車
　　　　　　　　　●近鉄奈良駅より　バス「JR王寺駅」行き・「法隆寺」行き、法隆寺前下車

備考　　2016年3月～2018年度にかけて、西院伽藍正面の中門の工事を行っている。

法隆寺境内図

法隆寺地域の仏教建造物

〈法起寺〉

〒630-0102　斑鳩町大字岡本1873　　　　　℡0745-75-5559

法隆寺東院の北東の山裾の岡本地区に位置する7世紀創建の聖徳宗の寺院。もとは、聖徳太子が法華経を講説した岡本宮があった所で、太子の遺命により山背大兄王（太子の息子）が岡本宮を寺に改めたと伝えられている。現在は706年完成の三重塔（国宝）のみ残る。別名、岡本尼寺、岡本寺、池後寺、池後尼寺（いけじりでら）と呼ばれている。法隆寺、中宮寺、四天王寺などと共に、太子御建立七ヶ寺の一つ。その伽藍配置は、、塔を東に、金堂を西に配したもので、法隆寺西院や法輪寺とは位置が逆転しており、法起寺式と呼ばれる。

国宝建造物　　　法起寺三重塔

拝観時間　　　　8：30〜17：00（2／22〜11／3）、8：00〜16：30（11／4〜2／21）

交通アクセス　　●JR王寺駅より　バス「春日大社・奈良」行き、法起寺口下車、徒歩15分
　　　　　　　　　●JR法隆寺駅より　北東2.5km

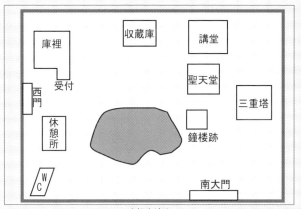

法起寺境内

法起寺　三重塔

法隆寺地域の仏教建造物

法隆寺地域の仏教建造物

法隆寺　中門と五重塔

【観光入込客数の推移】

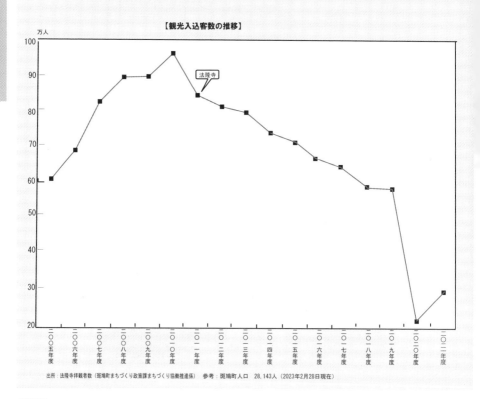

出所：法隆寺拝観者数（斑鳩町まちづくり政策課まちづくり協働推進係）　参考：斑鳩町人口　28,143人（2023年2月28日現在）

シンクタンクせとうち総合研究機構

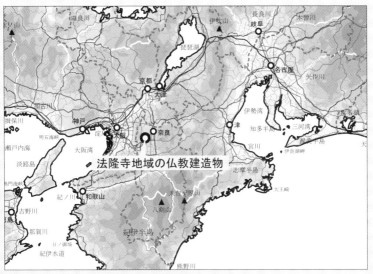

法隆寺　北緯34度37分　東経135度44分
法起寺　北緯34度37分4秒　東経135度44分58秒

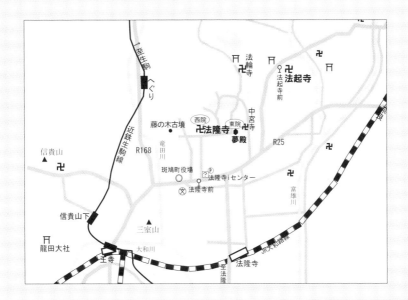

法隆寺地域の仏教建造物

姫 路 城

登録遺産名	**Himeji-jo**
遺産種別	文化遺産

登録基準
(i) 人類の創造的天才の傑作を表現するもの。
(iv) 人類の歴史上重要な時代を例証する、ある形式の建造物、建築物群、技術の集積、または、景観の顕著な例。

暫定リスト登載 1992年　**日本政府推薦**　1992年9月

登録年月 1993年12月（第17回世界遺産委員会カルタヘナ会議）
登録遺産面積 コア・ゾーン　107ha　バッファー・ゾーン　143ha　合計　250ha
（東西 950〜1,600m、南北 900〜1,700m、周囲 4,200m）

登録遺産の概要 姫路城は、兵庫県姫路市内の小高い丘、姫山にある平山城。姫路城が最初に築かれたのは、鎌倉時代の末期、元弘3年（1333年）、播磨の豪族・赤松則村が、西国からの幕府方の攻撃に備えて、ここに砦を築いた。その後も、西国統治の重要拠点として、羽柴秀吉、池田輝政、本多忠政ら時代の重鎮がこの城を引き継ぎ、その都度拡張され、現在の姿を整えてきた。築城技術は、安土桃山時代から江戸時代初期にかけて、軍事的にも芸術的にも最高レベルに達したが、1610年、池田輝政は、その時代の粋を集めてこの城を完成させた。姫路城の天守閣群は、5層7階の大天守を中心に渡廊で結ばれた東、西、乾の3つの小天守で構成された「連立式天守閣」という様式。白壁が美しく、華やかな構成美が羽を広げて舞う白鷺の様なので「白鷺城」の別名でも親しまれている。姫路城は、連立式天守閣の構造美に代表されるように、軍事的そして芸術的に最高度に達したといわれる安土桃山建築の粋が凝らされている。一方、その美しい外観とは裏腹に、内部は徹底的な防御の構えの堅固な要塞の構造になっている。姫路城には、国宝（8棟）や重要文化財（74棟）の指定を受けた建造物が82棟もあり、長い歴史の中で一度も戦火に巻き込まれなかったこともあって、日本の城郭建築物の中では、第一級の保存度を誇っている。2009年10月から行われていた大天守の平成の修理が2015年3月に完成し、美しい姿がよみがえった。

分類	建造物群
特色	安土桃山建築の粋を集めた平山城で「白鷺城」の別名でも親しまれている17世紀初頭の木造建築物の傑作。
特質	●巧妙な螺旋式縄張（なわばり）　●美しい連立式天守閣 ●昔を伝える「不戦・不焼の城」
所在地	兵庫県姫路市本町
所有者	姫路市
保護	**文化財保護法**　〔国宝建造物〕　大天守、東小天守、西小天守、乾小天守、イ・ロ・ハ・ニ・の渡櫓の8棟 〔国の重要文化財建造物〕　化粧櫓、ニの櫓、折廻り櫓、備前門、水の一門、水の二門、菱の門、い・ろ・は・にの門、ぬの門など74棟
景観保全	姫路市都市景観条例（1987年）
保存	戦火に巻き込まれなかったこともあり、日本の城郭建築物の中では、第一級の保存度を誇る。
整備	周辺の公園整備、史跡整備
管理	姫路市、姫路城管理事務所
市民参加	清掃ボランティア、城内の街灯の点検・保守、石垣の除草
活用	博物館、美術館、好古園、家老屋敷公園
見学	入城料　大人1,000円　小人（小・中・高校生）300円 開城時間 9:00〜16:00（夏季は9:00〜17:00）混雑時は大天守登閣整理券配布

主要な年間行事	●しろの日	4月6日
	●姫路お城まつり	8月上旬

姫路城の歴史

1333年	赤松則村（円心）、姫山に砦を築く。
1346年	赤松貞範、姫山に本格的な城を築く。
1441年	赤松満祐父子、六代将軍足利義教を殺害し、その後、山名持豊に滅ぼされる。（嘉吉の乱）。その後、山名持豊が姫路城を治める。
1467年	応仁の乱で赤松政則は山名氏を破り領国を回復、姫路城を陥落。荒廃していた城の再構築に着手。本丸、鶴見丸を築く。後に一族の小寺氏、重臣の黒田氏が城をあずかる。
1580年	黒田孝高（官兵衛）、羽柴秀吉（豊臣秀吉）の中国攻略のため城を秀吉に献上。秀吉、3層の天守閣を築く。翌年完成。
1585年	木下家定（秀吉の正妻の兄）、姫路城主となり16年間治める。
1600年	関が原の戦の後、池田輝政が姫路城主となる。
1601年	池田輝政、城の大改築を開始。1610年完成。五層七階の大天守と三層の小天守が連結した本丸、二の丸など、現在見られるような大規模で防備と造形美を兼ね備えた城となった。
1617年	池田光政、鳥取城へ移り本多忠政が姫路城主に。三の丸、西の丸などを増築。
1639年	松平忠明、姫路城主となる。
1649年	榊原忠次、姫路城主に。その後、松平、本多、榊原各氏が城主に。
1749年	酒井忠恭、上野前橋から姫路へ。明治維新まで酒井氏10代で城を治める。
1869年	酒井忠邦、版籍を奉還し、姫路城は国有に。
1879年	陸軍省による保存修理が決定。
1931年	姫路城天守閣、国宝に指定される。
1951年	新国宝に指定される。
1956年	天守閣、国費により8か年計画で解体修理着工（昭和の大修理）。
1964年	天守閣群の全工事完了。
1993年	ユネスコの世界文化遺産に登録される。（日本で初めて）
2009年	大天守保存修理工事着工（平成の修理）
2015年	大天守保存修理工事完了。
2023年	世界遺産登録30周年

姫路城や観光宿泊等に関する現地照会先

- 姫路城管理事務所　〒670-0012 姫路市本町68　℡079-285-1146
- 姫路市産業局姫路城総合管理室　〒670-0012 姫路市本町68　℡079-284-5684
- 姫路市立城郭研究室（日本城郭研究センター内）　〒670-0012 姫路市本町68-258℡079-289-4877
- ㈳姫路観光コンベンションビューロー　〒670-0012 姫路市本町68　℡079-222-2285

危機因子	地震、火災、台風、落書き等来訪者による意図的な破壊
課題	●維持管理
	●築城の「匠の技」など伝統技術者の養成

保護関連機関	姫路城管理事務所、姫路市日本城郭センター、姫路市教育委員会文化財課、文化庁
備考	●2009年10月から行われていた大天守の平成の大修理が完成した。
参考資料	●「世界遺産一覧表記載推薦書　姫路城」　文化庁

参考URL　ユネスコ世界遺産センター　http://whc.unesco.org/en/list/661
　　　　姫路城公式ホームページ（姫路城大図鑑）　http://www.city.himeji.lg.jp/guide/castle/
当シンクタンクの協力
- 中国新聞【今を読む】「日本初登録30年　保全措置の進化が求められる」　2023年12月 9日
- 朝日新聞夕刊「あのとき それから 平成5年（1993年）世界遺産初登録」　2014年 9月20日

姫路城

平成の大修理を終えた姫路城

姫
路
城

【観光入込客数の推移】

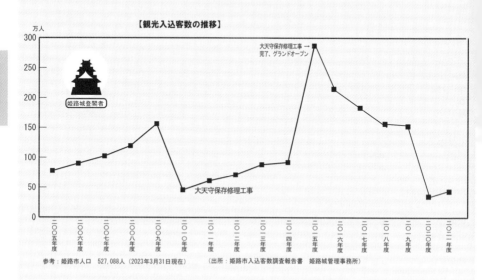

参考：姫路市人口　527,088人（2023年3月31日現在）　　（出所：姫路市入込客数調査報告書　姫路城管理事務所）

姫路城の全容

大天守

二の丸

本丸

西の丸

葵の門

お菊井戸

登閣口

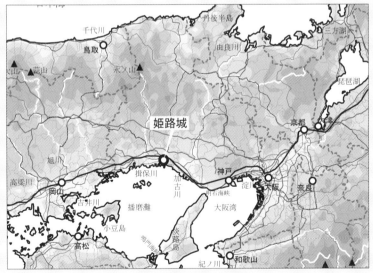

姫路城

千代川

鳥取

氷ノ山

琵琶湖

三方湖

丹後半島

由良川

大津

京都

姫路城

旭川

掛保川

加古川

神戸

淀川

奈良

高梁川

岡山

吉井川

播磨灘

明石海峡

大阪湾

大阪

和歌山

高松

小豆島

淡路島

鳴門海峡

紀ノ川

北緯35度50分　東経134度42分

姫路城

交通アクセス　●JR姫路駅北口から徒歩約15分、バスでは、約5分

古都京都の文化財（京都市、宇治市、大津市）

登録遺産名	Historic Monuments of Ancient Kyoto（Kyoto, Uji and Otsu Cities）
遺産種別	文化遺産

登録基準 (ii) ある期間を通じて、または、ある文化圏において、建築、技術、記念碑的芸術、町並み計画、景観デザインの発展に関し、人類の価値の重要な交流を示すもの。

(iv) 人類の歴史上重要な時代を例証する、ある形式の建造物、建築物群、技術の集積、または、景観の顕著な例。

暫定リスト登載	1992年	日本政府推薦	1993年12月

登録年月　　　1994年12月（第18回世界遺産委員会プーケット会議）

登録遺産面積　**コア・ゾーン**　1,056ha　**バッファー・ゾーン**　3,579ha
歴史的環境調整区域面積　23,200ha

登録遺産の概要　古都京都の文化財は、794年に古代中国の都城を模範につくられた平安京とその近郊が対象地域で、平安、鎌倉、室町、桃山、江戸の各時代にわたる建造物、庭園などが数多く存在する。世界遺産に登録されている物件は、賀茂別雷神社（上賀茂神社）、教王護国寺（東寺）、比叡山延暦寺、仁和寺、宇治上神社、西芳寺（苔寺）、鹿苑寺（金閣寺）、龍安寺、二条城、賀茂御祖神社（下鴨神社）、清水寺、醍醐寺、平等院、高山寺、天龍寺、慈照寺（銀閣寺）、西本願寺の17社寺・城で、宇治市と滋賀県の大津市にも及ぶ。古都京都には、約3000の社寺、2000件を越える文化財の中から、（1）世界遺産が不動産に限られている為、建造物、庭園を対象に、（2）国内で最高ランクに位置づけられている国宝（建造物）、特別名勝（庭園）を有し、（3）遺産の敷地が史跡に指定されているなど、遺産そのものの保護の状況に優れているものの代表として17の物件が基本的に選び出され、古都京都の歴史とこの群を成す文化財が総体として評価された。歴史的、また建造物的にもきわめて重要な桂離宮、修学院離宮などを、今後、追加登録するべきだという声も多くある。

分類	建造物群
所在地	京都市、宇治市、大津市
保護	**文化財保護法**

　　　　〔国宝建造物〕賀茂別雷神社本殿、清水寺本堂、比叡山延暦寺根本中堂など38棟
　　　　〔国の重要文化財建造物〕二条城本丸櫓門など160棟　計198棟
　　　　〔国の特別名勝〕三宝院庭園、西芳寺庭園、龍安寺方丈庭園、天龍寺庭園、鹿苑寺庭園、慈照寺庭園、本願寺大書院庭園、二条城二の丸庭園
　　　　〔国の名勝〕清水寺成就院庭園、仁和寺御室御所、平等院庭園など
　　　　〔国の特別史跡〕三宝院庭園、西芳寺庭園、龍安寺方丈庭園、天龍寺庭園、鹿苑庭園、慈照寺庭園、本願寺大書院庭園
　　　　〔国の史跡〕醍醐寺境内、高山寺境内、旧二条離宮（二条城）など

保護基金	京都文化財保護基金
管理	各寺院・神社、京都市元離宮二条城事務所
景観保全	京都市市街地景観整備条例（1995年）、京都市風致地区条例（1995年） 京都市屋外広告物等に関する条例（1996年）
保存	古都における歴史的風土の保存に関する特別措置法（古都保存法）
担当部局	
●京都府文化財保護課	〒602-8570　上京区下立売通新町西入薮ノ内町　℡075-414-5896
●京都市文化財保護課	〒604-8006　中京区河原町通御池下る下丸太町394　℡075-366-1498
●宇治市歴史まちづくり推進課	〒611-8501　宇治市宇治琵琶33　　　　　　　　　℡0774-22-3141
●滋賀県文化財保護課	〒520-8577　大津市京町4-1-1　　　　　　　　　℡077-528-4670
●大津市文化財保護課	〒520-8575　大津市御陵町3-1　市役所別館2F　℡077-528-2638
活用	文化財のデジタル化

構成資産面積

登録資産	登録資産面積 (ha)	緩衝地帯面積 (ha)	歴史的環境調整区域面積(ha)
賀茂別雷神社（上賀茂神社）	63.8	242.7	
賀茂御祖神社（下鴨神社）	10.7	105.3	
教王護国寺（東寺）	8.5	22.8	
清水寺	12.3	161.1	
比叡山延暦寺	497.7	1005.0	
醍醐寺	378.7	218.7	
仁和寺	9.2	431.3 *1	
平等院	2.0	203.8 *2	23,200
宇治上神社	0.3	203.8 *2	
高山寺	15.7	444.9	
西芳寺（苔寺）	1.7	204.6	
天龍寺	3.0	167.0	
鹿苑寺（金閣寺）	9.3	431.3 *1	
慈照寺（銀閣寺）	5.7	318.9	
龍安寺	3.9	431.3 *1	
本願寺（西本願寺）	6.1	24.3	
二条城	27.5	28.7	
合　　計	1,056.1	3,579.1	23,200

*1 仁和寺、鹿苑寺、龍安寺の緩衝地帯は一体化している。
*2 平等院、宇治上神社の緩衝地帯は一体化している。

〈賀茂別雷神社（上賀茂神社）〉
かもわけいかづちじんじゃ　かみがもじんじゃ

〒603-8047　京都市北区上賀茂本山339　☎075-781-0011
678年造営。平安京創設以来、国家鎮護の神社として朝廷の崇敬を集めた。その後衰微したが、1628年(寛永5)ころ社殿が再興され境内の整備が行われた。国宝の本殿、権殿は1863年(文久3)の再建で、三間社流造を今に伝える。御物忌川と御手洗川が流れる地形を生かし、社殿が建ち並ぶ。賀茂御祖神社(下鴨神社)と共に古代の賀茂氏の氏神を祀る神社であり、賀茂神社と総称される。京都三大祭の一つ賀茂祭(葵祭)は、平安時代の優美な衣装をまとった古典行列が見もの。

上賀茂神社　拝殿（細殿）

国宝建造物　本殿、権殿
重要文化財　本殿権殿取合廊、本殿東渡廊取合廊、西渡廊、透廊、渡廊、祝詞舎、塀中門、摂社若宮神社本殿、東渡廊、四脚中門、御籍屋、神宝庫、唐門、東御供所、直会所、楽所及び西御供所、幣殿、忌子殿、幣殿忌子殿取合廊、高倉殿、楼門、廻廊(東)、廻廊(西)、摂社新宮神社本殿、摂社新宮神社拝殿、摂社新宮神社本殿、摂社新宮神社拝殿、片岡橋、拝殿、舞殿、土屋、楽屋、外幣殿、北神饌所
史跡　賀茂別雷神社境内　拝観時間　6:00〜18:00
交通アクセス　●京都市バス　上賀茂神社前
備考　2015年10月15日　第42回式年遷宮
上賀茂神社HP　http://www.kamigamojinja.jp/

〈賀茂御祖神社（下鴨神社）〉

〒606-0807　京都市左京区下鴨泉川町60

℡075-781-0010

賀茂別雷神社と同様の沿革をもつ平安京以来の神社。京都で最も古い社寺の一つで、『鴨社造営記』によると創始は紀元前といわれている。11世紀初頭には、ほぼ現在の構成に整えられたが、応仁・文明の乱により糺の森の樹林と共に焼失した。賀茂別雷神社同様の流造りの東本殿、西本殿は1863年（文久3）に再建されたもので、国宝に指定されている。葵祭の際は、参道を埋める人でにぎわう。

国宝建造物　東本殿、西本殿

重要文化財　祝詞舎、幣殿、東廊、西廊、東御料屋、西御料屋、又蔵、四脚中門、東楽屋、西楽屋、中門東廻廊、中門西廻廊、預り屋、西唐門、舞殿、神服殿、橋殿、細殿、供御所、大炊所、楼門、楼門東廻廊、楼門西廻廊、摂社出雲井於神社本殿、摂社三井神社本殿（西）、摂社三井神社本殿（中央）、摂社三井神社本殿（東）、摂社三井神社拝殿、摂社三井神社棟門、摂社三井神社東廊下、摂社三井神社西廊下

史跡　賀茂御祖神社境内

拝観時間　7:00〜17:00

交通アクセス　●京都市バス　下鴨神社前、または、糺の森

備考　●京都三大祭　賀茂祭（葵祭）、祇園祭、時代祭
　　　　　●2015年　第34回式年遷宮

下鴨神社HP　http://www.shimogamo-jinja.or.jp/

〈教王護国寺（東寺）〉

〒601-8473　京都市南区九条町1　℡075-691-3325

平安京造営に際し国家鎮護のために796年に建設された東寺、西寺の二つの官寺のうちの一つである。823年（弘仁14）に空海に下賜され真言宗寺院として伽藍が整えられた。平安時代以来の寺地を現在まで維持しており、14世紀から17世紀の建造物が現存している。本堂である金堂は、796年の創建、1603年の再建で入母屋造、本瓦葺の雄大な桃山時代の代表的建築物。五重塔は826年の創建着手であるが、その後4回の焼失に遭い、1643年に再建された。57mの高さは、現存する五重塔の中で最高で、京都の景観的シンボルとなっている。大師堂は空海の住房として建設され、寝殿造を受け継いだ桧皮葺の屋根が優美な形態である。また、西大門に当たる蓮華門は、796年創建、12世紀の再建で現在に至る。

国宝建造物　金堂、五重塔、大師堂、蓮華門

重要文化財　北大門、慶賀門、東大門、南大門、宝蔵、講堂、灌頂院、灌頂院東門、灌頂院北門、五重小塔

拝観時間　夏期　3月20日〜4月17日　8:30〜17:00　　　4月18日〜9月19日　8:30〜18:00
　　　　　　　冬期　9月20日〜3月19日　8:30〜16:30

所要時間　約40分

交通アクセス　●京都市バス　東寺東門前　　●京阪バス 東寺南門　3.近鉄電車 東寺

備考　2015年、1000年以上にわたって東寺（教王護国寺）に伝来した約2万5千通の文書「東寺百合文書」がユネスコの「世界の記憶」に登録された。

教王護国寺HP　http://www.toji.or.jp/

〈清水寺〉
きよみずでら

〒605-0862　京都市東山区清水 1丁目294　　☎075-551-1234

778年(宝亀9)に僧延鎮が音羽の滝上に観音を祀
ったのが始まりで、798年(延暦7)には坂上田村
麻呂が仏殿を建立し、桓武天皇の勅願寺になっ
たと伝えられている。清水の観音として平安時
代以来庶民の参詣が絶えず、地主神社も含めて
15世紀から17世紀の建造物がある。伽藍の中心
となる本堂は、1633年の再建された懸造りの建
物で、「清水の舞台」として有名である。前面
は、新緑と紅葉の名所としても名高い。西国33
か所16番の札所。境内東には、江戸時代初期の
借景の技法を用いた成就院庭園がある。

清水寺本堂　清水の舞台

国宝建造物　本堂

重要文化財　仁王門、馬駐、鐘楼、西門、三重
塔、経堂、田村堂、朝倉堂、轟門、本坊北総門、鎮
守堂、釈迦堂、阿弥陀堂、奥院、子安塔、地主神社本殿、地主神社拝殿、地主神社総門

名勝　成就院庭園

拝観時間　6:00〜18:00　(夏期の土日・祝日は18:30)

所要時間　40分

交通アクセス　　●京都市バス 清水道または五条坂
　　　　　　　　　●京阪電車 五条

備考　本堂は、屋根の葺替工事の為2020年頃まで「素屋根」で覆われている。

清水寺HP　　http://www.kiyomizudera.or.jp/

〈比叡山延暦寺〉
ひえいざんえんりゃくじ

〒520-0116　滋賀県大津市坂本本町4220　　☎0775-78-0001

788年(延暦7)、都の鬼門にあたる霊峰比叡山中に伝教大師最澄により開かれ、後に法然、栄西、
親鸞、道元、日蓮など多くの高僧を送り出した修行の寺。広大な寺域は、東塔、西塔、横川の3地
域に分けられ、この三塔の諸堂を総称して延暦
寺という。度々の火災に遭っているが、1571年に
は織田信長による焼討ちで、瑠璃堂、相輪を除く
全てが焼失した。総本堂である根本中堂は887年
の創建で、現在のものは1640年に再建されたも
の。正面11間、側面は内陣4間、礼堂にあたる中
陣1間、外陣1間の計6間、入母屋造、瓦棒銅板葺
という大規模な仏堂で、内部では創建以来絶や
すことなく守られてきた不滅の法灯がある。比
叡の文化財、比叡の自然環境、仏教音楽の声明な
どすべてを踏まえ世界遺産に登録された。

国宝建造物　根本中堂

重要文化財　根本中堂廻廊、転法輪堂(釈迦堂 比叡山最古の木造建築物)、戒壇院、瑠璃堂、相輪
棠、常行堂及び法華堂、大講堂

拝観時間　8:30 〜 16:30 (12／1〜2／末は、9:00 〜 16:00)

交通アクセス　　●JR湖西線坂本駅からバス5分と坂本ケーブル11分。
　　　　　　　　　●比叡山ドライブバスでJR京都駅、三条京阪駅などから約60分。
　　　　　　　　　●叡山電車で八瀬遊園駅から叡山ケーブル約10分、叡山ロープウェイ約3分で
　　　　　　　　　　比叡山頂、シャトルバスで延暦寺バスセンター下車。

備考　2016年度からおよそ10年間の予定で、根本中堂の大改修が行われている。

延暦寺HP　　http://www.hieizan.or.jp/

〈醍醐寺〉

〒601-1325　京都市伏見区醍醐東大路町22　℡075-571-0002
874年（貞観16）に山上に開かれ、10世紀初めに山下に伽藍が出来、勅願寺となった。952年（天暦6）建立の五重塔は、京都に現存する塔のなかでは最古のもので、雄大で安定感のある立面構成とともに内部に描かれた両界曼荼羅壁画が密教寺院の特性を示している。三宝院表書院及び庭園は、1598年に豊臣秀吉が大規模な花見を催すにあたり増築、改造したもので、書院は平安時代の寝殿造の様式を取り入れた優美なもの。庭園は、池泉廻遊式と枯山水の折衷様式であるが、建物内部からの景色を重視した造りである。

国宝建造物　五重塔、金堂、清滝宮拝殿、薬師堂、三宝院表書院、三宝院唐門
重要文化財建造物　清滝宮本殿、如意輪堂、開山堂、三宝院殿堂玄関、三宝院殿堂勅使の間・秋草の間及び葵の間、三宝院殿堂宸殿、三宝院殿堂庫裏、三宝院殿堂純浄観、三宝院殿堂護摩堂、三宝院宝篋印塔
特別名勝・特別史跡　三宝院庭園
史跡　醍醐寺境内
拝観時間　3月〜12月 9:00〜17:00（受付16:30まで）12月〜2月 9:00〜16:00（受付15:30まで）
交通アクセス　●地下鉄東西線醍醐駅から徒歩10分
　　　　　　　　　●JR山科駅から京阪バス 醍醐三宝院前下車
　　　　　　　　　●JR六地蔵駅、京阪六地蔵駅から京阪バス 醍醐三宝院前下車
備考　2015年　三宝院開創900年
醍醐寺HP　　http://www.daigoji.or.jp/

〈仁和寺〉

〒616-8092　京都市右京区御室大内33　℡075-461-1155
888年に宇多天皇が勅願寺として建立した門跡寺院で、その後宇多天皇が退位出家して定住して以来、明治維新まで皇子、皇孫が門跡を務めたため、「御室御所」と呼ばれた。応仁の乱（1467〜1477）で伽藍は全焼した。17世紀から19世紀の建造物が現存している。金堂は、桧皮葺屋根を本瓦屋根にしているものの京都御所の紫宸殿を移築したもので、桃山時代の宮殿建築を伝える貴重な建造物である。御影堂は清涼殿の部材を用いて造営された。その他、二王門、五重塔中門など近世初期の重要な建造物が数多い。また、境内には約200本の桜があり、「御室桜」の名で親しまれている。

国宝建造物　金堂
重要文化財　五重塔、観音堂、中門、二王門、鐘楼、経蔵、御影堂、御影堂中門、九所明神本殿中殿、九所明神本殿左殿、九所明神本殿右殿、本坊表門、飛濤亭、遼廓亭
史跡・名勝　御室御所跡
拝観時間　9:00〜16:30
交通アクセス　●京都市バス・JRバスで約30分、御室仁和寺下車
　　　　　　　　　●京福電車北野線　御室仁和寺下車徒歩5分
備考　2012年12月から2018年3月までの約5年間をかけて、観音堂の半解体工事を始め、金堂蔀戸及び御影堂屋根葺替修理を行っている。
仁和寺HP　　http://www.ninnaji.or.jp/

〈平等院〉

〒611-0021　京都府宇治市宇治蓮華116　℡0774-21-2861

宇治の地は、宇治川を望む景勝地として平安時代には多くの貴族の別荘が建てられた。平等院は、藤原道長の別業(別荘)だったものを、その子関白頼通が1052年(永承7)に寺院に改めたものである。翌1053年(天喜元)に定朝作阿弥陀如来を安置した阿弥陀堂、すなわち、現在の鳳凰堂が建てられ、更に12世紀初めまでに、法華堂、五大堂などの諸伽藍が造営された。鳳凰堂内には阿弥陀如来像が安置され、長押の上には雲中供養菩薩像があり、雲上で音楽を奏している。前面の池を配した庭園は、西方極楽浄土を具現化したもので、近年発掘調査に基づく整備が行われた。王朝時代の優雅な建築美で名高い鳳凰堂など国宝・重要文化財の宝庫。

国宝建造物　鳳凰堂中堂、北翼廊、南翼廊、尾廊

重要文化財　観音堂

名勝　平等院庭園　　**重要文化的景観**　「宇治の文化的景観」

拝観時間　　入園：8：30〜17：30(入園受付15分前まで)　　平等院ミュージアム：90：00〜17：00
鳳凰堂：9：10〜1：10(拝観開始9：30〜　以後20分毎に1回50名)

交通アクセス　●JR奈良線・京阪宇治線宇治駅から徒歩10分。

備考　10円硬貨には鳳凰堂が、10,000円紙幣には鳳凰堂の屋根上に飾られている鳳凰がデザインされている。

平等院HP　　　　http://www.byodoin.or.jp/

〈宇治上神社〉

〒611-0021　京都府宇治市宇治山田59　℡0774-21-4634

平安時代に平等院が建立されるとその鎮守社となり、その後、近在住民の崇敬を集めて社殿が維持されてきた。本殿は、正面一間の流造の内殿三棟を並べ、それを流造の覆屋で覆った特殊な形式で、左右の社殿が大きく中央の社殿が小さい。建立年代については、平安時代の後期に造営されたものとみられ、現存する神社本殿としては日本最古の建築である。また、拝殿は鎌倉時代初期に伐採された桧が使用されおり、現存する最古の拝殿。神のための本殿に対し、人々が使用する拝殿は当時の住宅建築の様式である寝殿造が採用されている。

宇治上神社拝殿

国宝建造物　本殿、拝殿

重要文化財　摂社春日神社本殿

重要文化的景観　「宇治の文化的景観」

拝観時間　　8：30〜17：00

備考　●近くに宇治神社があり、宇治神社を下社・若宮、宇治上神社を上社・本宮を呼ばれる。
　　　　●境内にある湧き水は、「桐原水」と呼ばれ、宇治七名水のひとつ。

交通アクセス　●JR奈良線宇治駅から徒歩約20分、京阪宇治線宇治駅から徒歩約10分。

古都京都の文化財(京都市・宇治市・大津市)

〈高山寺〉（こうざんじ）

〒616-8295　京都市右京区梅ヶ畑栂尾町8　℡075-861-4204

774年に開祖した寺を、1206年に明恵上人（みょうえ）が再建し高山寺と改称したもの。後鳥羽上皇から「日出先照高山之寺」の勅願を得たことで知られている。当時は金堂、阿弥陀堂、十三重塔、東西経蔵等が建ち並んでいたが、中世の戦乱で荒廃し、江戸時代に入った1634年に再興された。明恵上人が住んでいたと伝えられる石水院は、こけら葺の簡素なたたずまいで、鎌倉初期の住宅風建築である。明恵上人が植えたという日本最古の茶園の伝承もあり、宇治茶の発祥地としても知られている。史跡に指定されている境内は、紅葉の名所として知られ、鳥羽僧正の作と伝えられる国宝「鳥獣戯画」でも有名。

石水院

国宝建造物　石水院

重要文化財建造物　宝篋印塔、如法経塔（石造一重塔）

史跡　高山寺境内

拝観時間　9:00～17:00（受付終了 16：30）　**所要時間**　40分

交通アクセス　●京都駅からJRバスで約1時間、栂ノ尾（とがのお）下車徒歩5分

〈西芳寺（苔寺）〉（さいほうじ　こけでら）

〒615-8286　京都市西京区松尾神ヶ谷町56　℡075-391-3631

奈良時代、僧行基の開創と伝えられる古刹で、1339年（暦応 2 延元4）に夢窓疎石が再興した禅宗寺院。再興当初は、平池部に二層の楼閣を持つ瑠璃殿などの庭園建築と心字池、また山腹に洪隠山と呼ばれる枯山水石組と座禅堂東庵を配していたが、1469年（文明元）焼失した。庭園は、夢窓疎石が整備した地割と石組は保持されている。上下二段構えとなっており、上は枯山水、下は池泉回遊式で、黄金池は「心」の字を描いている。緑のじゅうたんを敷きつめたような約120種類の苔が美しく調和している。

特別名勝・史跡　西芳寺庭園

重要文化財　湘南亭茶室

拝観　参拝は事前申し込みが必要。

往復ハガキに希望日、人員、代表者の名前を明記して申し込む。

2か月前より希望日の1週間前までに届くように西芳寺参拝係まで送付。

返信葉書にて時間指定される。冥加料3,000円～　写経中心。

交通アクセス　●京都市バス　苔寺道

●京都バス　苔寺

●阪急嵐山線上桂駅、或いは松尾駅下車徒歩約15分

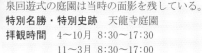

〈天龍寺〉

〒616-8385　京都市右京区嵯峨天竜寺芒ノ馬場町68　　☎075-881-1235

1225年（建長7）に造営された離宮を、足利尊氏が
後醍醐天皇供養のために1339年（延元4）に建立し
た五山禅宗寺院である。足利将軍家と後醍醐天
皇ゆかりの禅寺として壮大な規模を誇り、京都
五山の第一位として栄えた。当初は、三門、仏
殿、法堂、方丈が直線上に並ぶ禅宗寺院の典型的
な伽藍配置であったが、度重なる火災によって焼
失し、明治時代に再興された。夢窓疎石のつくっ
た嵐山や亀山を借景にし、曹源池を中心とした池
泉回遊式の庭園は当時の面影を残している。

特別名勝・特別史跡　　天龍寺庭園

拝観時間　4〜10月　8:30〜17:30
　　　　　　　11〜3月　8:30〜17:00

交通アクセス　　●JR嵯峨野線　嵯峨嵐山駅下車徒歩10分
　　　　　　　　　　●京福電車　嵐山駅下車徒歩3分
　　　　　　　　　　●阪急電車　嵐山駅下車徒歩15分
　　　　　　　　　　●京都バス　京福嵐山駅前徒歩1分

備考　京都五山　五山の制のうち、京都の禅宗（臨済宗）の寺格、官寺制度のこと。
　　　　　　　　　　（南禅寺〔別格〕、天龍寺、相国寺、建仁寺、東福寺、万寿寺）

天龍寺HP　　http://www.tenryuji.com/

〈鹿苑寺（金閣寺）〉

〒603-8361　京都市北区金閣寺町1　　☎075-461-0013

鎌倉時代に築かれた貴族の別荘を、1397年（応永4）に足利義満が譲り受け、別邸北山殿に造り
替え、義満の死後、夢窓疎石を開山とする禅宗
寺院としたもの。舎利殿（金閣）の1階は、寝殿
造り風、2階は書院造り風、3階は禅宗風で、2
階、3階には漆地に金箔を張った構成となってい
る。屋根はこけら葺で上には鳳凰遂が飾られて
いる。第二次世界大戦以前から国宝に指定され
ていたが、1950年（昭和25）の火災で焼失した。
現存する建物は、1955年に復元再建されたも
の。1987年には金箔が全面張り替えられ、2003
年には屋根の葺替えも行われた。庭園は、衣笠

山を借景とし、鏡湖池を中心に広がる室町時代
の代表的な地泉回遊式庭園である。臨浄禅宗相国寺派の禅寺。

特別名勝・特別史跡　　鹿苑寺庭園

拝観時間　9:00〜17:00　**所要時間**　40分

交通アクセス　　●京都市バス　金閣寺道または金閣寺前

金閣寺HP　　http://www.shokoku-ji.jp/

〈慈照寺（銀閣寺）〉

〒606-8402　京都市左京区銀閣寺町 2　☎075-771-5725

足利義政が1482年（文明14）に築いた別荘東山殿を義政の死後寺院としたもの。西芳寺をモデルとする東山殿は、池を囲むように観音殿（銀閣）、東求堂が配されている。銀閣の1階は和様の書院風の心空殿、2階の潮音閣は禅宗様の仏堂、屋根は宝形造で構成される。茶道、華道、香道、能などの日本を代表する伝統文化を生み出した東山文化を象徴するもの。東求堂は義政の持仏堂（阿弥陀如来を祀るお堂）で、1486年の建立。書斎の書院造や草庵茶室の源流として、日本建築史上貴重な遺構である。新書院には世界的に評価の高い明治期の画家、富岡鉄斎の襖絵が収められ、東山文化の系譜を今に伝えている。

国宝建造物　銀閣、東求堂

特別名勝・特別史跡　慈照寺庭園

庭園の錦鏡池、向胎と銀砂灘は月を観賞するために造られた。

拝観時間　3/1〜11/30　8:30〜17:00　12/1〜2/末　9:00〜16:30　**所要時間**　40分

本堂、東求堂、書院拝観希望の場合には、予約が必要

交通アクセス　●京都市バス　銀閣寺道または銀閣寺前

備考　●2007年11月からの発掘調査で、15世紀後半に造営したとみられる石垣が発掘された。

銀閣寺HP　http://www.shokoku-ji.jp/

〈龍安寺〉

〒616-8001　京都市右京区龍安寺御陵下町13　☎075-463-2216

元は徳大寺家の別荘であった地を、1450年（宝徳2）に細川勝元が譲り受け建立した禅宗寺院で、1488年に方丈が復興され、諸堂が整備された。

現在の方丈（本堂）は、1606年建立の西源寺方丈を1797年に移築したもの。石庭として名高い方丈庭園は、築地塀に囲まれた東西25m、南北10mほどの白砂敷きの中に、岩石を5群15個、5・2・3・2・3に配置したもの。白砂と石組と古びた油土塀の色合いが美しく調和し、禅味あふれ、枯山水庭園の代表作として世界的に知られている。一般に「虎の子渡しの庭」、「七五三の庭」と呼ばれている。また、寺の南側には、鏡容池を中心とした池泉廻遊式の庭園が広がる。

特別名勝・史跡　龍安寺方丈庭園

名勝　龍安寺庭園

重要文化財　本堂

拝観時間　3〜11月　8:00〜17:00　12〜2月　8:30〜16:30

交通アクセス　●京都市バス・JRバス　龍安寺前下車
　　　　　　　　　●京福電車　龍安寺駅下車徒歩7分

龍安寺HP　http://www.ryoanji.jp/top.html

〈本願寺（西本願寺）〉
ほんがんじ　にしほんがんじ

〒600-8185　京都市下京区堀川通花屋町下ル　℡075-371-5181

親鸞聖人の没後、娘の覚信尼が現在の知恩院付近に廟を建てて御影堂としたのが起こりとされ、1591年（天正19）に京都の現在地に移転した浄土真宗本山寺院で、1633年にほぼ現在の姿に整えられた。1657年に黒書院、17世紀末に南能舞台、1760年に本堂が再建された。桃山時代から江戸時代を代表する建造物と庭園が残されている。広々とした境内は、市民の憩いの場にもなっている。

本願寺　阿弥陀堂（本堂）

国宝建造物　飛雲閣、唐門、書院、北能舞台、黒書院、黒書院伝廊、阿弥陀堂、御影堂

特別名勝・史跡　大書院庭園

重要文化財　浴室、玄関・浪之間・虎之間・太鼓の間、能舞台、鐘楼

名勝　滴翠園

史跡　本願寺境内

拝観時間　阿弥陀堂参拝は自由。書院参拝は、指定日のみ　13:30 〜14:00 往復ハガキに代表者氏名、希望日時、人員、電話番号を記入して申し込む。

交通アクセス　●JR京都駅から徒歩約15分
　　　　　　　　●京都市バス　西本願寺前下車

備考　2014年、阿弥陀堂と御影堂が「国宝」に指定された。

本願寺HP　　　　http://www.hongwanji.or.jp/index.html

〈二条城〉
にじょうじょう

〒604-8301　京都市中京区二条通堀川西入二条城町541　　℡075-841-0096

1603年に徳川幕府が京都御所の守護と将軍上洛の宿泊所として造営した城。徳川家康と豊臣秀頼の会見が行われたほか、1867年（慶応3）にはここで大政奉還が行われた。17世紀初めの二の丸御殿や19世紀に御所から移築された本丸御殿がある。二の丸御殿には、狩野探幽らの襖絵がある。二の丸御殿の西側に大広間から眺められるように造られた庭園は、屈曲の多い池を地表面から低く下げて掘り、池中に蓬莱島、鶴亀島を配し、池畔には多くの石組を使った池泉廻遊式庭園で、小堀遠州作と伝えられている。

国宝建造物　二の丸御殿遠待及び車寄せ、式台、大広間、蘇鉄の間、黒書院、白書院

特別名勝　二条城二の丸庭園

重要文化財　本丸櫓門、本丸御殿玄関、御書院、御常御殿、台所及び雁之間、二之丸御殿唐門、築池、台所、御清所、東大手門、北大手門、西門、東南隅櫓、北方多門塀、西南隅櫓、土蔵、土蔵（北）、土蔵（南）、鳴子門、桃山門、北中仕切門、南中仕切門

史跡　旧二条離宮（二条城）

入城時間　8:45〜17:00

交通アクセス　●京都市バス　二条城前下車　　●地下鉄東西線　二条城前駅下車

備考　2013年度からおよそ20年の歳月をかけ、28棟ある文化財建造物をはじめ、城内すべての歴史的建造物を中心に修理、整備を行う。そのため、「世界遺産・二条城一口城主募金」を募っている。

二条城HP　　　　http://www2.city.kyoto.lg.jp/bunshi/nijojo/

古都京都の文化財（京都市・宇治市・大津市）

危機因子	地震、火災、台風、都市開発
課題	景観問題、世界遺産登録範囲の拡大

備考
- 2011年6月、世界遺産17社寺の所有者、研究者、行政担当者を中心に世界遺産「古都京都の文化財」ネットワーク会議が開催された。
- 2009年に「京都祇園祭の山鉾行事」（国の重要無形民俗文化財）が、世界無形文化遺産の「代表リスト」に登録されている。
- 世界遺産「古都京都の文化財」の構成資産である「平等院」と「宇治上神社」を含む「宇治の文化的景観」が、2009年に都市景観としては国内初のケースとなる重要文化的景観に選定された。
- 桂離宮、修学院離宮、京都御所、知恩院、大徳寺、永観堂禅林寺、嵯峨嵐山、東山など、世界遺産の登録範囲の拡大が検討されている。琵琶湖疎水や三井寺（園城寺）も検討してみる価値がある。
- 東寺百合文書は、2015年10月10日にユネスコの「世界の記憶」に登録された。
- 文化庁、2022年8月に京都移転　職員7割弱が京都に。
- 2024年　世界遺産登録30周年

参考資料
- 「世界遺産一覧表記載推薦書　古都京都の文化財」　　文化庁
- 「千年の都 世界遺産 古都京都の文化財（京都市・宇治市・大津市）」
  第22回世界遺産委員会支援京都実行委員会
- 「世界遺産登録　古都京都の文化財（京都市・宇治市・大津市）」京都市

参考URL　　ユネスコ世界遺産センター　　**http://whc.unesco.org/en/list/688**
　　　　　　　世界遺産（世界文化遺産）　　**http://www.ptrf.kyoto.jp/isan/**

当シンクタンクの協力
● 「世界遺産ガイド−仏教関連遺産編−」	2019年2月28日
● 雑誌「岳人 特集 世界遺産の山旅」　比叡山	2018年 9月号
● 朝日新聞朝刊教育面「寺社と連携し課題解決　歴史を学ぶ題材に」	2015年 8月 1日
● 京都府立総合資料館「京都世界遺産めぐり」	2012年10月
● 日本旅行創業100周年記念　世界遺産浪漫紀行「古都京都の文化財への旅」	2005年 8月

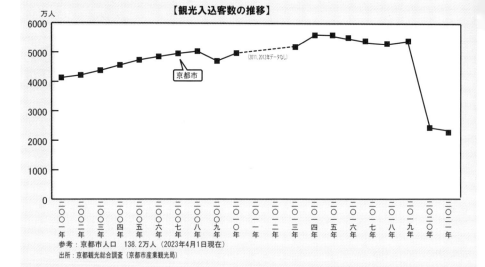

【観光入込客数の推移】

京都市

(2011,2012年データなし)

参考：京都市人口 138.2万人（2023年4月1日現在）
出所：京都観光総合調査（京都市産業観光局）

シンクタンクせとうち総合研究機構

古都京都の文化財（京都市・宇治市・大津市）

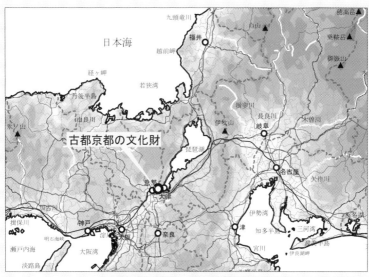

北緯34度58分50秒　東経135度46分10秒

交通アクセス　京都へは、
- ●東京から新幹線で約2時間30分。
- ●関西空港からで特急はるかで1時間16分。
- ●大阪からでJR新快速で約30分。

白川郷・五箇山の合掌造り集落

登録遺産名	**Historic Villages of Shirakawa-go and Gokayama**
遺産種別	**文化遺産**

登録基準　(iv) 人類の歴史上重要な時代を例証する、ある形式の建造物、建築物群、技術の集積、または、景観の顕著な例。

　　　　　(v) 特に、回復困難な変化の影響下で損傷されやすい状態にある場合における、ある文化（または、複数の文化）を代表する伝統的集落、または、土地利用の顕著な例。

暫定リスト登載	1992年　　**日本政府推薦**　　1994年9月
登録年月	1995年12月（第19回世界遺産委員会ベルリン会議）
登録遺産面積	68.0ha　**緩衝地帯Ⅰ種面積**　4,335.1ha　**緩衝地帯Ⅱ種面積**　54,538ha

登録遺産の概要　白川郷・五箇山の合掌造り集落は、岐阜県（白川村荻町）と富山県（南砺市相倉、南砺市菅沼）の3集落にある国内では珍しい大型の木造家屋89棟の「合掌造り」の集落。「合掌造り」と集落の歴史的景観を形成する周辺の自然環境が、わが国6番目の世界遺産の指定対象地域（約68ha）になっている。「合掌造り」とは、勾配が60度に急傾斜している屋根を丈夫にする為のサシという特殊構造を用いた切妻屋根茅葺木造家屋のことで、豪雪などの自然環境に耐え、養蚕に必要な空間を備えた効率的な造りになっており、大変ユニーク。これらの集落は、庄川上流の日本有数の山岳・豪雪地帯にあり、釘やカスガイを使わない建築様式、板壁の使用、年中焚かれるいろりの煙が果たす防虫効果など厳しい地形と気候風土の中で培われた独自の伝統的生活様式の知恵が結集され、「日本の心のふるさと」ともいえるノスタルジックな風土が独特の文化を形成している。このように、合掌造り家屋がまとまって残り、良好に保存された周囲の自然環境と共にかつての集落景観を保持する3集落の普遍的価値が、世界遺産としての評価を得、現に今も人々が暮らす民家群が人類の遺産として認められたことは、大変意義深い。かつて秘境と呼ばれた白川郷・五箇山へも、現在は道路網が整備され、冬でも訪れることが出来る。

分類	建造物群
特色	合掌造り家屋を中心とした伝統的な集落景観
特質	「合掌造り」とは、勾配が60度に急傾斜している屋根を丈夫にする為のサシという特殊構造を用いた切妻屋根茅葺木造家屋
位置	庄川上流の日本有数の山岳・豪雪地帯
所在地	岐阜県大野郡白川村、富山県南砺市相倉、菅沼
所有者	民間

保護	**文化財保護法**
	〔国指定史跡〕越中五箇山相倉集落、越中五箇山菅沼集落
	〔重要伝統的建造物群保存地区〕白川村荻町、南砺市相倉、南砺市菅沼
	富山県自然公園条例　五箇山県立自然公園
	白川村自然環境の確保に関する条例　保護地域
	南砺市自然環境と文化的景観の保存に関する条例　開発行為の規制
	荻町集落の自然環境を守る会　住民憲章
	（合掌家屋を「売らない」、「貸さない」、「こわさない」の三原則）

見所と景観	●合掌造り家屋
	●釘やカスガイを使わない建築様式
	●良好に保存された周囲の自然環境
	●集落景観

白川郷・五箇山の合掌造り集落

危機因子	地震、火災、台風
課題	集落の景観維持及び地域振興
保護関連機関	岐阜県白川村教育委員会文化財課
	富山県南砺市教育委員会

白川郷・五箇山の合掌造り集落や観光宿泊等に関する現地照会先

●岐阜県社会教育文化課	〒500-8570	岐阜市薮田南2-1-1	℡058-272-8759
●岐阜県観光・ブランド振興課	〒500-8570	岐阜市薮田南2-1-1	℡058-272-8393
●㈳岐阜県観光連盟	〒500-8384	岐阜市薮田南5-14-12-4F	℡058-275-1480
●富山県教育委員会文化課	〒930-0006	富山市新総曲輪1-7	℡0764-31-4111
●㈳とやま観光推進機構	〒930-0006	富山市新総曲輪1-7	℡0764-31-7722

備考

- 2025年、世界遺産登録30周年。
- 東海北陸自動車道は、白川郷IC〜飛騨清見ICが2008年7月開通し、全線開通となった。

参考資料

- 「世界遺産一覧表記載推薦書 白川郷・五箇山の合掌造り集落」 文化庁
- 「世界遺産白川郷・五箇山の合掌造り集落白川村荻町・平村相倉・上平村菅沼」
  合掌造り集落世界遺産記念事業実行委員会
- 「古心巡礼」 白川村役場商工観光課
- 「世界遺産 白川郷・五箇山」 飛越峡観光協会
- 「世界遺産 合掌造り集落 五箇山」 五箇山観光協会、平村役場産業観光課、
  上平村役場農林観光課
- 「日本美の再発見」 ブルーノ・タウト（ドイツの建築家）著

参考URL　ユネスコ世界遺産センター　http://whc.unesco.org/en/list/734
　　　　ひだ白川郷　http://shirakawa-go.gr.jp/
　　　　世界遺産五箇山合掌造り集落 http://www.city.nanto.toyama.jp/webapps/www/kanko/
　　　　五箇山〜小さな世界遺産の村〜　http://gokayama.jp/index2.html
　　　　五箇山彩歳　http://www.shokoren-toyama.or.jp/~gokayama/hop.htm
　　　　世界遺産五箇山相倉合掌造り保存財団　http://www.g-ainokura.com/

当シンクタンクの協力

- 女性セブン（小学館）「世界遺産で笑う人、泣く人」　2015年6月4日号
- 読売新聞北陸支社富山版
  「白川郷・五箇山世界遺産十周年　世界遺産の里から-次代への課題-」　2005年12月6日

白川郷・五箇山の合掌造り集落

構成資産面積

登録資産	登録資産面積（ha）	緩衝地帯I種面積（ha）	緩衝地帯II種面積（ha）
荻町集落	45.6	471.5	35,655
相倉集落	18.0	3,863.6	9,406
菅沼集落	4.4		9,477
合　計	68.0	4,335.1	54,538

構成地区の概要

〈荻町地区〉　岐阜県大野郡白川村

登録遺産面積	45.6ha　緩衝地帯Ⅰ種面積　471.5ha　緩衝地帯Ⅱ種面積　35,655ha	

座標位置　　　北緯36度15分　東経136度54分

特色　　　　● 合掌造り家屋を中心とした白川郷の伝統的な集落景観
　　　　　　● 庄川に沿って棟を平行に揃えている

特質　　　　この地方独特の合掌造り家屋

分類　　　　建造物群、歴史的農村集落、民家

建築　　　　19世紀前期～20世紀初期

所有者　　　民間

保護　　　　〔国選定重要伝統的建造物群保存地区〕白川村荻町（1976年9月）
　　　　　　白川村自然環境の確保に関する条例
　　　　　　白川村景観条例、白川村景観計画
　　　　　　白川村世界遺産マスタープラン

保存組織　　財団法人世界遺産白川郷合掌造り保存財団（設立　1997年3月6日）

保存基金　　世界遺産白川郷合掌造り保存基金事務局　℡06769-6-3111「結（ゆい）カード」

活用　　　　合掌造り民家園
　　　　　　白川郷ふるさと体験館
　　　　　　白川郷合掌文化館（旧松井家　㈶日本トラストがヘリティジセンターとして活用）

歳時記　　　●合掌屋根葺替え　　　　　　　4月上旬
　　　　　　●ミズバショウ開花　　　　　　4月下旬～5月下旬
　　　　　　●白山スーパー林道供用開始　　6月上旬
　　　　　　●白山・山開き　　　　　　　　6月中旬
　　　　　　●どぶろく祭り　　　　　　　　10月中旬
　　　　　　●茅かき　　　　　　　　　　　10月下旬～11月中旬

見学　　　　●明善寺郷土館（大人300円）　　　　　　　　　　℡05769-6-1009
　　　　　　●和田家＜国指定重要文化財＞（大人300円）　　　℡05769-6-1058
　　　　　　●合掌造り民芸館　神田家（大人300円）　　　　　℡05769-6-1072
　　　　　　●長瀬家（大人300円）
　　　　　　●野外博物館合掌造り民家園　（大人500円）　　　℡05769-6-1231
　　　　　　●どぶろく祭りの館　（大人250円）　　　　　　　℡05769-6-1655

見所と景観　●展望台（荻町城址）からの遠景
　　　　　　●合掌造り集落冬のライトアップ
　　　　　　●和田家　●明善寺　●合掌造り民芸館　神田家　●ふる郷　長瀬家

備考　　　　●2016年4月、世界遺産地区内中心部に、荻町公園・屋内休憩所がオープン。
　　　　　　●景観保全と安全対策のため、2014年4月より世界遺産集落内への車両進入
　　　　　　　制限等の交通対策を実施。（通年9:00～16:00）
　　　　　　●世界遺産集落内での民間駐車場を廃止するよう取組みが行われている。

白川郷の合掌造り集落や観光宿泊等に関する現地照会先

●白川郷教育委員会文化財課　〒501-5692　大野郡白川村鳩谷517　　　℡05769-6-1311
●白川村観光振興課　　　　　〒501-5692　大野郡白川村鳩谷517　　　℡05769-6-1311
●（一社）白川郷観光協会　　〒501-5627　大野郡白川村荻町1086　　　℡05769-6-1013
●白川郷観光案内所　　　　　〒501-5627　大野郡白川村荻町　　　　　℡05769-6-1751
●㈶世界遺産白川郷合掌造り保存財団
　　　　　　　　　　　　　　〒501-5627　大野郡白川村荻町2495-3　　℡05769-6-3111

白川郷・五箇山の合掌造り集落

白川郷の城山展望台（荻町城址）から荻町合掌集落を望む

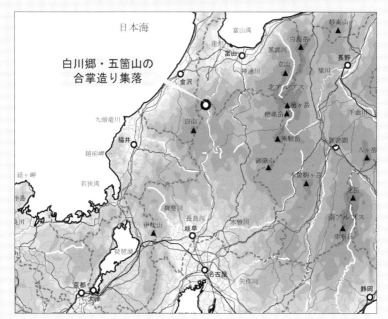

白川郷・五箇山の合掌造り集落

交通アクセス　　●あいの風とやま鉄道高岡駅からバスで2時間。
　　　　　　　　●JR金沢駅からバスで1時間15分（要予約）
　　　　　　　　●JR富山駅からバスで1時間25分（要予約）
　　　　　　　　●東海北陸自動車道白川郷ICから約5分

〈相倉地区〉　富山県南砺市相倉

登録遺産面積	18.0ha　緩衝地帯Ⅰ種面積　　3,863.6ha　緩衝地帯Ⅱ種面積　　9,406ha
座標位置	北緯36度25分　東経136度56分
特色	合掌造り家屋を中心とした五箇山の伝統的な集落景観
特質	勇壮な中にも雅が香る祭り、素朴で味わい深い山渓の味覚、 季節に寄り添う山の民の暮らしが、ここにはある。
分類	建造物群、歴史的農村集落、民家
建築	江戸時代末期〜明治時代
所有者	民間
保護	〔国指定史跡〕越中五箇山相倉集落 （1970年集落に近い茅場などの山林を含めた地域） 〔国選定重要伝統的建造物群保存地区〕南砺市相倉（1994年12月指定） （集落と集落背後の雪持林を含む約18ha） 〔自然環境及び文化的景観の保全に関する条例〕
保存整備	世界遺産集落景観整備事業（富山県補助事業）
保存	世界遺産相倉合掌造り集落保存財団 合掌造り家屋20棟のほか寺院や神社、土蔵、板倉などの伝統的な建物や雪持林、 神社の社叢、畑の石垣、水路、旧道など。
整備事業	「相倉合掌ふる里園」事業
整備	放水銃、棚田の石垣、駐車場の公衆トイレ（半地下）、住民用の共同車庫（半地下）
管理	㈶世界遺産相倉合掌造り集落保存財団　　　　　　　　　　℡0763-66-2123 ・世界遺産保存協力金（駐車料金：普通・軽自動車 500円）
活用	民俗館、休耕田での棚田オーナー ・ボランティアガイドによる解説（1500円）
伝統行事	●こきりこ味祭り　　　　　　2月第3日曜日 ●春祭り（相倉）　　　　　　4月20日 ●五箇山麦屋まつり（下梨）　9月23〜24日 ●こきりこ祭り（上梨）　　　9月25〜26日
見学	●相倉民俗館1号館、2号館
見所と景観	20棟の合掌造り家屋 ●相倉民俗館1号館、2号館 ●相念寺　●西方道場　●合掌小屋造り（物置）　●相倉・人形山展望台 ●相倉ライトアップ
見学のマナー	①集落内禁煙 ②屋敷内、田畑、あぜ道など生活圏への立入禁止 ③集落内への外部車両通行禁止（但し、住民の車両の通行には注意） ④早朝・夕暮れ以降の見学は避ける。 ⑤ゴミは持ち帰る。
危機因子	地震、火災、台風
課題	●景観維持 ●保存・活用の為の施策の財源の確保 ●合掌の相倉、民謡コキリコの上梨、麦屋節の下梨の保存の一体化。

白川郷・五箇山の合掌造り集落

五箇山相倉の合掌造り集落

白川郷・五箇山の合掌造り集落

交通アクセス	●JR高岡駅から世界遺産バスで1時間、五箇山相倉口下車。
	●JR城端駅からバスで25分、相倉口下車、徒歩3分。
	●金沢〜五箇山〜白川郷を約1時間15分で1日4往復。（要予約）
	●東海北陸自動車道五箇山IC下車国道156号を平方面へ約20分。

〈菅沼地区〉　富山県南砺市菅沼

登録遺産面積	4.4ha　**緩衝地帯Ⅰ種面積**　3,863.6ha　**緩衝地帯Ⅱ種面積**　9,477ha
座標位置	北緯36度24分　東経136度53分
特色	合掌造り家屋を中心とした五箇山の伝統的な集落景観。 塩硝づくりと養蚕、紙すきは、加賀藩の奨励と援助を受け、五箇山の中心産業となった。大きないろりや広い作業場、薪の所蔵庫などの必要から合掌造り家屋は、適していた。
特質	周囲には手付かずの自然が豊富に残っており、時代を超えた日本人の農山村の原点が偲ばれる。 五箇山の長い歴史と伝統 茅葺・ウスバリ構造で切妻造りは、五箇山の特徴
建築	江戸時代末期～大正時代
所有者	民間
保護	〔国指定史跡〕越中五箇山菅沼集落 〔国選定重要伝統的建造物群保存地区〕南砺市菅沼（1994年12月指定） 〔自然環境と文化的景観の保存に関する条例〕
保存整備	世界遺産集落景観整備事業（富山県補助事業）
保存	越中五箇山菅沼集落保存顕彰会
管理	民間
活用	塩硝の館、五箇山民俗館（旧西家）
行事	●四季の五箇山　雪あかり　　2月 ●菅沼合掌造り集落一斉放水　11月上旬
見学	●五箇山民俗館 ●塩硝の館　　　　　無休　9時～16時　休館12月29日～1月3日 ●国指定重要文化財「岩瀬家」（合掌造り） 　無休8時～17時 ●五箇山生活館（合掌の里）
見所と景観	9棟の合掌造り家屋 ●五箇山民俗館 ●塩硝の館（五箇山の重要な産業であった塩硝作りの工程がわかる） ●上平村休憩所（旧中島家）小屋組 ●真井家板倉、羽馬家板倉
課題	●景観維持 ●保存・活用の為の施策の財源の確保

五箇山の合掌造り集落や観光宿泊等に関する現地照会先

●㈶世界遺産相倉合掌造り集落保存財団			
	〒939-1915	南砺市相倉611	TEL0763-66-2123
●南砺市文化・世界遺産課	〒939-1892	南砺市城端1046　城端庁舎2F	TEL0763-23-2014
●南砺市交流観光まちづくり課	〒939-1892	南砺市城端1046　城端庁舎2F	TEL0763-23-2019
●南砺市平行政センター	〒939-1997	南砺市下梨2240	TEL0763-66-2131
●南砺市上平行政センター	〒939-1968	南砺市上平細島879	TEL0763-67-3211
●五箇山観光協会	〒939-1923	南砺市下梨1135	TEL0763-66-2468
●五箇山観光総合案内所	〒939-1914	南砺市上梨754	TEL0763-66-2468
●南砺市観光協会	〒939-1842	南砺市野田1058-1	TEL0763-62-1201

白川郷・五箇山の合掌造り集落

五箇山菅沼の合掌造り集落

白川郷・五箇山の合掌造り集落

交通アクセス　●JR高岡駅から世界遺産バスで1時間15分、菅沼下車。
　　　　　　　●JR城端駅から五箇山行バスで40分、菅沼下車。
　　　　　　　●東海北陸自動車道五箇山IC下車（出口信号左折し菅沼方面へ約2分）

五箇山こきりこまつり（南砺市上梨白山宮境内）

白川郷・五箇山の合掌造り集落

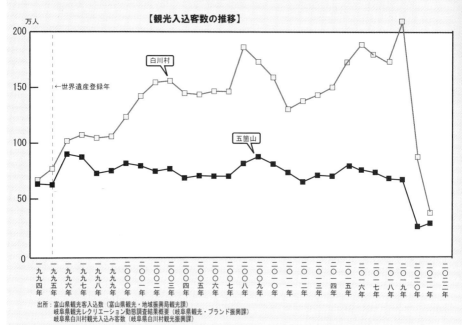

【観光入込客数の推移】

万人

200

←世界遺産登録年

白川村

150

五箇山

100

50

0

九九四年　九九五年　九九六年　九九七年　九九八年　九九九年　二〇〇〇年　二〇〇一年　二〇〇二年　二〇〇三年　二〇〇四年　二〇〇五年　二〇〇六年　二〇〇七年　二〇〇八年　二〇〇九年　二〇一〇年　二〇一一年　二〇一二年　二〇一三年　二〇一四年　二〇一五年　二〇一六年　二〇一七年　二〇一八年　二〇一九年　二〇二〇年　二〇二一年　二〇二二年

出所：富山県観光客入込数（富山県観光・地域振興局観光課）
　　　岐阜県観光レクリエーション動態調査結果概要（岐阜県観光・ブランド振興課）
　　　岐阜県白川村観光入込み客数（岐阜県白川村観光振興課）

参考：岐阜県白川村人口　1,490人（2023年4月1日現在）　富山県南砺市人口　47,413人（2023年3月末現在）

禄剛崎

日本海

能登半島

日本海

白川郷・五箇山の
合掌造り集落

富山湾

庄川

富山

神通川

金沢

白山

九頭竜川

福井

越前岬

若狭湾

黒部川

白馬岳

立山

北アルプス

穂高岳

槍ヶ岳

乗鞍岳

御嶽山

妙高山

長野

犀川

茂間山

千曲川

諏訪湖

八ヶ岳

木曽駒ヶ岳

北緯36度24分　東経136度53分

東海北陸自動車道

相倉　●

平行政センター
五箇山観光協会

上梨トンネル

平

菅沼 ●

南砺市

上平行政センター

五箇山IC

五箇山

富山県

上平

R156

庄川

岐阜県

新内ケ戸
トンネル

飯島トンネル

石川県

白山スーパー林道

白川村役場

白川村

白川郷 IC

白川郷
荻町 ●

R156

鳩谷ダム

広島の平和記念碑（原爆ドーム）

登録遺産名	**Hiroshima Peace Memorial**（Genbaku Dome）
遺産種別	**文化遺産**

登録基準 （vi） 顕著な普遍的な意義を有する出来事、現存する伝統、思想、信仰、または、芸術的、文学的作品と、直接に、または、明白に関連するもの。

暫定リスト登載 1995年 **日本政府推薦** 1995年9月

登録年月 1996年12月（第20回世界遺産委員会メリダ会議）

登録遺産面積 **コア・ゾーン** 0.4ha **バッファー・ゾーン** 42.7ha **合計** 43.1ha

登録遺産の概要 広島の平和記念碑(原爆ドーム)は、広島市の中心部を流れる元安川の川辺にある。原爆ドームは、第二次世界大戦末期の昭和20年(1945年)8月6日、米軍が投下した原子爆弾によって破壊されるまでは、モダンなデザインを誇る旧広島県産業奨励館で、チェコの建築家ヤン・レッツェル(1880～1925年)によって設計され、大正4年(1915年)に完成した建造物であった。原爆ドームは、人類史上初めて使用された核兵器によって、街はほとんどが破壊され、多くの人の生命が奪われるなどの惨禍を如実に物語る負の遺産であり、世代や国を超えて、核兵器の究極的廃絶と世界平和の大切さを永遠に訴え続ける人類共通の平和記念碑。世界遺産の範囲は、原爆ドームの建物の所在する地域の0.4ha。緩衝地帯＜バッファー・ゾーン＞の42.7haの区域内にある平和記念公園（国の名勝 2007年4月指定）には、慰霊碑や50基余りのモニュメントがあり、広島平和記念資料館(国の重要文化財 2006年7月指定)には、被爆資料や遺品、写真パネルなどが展示されている。原爆ドームの世界遺産化は、広島市民をはじめとする165万人の国会請願署名が推進の原動力となった。原爆ドームが世界遺産になったことによって、国内外から、国際平和への発信拠点としての役割が一層期待されている。2002年8月には、平和公園内に国立広島原爆死没者追悼平和祈念館が開館し、被爆者の遺影や手記などが公開されている。

分類	遺跡
特色	核兵器の究極的廃絶と、世界平和の大切さを永遠に訴え続ける、人類共通の平和記念碑
特質	人類史上初めて使用された核兵器によって、街はほとんどが破壊され、多くの人の生命が奪われるなどの惨禍を如実に物語る負の遺産

原爆ドームのプロフィール

原施設の概要	**設計** ヤン・レッツェル（チェコの建築家）
	施工 椋田組
	竣工 1915年（大正4年）4月
	建物の構造 レンガ造 3階建
	名称 広島県物産陳列館（1933年に広島県産業奨励館と改称）
	利用形態 広島県内の物産の展示、販売のほか、広島県美術展覧会・博覧会などの文化的催事、戦争末期の1944年4月から、内務省中国・四国土木事務所、広島県地方木材株式会社など官公庁等の事務所として使用。
被爆	1945年（昭和20年）8月6日 **爆心地からの距離** 160m（旧町名 猿楽町）
所在地	広島県広島市中区大手町一丁目10番
所有者	広島市
保護	**文化財保護法** 〔国の史跡〕原爆ドーム(旧広島県産業奨励館)（1995年6月指定）

	広島市景観条例（2006年3月29日条例第39号）　2006年4月1日から施行
景観保全	原爆ドーム及び平和記念公園周辺建築物等美観形成要項（1995年）
保存	1967年（昭和42年）　1回目の保存工事　5,150万円（全額募金で充当） 1989年（平成元年）　2回目の保存工事　2億378万円（うち募金で1億円を充当） 2002年（平成14年）　3回目の保存工事　7,237万円（うち広島市原爆ドーム保存 事業基金で3,625万円を充当）
健全度調査	1992年から原則3年ごとに実施　（2014年9月〜2015年3月　第8回目の調査）
基金	広島市原爆ドーム保存事業基金（1990年3月7日条例第3号）
管理	広島市（1953年（昭和28年）〜）
活用	●平和記念公園　慰霊碑や50基余りのモニュメント ●平和記念資料館　被爆資料、遺品、写真パネルの展示 〒730-0811　広島市中区中島町1-2　　　　　　　　　　☎082-241-4004 ●国立広島原爆死没者追悼平和祈念館　被爆の遺影、被爆関連手記、証言映像 〒730-0811　広島市中区中島町1-6　　　　　　　　　　☎082-543-6271
主要イベント	●広島平和記念式典　　　　　8月6日
原爆ドームの見学	無料
学ぶ点	●人類史上初めて使用された核兵器による破壊による惨禍の様子 ●戦争の悲惨さ
問題点	崩落、被爆者の高齢化による被爆体験の継承
危機因子	地震、台風、雨水、劣化
課題	●耐震対策　　●雨水対策

保存管理担当部局
●広島県教育委員会管理部文化財課　　〒730-8514　広島市中区基町9-42　　☎082-513-5021
●広島市市民局国際平和推進部　　　　〒730-0811　広島市中区中島町1-2　☎082-242-7831
●広島市市民局文化スポーツ部文化振興課　〒730-0042　広島市中区国泰寺町1-4-21☎082-504-2501

特記事項
●原爆ドームの世界遺産化は、広島市民をはじめとする165万人の国会請願署名が推進の原動力となった。原爆ドームが世界遺産になったことによって、国内外から、国際平和への発信拠点としての役割が一層期待されている。

原爆ドームや観光宿泊等に関する現地照会先
●（公財）広島観光コンベンションビューロー　〒730-0811　広島市中区中島町1-5　　☎082-244-6156
●広島市観光案内所（レストハウス内）　〒730-0811　広島市中区中島町1-1　　☎082-247-6738

備考
●日本イコモス国内委員会は、2017年12月8日、「広島平和記念資料館及び平和記念公園 第二次世界大戦からの復興・原爆ドームのエクステンション」を「日本の20世紀遺産20選」に選定。
●広島平和記念資料館本館は、リニューアルの為、2018年7月まで閉館予定。
●2016年5月27日、バラク・オバマ米国大統領、現職の大統領として初めて被爆地広島を訪問。
●2016年12月　世界遺産登録20周年。
●世界遺産登録範囲内の「バッファー・ゾーン」（緩衝地帯）内での高層マンション建設による景観問題が顕在化した。原爆ドームに隣接する広島市民球場の移転後の跡地利用のあり方も潜在危険になっている。
●2015年2月、原爆ドーム沿いの元安川近くにあるカキ船「かなわ」の移転をめぐり、再考を求める市民グループと市側が紛糾。
●2006年11月29日、広島で開催された「世界遺産条約とバッファー・ゾーンに関する会議」（企画・主催・後援：日本イコモス国内委員会およびユネスコ・アジア文化センター（ACCU））に際して

広島の平和記念碑（原爆ドーム）

採択された「原爆ドームに関する勧告」。

参考資料

● 「世界遺産一覧表記載推薦書　広島の平和記念碑（原爆ドーム）」　文化庁
● 「原爆ドーム世界遺産化への道」　原爆ドーム世界遺産化への道編集委員会編
● 「世界遺産　原爆ドーム」　広島平和文化センター

参考URL　　　ユネスコ世界遺産センター　**http://whc.unesco.org/en/list/775**
　　　　　　　原爆ドーム　**http://www.city.hiroshima.lg.jp/toshiseibi/dome/**

当シンクタンクの協力

● 中国新聞【今を読む】「日本初登録30年　保全措置の進化が求められる」　2023年12月 9日
● 広島県廿日市市大野西市民センター講座「世界遺産から学ぶ平和」　　2022年 7月24日
● 読売新聞朝刊広島版ニュース深新「世界遺産　高い海外人気」　　　　2016年12月 8日
● 広島文学資料保全の会「未来への伝言」　　　　　　　　　　　　　　2016年 7月
● 広島県経営者協会記念講演会 講演「世界遺産の話題あれこれ」　　　2015年 2月 2日
● （一社）広島県計量協会定時総会 講演「これからの世界遺産の話題あれこれ」2014年 6月 6日
● 中国新聞【今を読む】「世界遺産条約40年の節目」　　　　　　　　　2012年 6月19日
● 東京広島県人会フォーラム「ユネスコ世界遺産の今とこれから」　　　2012年 6月14日
● 中国新聞「世界記憶遺産データ網羅　被爆資料の登録提言も」　　　　2012年 2月 2日
● 中国新聞「原爆ドーム・厳島神社 世界遺産10年(6)欠かせぬ『進化』への努力」2006年12月 4日

被爆前は「広島県産業奨励館」であった原爆ドーム

広島の平和記念碑（原爆ドーム）

広島平和記念資料館と原爆ドームを結ぶ直長線上に設置されている
広島平和都市記念碑（通称：原爆死没者慰霊碑）

緩衝地帯＜バッファー・ゾーン＞の区域内にある平和記念公園
（国の名勝　2007年4月指定）

広島の平和記念碑〈原爆ドーム〉

相生橋からの元安川と原爆ドーム

【観光入込客数の推移】

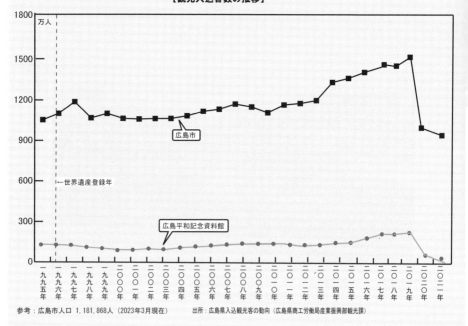

参考：広島市人口 1,181,868人（2023年3月現在）　　　　出所：広島県入込観光客の動向（広島県商工労働産業振興部観光課）

広島の平和記念碑（原爆ドーム）

北緯34度23分　東経132度27分

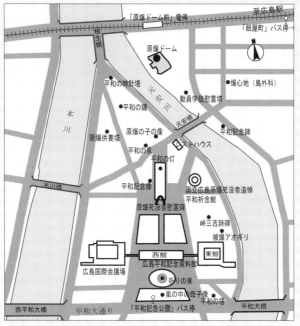

交通アクセス
- ●路面電車　広島駅から己斐、或は、江波行き「原爆ドーム前」下車すぐ
- ●バス　広島駅より「紙屋町」下車5分。「平和記念公園前」下車5分

駐車場
- ●普通車　なし（周辺の駐車場を利用）
- ●観光バス　平和記念公園南側　46台　平和記念公園西側河岸　10台（無料）

厳島神社

登録遺産名	**Itsukushima Shinto Shrine**
遺産種別	**文化遺産**

登録基準
(i) 人類の創造的天才の傑作を表現するもの。
(ii) ある期間を通じて、または、ある文化圏において、建築、技術、記念碑的芸術、町並み計画、景観デザインの発展に関し、人類の価値の重要な交流を示すもの。
(iv) 人類の歴史上重要な時代を例証する、ある形式の建造物、建築物群、技術の集積、または、景観の顕著な例。
(vi) 顕著な普遍的な意義を有する出来事、現存する伝統、思想、信仰、または、芸術的、文学的作品と、直接に、または、明白に関連するもの。

暫定リスト登載 1992年 　**日本政府推薦** 1995年9月

登録年月 1996年12月 （第20回世界遺産委員会メリダ会議）

登録遺産面積 　**コア・ゾーン** 431.2ha 　**バッファー・ゾーン** 2,634.3ha 　**合計** 3,065.5ha

登録遺産の概要 厳島神社は、広島県西部、瀬戸内海に浮かぶ厳島の宮島町にある。緑に覆われた標高530mの弥山（みせん）の原始林を背景に、本社本殿を中心に海上の大鳥居など鮮やかな朱塗りの平安の宗教建築群を展開する。他に例を見ない大きな構想のもとに独特の景観を創出している。登録遺産の範囲は、厳島神社の本社本殿、拝殿、幣殿、祓殿等が17棟、それに、朱鮮やかな大鳥居、五重塔、多宝塔を含めた建造物群と、それと一体となって登録遺産の価値を形成している前面の瀬戸内海と背後の弥山を中心とする地域。厳島神社の創建は、推古天皇の時代の593年いわれ、平安時代の1168年に、平清盛（1118〜81年）の崇拝を受けて現在の様な形に築かれ、その後、毛利元就（1497〜1571年）により、本社本殿は建て替えられた。厳島神社の建造物群は、総体として、ある一つの明確な理念の下に調和と統一をもって建造され配置された社殿群及びその周囲に歴史的に形成された建造物からなっている一方、それぞれの単体の建造物も個々に優れた建築様式を誇っている。また、厳島神社のある安芸の宮島は、日本三景の一つとしても知られている。

分類	建造物群
特色	朱塗りの平安の宗教建築群
特質	他に例を見ない大きな構想のもとに独特の景観
所在地	広島県廿日市市宮島町
創建	推古天皇の時代の593年
御祭神	天照大神の子である宗像三女神（市杵島姫、湍津姫、田心姫）
建替	平安時代の1168年　平清盛（1118〜81年）
	毛利元就（1497〜1571年）　本社本殿
所有者	厳島神社、国（財務省）
保護	**文化財保護法**

〔国の特別史跡〕厳島　〔国の特別名勝〕厳島
〔国宝建造物〕本社本殿・幣殿・拝殿、本社祓殿、摂社客神社本殿・幣殿・拝殿、摂社客神社祓殿、東廻廊、西廻廊
〔国の重要文化財建造物〕大鳥居、能舞台、揚水橋、長橋、反橋、摂社大国神社本殿、摂社天神社本殿、五重塔、多宝塔、末社荒胡子神社本殿、末社豊国神社本殿（千畳閣）、摂社大元神社本殿、宝蔵
〔国の天然記念物〕弥山原始林
自然公園法、都市公園法、海岸法、森林法、鳥獣保護及び狩猟ニ関スル法律

保全	ふるさと広島の景観の保全と創造に関する条例
保存	特別史跡及び特別名勝厳島保存管理計画

管理	厳島神社

主要な伝統行事 ●管絃祭 8月8日 ●玉取祭 8月中旬 ●鎮火祭 12月31日
伝統芸能 舞楽、神能、宮島踊り、餅搗き唄、宮島太鼓
見所と景観 ●朱塗り、桧皮茸の荘厳な屋根の寝殿造りの建築様式
　●本社本殿、大鳥居等の社殿群
　●入り江に潮が満ちてきた時に海に浮かんだように見える廻廊で連続した寝殿
　●背後の弥山原始林の緑に覆われた山容

〈本殿〉
切妻両流造りで、市杵島姫（いちきしまひめ）、湍津姫（たぎつひめ）、田心姫（たごりひめ）の三女神が祭られている。

〈平舞台・高舞台〉
祓殿前面に広がる寝殿造りの庭にあたる部分で、東西の廻廊からも板敷きが伸び平舞台に取りつく。前面中央部には火焼前（ひたさき）と呼ばれる岬状に突出した部分があり、管絃祭の際の出御・還御はここから行われる。平舞台を支えるのは、毛利元就から寄進されたといわれる赤間石の柱。また、平舞台上には、四方に高欄をまわした高舞台が設けられており、ここで一千年以上も舞楽が演じられてきた。

〈能舞台〉
海に浮かぶ能舞台としては、国内唯一。通常、能舞台の床下に置かれる共鳴用の甕（かめ）がなく、舞台の床が一枚の板のようになって足拍子の響きがよくなるよう工夫されている。春の桃花祭の神能が演じられる。

〈廻廊〉
幅4m、長さ約275m。高潮の際に海水の圧力を弱め、海水や雨水を海に流すために床板には、目透しというすき間があけられている。

〈大鳥居〉
高さ16.8m、重さ60t、樹齢500～600年のクスノキの自然木で造られている。鳥居の重みだけで立っている。現在の鳥居は、8代目にあたる。

〈千畳閣（豊国神社）〉
戦で亡くなった人の供養のため、1587年に豊臣秀吉が建立を命じた入母屋造りの大経堂。畳857枚分の広さがあることから、千畳閣と呼ばれる。秀吉の死去により工事が中断し、天井の板張りや正面入り口など未完成のままの状態で現在に至っている。明治の神仏分離令により、秀吉公を祀る豊国神社となった。

〈五重塔〉
千畳閣の隣に建つ高さ27.6mの塔。1407年建立といわれ、桧皮茸の屋根と朱塗の柱のコントラストが美しい。

危機因子	地震、台風、山津波、火災、高潮、海水による浸食、地すべり・土石流、微生物被害、アルゼンチンアリ
課題	地球温暖化が原因と思われる異常潮位の高潮による回廊への溢水

担当部局
●広島県教育委員会管理部文化財課　〒730-8514　広島市中区基町9-42　℡082-513-5021
●廿日市市教育委員会文化スポーツ課〒738-8501　廿日市市下平良1-11-1　℡0829-30-9205

厳島神社や観光宿泊等に関する現地照会先
●㈳宮島観光協会　〒739-0505　廿日市市宮島町宮島1162-18　℡0829-44-2011
●廿日市市観光課　〒738-8501　廿日市市下平良1-11-1　℡0829-30-9141
●厳島神社社務所　〒739-0535　廿日市市宮島町1-1　℡0829-44-2020

市町村合併	●広島県　佐伯郡宮島町　→　廿日市市	2005年11月3日
観光友好都市提携	●フランス　モン・サン・ミッシェル　⇔　廿日市市	2009年5月16日

備考

● 2026年12月　世界遺産登録30周年。
● 2012年7月の第11回ラムサール条約締約国ブカレスト会議で、国内唯一のミヤジマトンボ（絶滅危惧種）の生息地である南部の海岸142haが登録湿地となった。
● 県立広島大学では、「学生参加による世界遺産宮島の活性化」を発展させるため、2009年4月、宮島学センターを設置した。
● 宮島のある廿日市市は、世界遺産保護を目的とした法定外目的税の「入島税」の導入を検討したが、2008年9月、観光客現象の懸念があることなどを理由に導入見送りの方針を決めた。しかしながら、2016年12月の世界遺産登録20周年を機に、住民の高齢化に伴い税収が減収する一方、外国人観光客が急増しており、観光地の維持整備費の一部を観光客にも負担してもらう為、「入島税」の導入を再検討している。
● 厳島神社は、2004年9月7日の台風18号で国宝の左楽房などが、1991年9月27日の台風19号では、左門客神社や能舞台などが、1999年の台風18号では社殿などが深刻な被害を被った。台風は、わが国にとって避けて通れない自然の脅威であるが、わが国の国宝、重要文化財には木造建築物が多く、緊急災害に関する特別措置について何らかの対策を講ずる必要がある。

参考資料

● 「世界遺産一覧表記載推薦書　厳島神社」　　　　　　　文化庁
● 「世界文化遺産　厳島神社」　　　　　　　　　　　　　宮島町
● 「平成7年度世界遺産一覧表記載推薦物件　厳島神社」　文化庁・環境庁

参考URL

ユネスコ世界遺産センター　http://whc.unesco.org/en/list/776
厳島神社　http://www.miyajima-wch.jp/jp/itsukushima/
厳島神社　http://www.miyajima.or.jp/sightseeing/ss_itsukushima.html

当シンクタンクの協力

● 中国新聞【今を読む】「日本初登録30年　保全措置の進化が求められる」　2023年12月 9日
● 読売新聞朝刊広島版ニュース深新「世界遺産　高い海外人気」　2016年12月 8日
● 中国新聞【今を読む】「世界遺産条約40年の節目」　2012年 6月19日
● 東京広島県人会フォーラム「ユネスコ世界遺産の今とこれから」　2012年 6月14日
● 読売新聞「宮島原始林に赤ペンキ」　2008年 7月13日
● 中国新聞「原爆ドーム・厳島神社　世界遺産10年 (6) 欠かせぬ『進化』への努力」　2006年12月4日

海上の大鳥居など鮮やかな朱塗りの平安の宗教建築群が展開する。

厳島神社

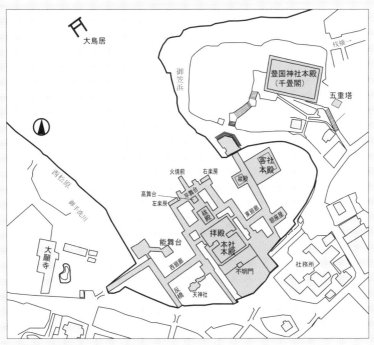

東廻廊　奥は、豊国神社本殿（千畳閣）と五重塔

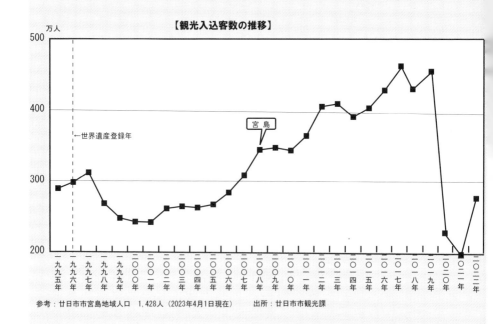

【観光入込客数の推移】

万人

←世界遺産登録年

宮　島

参考：廿日市市宮島地域人口　1,428人（2023年4月1日現在）　　出所：廿日市市観光課

シンクタンクせとうち総合研究機構

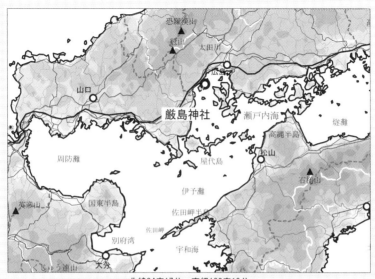

北緯34度17分　東経132度19分

交通アクセス　●JR山陽本線、或は、広島電鉄で、宮島口下車　船10分　宮島港着　徒歩10分
　　　　　　　　●車で、山陽自動車道廿日市・大野I.C.から宮島口まで10分　　〃
　　　　　　　　●高速船で、広島港から22分　宮島港着　徒歩10分
　　　　　　　　●広島平和公園元安橋から「ひろしま世界遺産航路」で宮島港まで約50分

古都奈良の文化財

登録遺産名	**Historic Monuments of Ancient Nara**
遺産種別	文化遺産

登録基準　(ii) ある期間を通じて、または、ある文化圏において、建築、技術、記念碑的芸術、町並み計画、景観デザインの発展に関し、人類の価値の重要な交流を示すもの。
(iii) 現存する、または、消滅した文化的伝統、または、文明の、唯一の、または、少なくとも稀な証拠となるもの。
(iv) 人類の歴史上重要な時代を例証する、ある形式の建造物、建築物群、技術の集積、または、景観の顕著な例。
(vi) 顕著な普遍的な意義を有する出来事、現存する伝統、思想、信仰、または、芸術的、文学的作品と、直接に、または、明白に関連するもの。

暫定リスト登載　1992年　　**日本政府推薦**　1997年9月

登録年月　　1998年12月　（第22回世界遺産委員会京都会議）

登録遺産面積　616.9ha　**バッファー・ゾーン** 1962.5ha　歴史的環境調整地域　539.0ha

登録遺産の概要　古都奈良の文化財は、聖武天皇(701～56年)の発願で建立された官寺で、金堂（大仏殿）、南大門、三月堂(法華堂)など8棟（正倉院正倉を含む）が国宝に、18棟が重要文化財に指定されている東大寺、神の降臨する山として神聖視されていた御蓋山の麓に、藤原氏の氏神を祀った神社の春日大社、大社の文化的景観を構成する特別天然記念物の春日山原始林、藤原氏の氏寺として建立され五重塔が象徴的な興福寺、6世紀に蘇我馬子が造営した飛鳥寺が平城京に移された元興寺、天武天皇の発願で建立された官寺の薬師寺、戒律を学ぶための寺として唐僧・鑑真が759年に創建した唐招提寺、平城京の北端にある宮城跡で、国の政治や儀式を行う大極殿や朝堂院、天皇の居所である内裏、役所の遺跡で特別史跡の平城宮跡の8遺産群からなる。この中には、国宝25棟、重要文化財53棟、計78棟の建造物群が含まれ、遺産の範囲は、遺産本体の面積が616.9ha、緩衝地帯が1962.5ha、歴史的環境調整地域が、539.0ha 合計3118.4haに及ぶ。遺産を構成する建造物は、8世紀に中国大陸や朝鮮半島から伝播して日本に定着し、日本で独自の発展を遂げた仏教建築群で、その後の同種の建築の規範として大きな影響力を保ち続け、また、神道や仏教など日本の宗教的空間の特質を現す顕著で重要な事例群であることが評価された。

分類	建造物群、遺跡
特色	8世紀に大陸から伝播し独自の発展を遂げた仏教建築群
特質	●宮内庁所管の東大寺正倉院の登録。
	●春日山原始林の『文化的景観』としての登録。
	●平城宮跡の遺跡としての登録。
所在地	奈良県奈良市
保護	**文化財保護法**

〔国宝建造物〕東大寺金堂、興福寺五重塔、薬師寺東塔、唐招提寺金堂など25棟
〔国の重要文化財建造物〕春日大社本社など53棟
〔国の特別史跡〕平城宮跡
〔国の史跡〕東大寺旧境内、興福寺旧境内、春日大社境内、元興寺極楽坊境内など
〔国の特別天然記念物〕春日山原始林
古都保存法　歴史的風土特別保存地区
奈良県風致地区条例　風致地区

景観保全	●奈良市都市景観条例（1990年） ●「奈良らしい眺望景観のとらえ方」、「奈良らしい眺望景観の保全活用の目標と基本方針」を策定（2011年3月）
保存	古都における歴史的風土の保存に関する特別措置法（古都保存法）
活用	観光、教育、まちづくり
世界遺産教育	奈良市では、世界遺産学習とESD（持続発展教育）を連携させた奈良市版ESDを推進している。
まちづくり	奈良市第3次総合計画（2001-2010）「世界遺産に学び、ともに歩むまち　なら」
イベント	平城遷都1300年（2010年）
問題点	交通渋滞、駐車中のアイドリング
解決策	マイカーの市の中心部への侵入抑制
危機因子	地震、火災、台風、車の排ガス
課題	●景観問題 ●包括的保存管理計画の策定 ●大安寺、西大寺などの追加登録の検討の余地
保護関連機関	奈良公園管理事務所、奈良市経済部世界遺産室、奈良県教育委員会、文化庁

備考
- 景観への負の影響が懸念される若草山（世界遺産のバッファー・ゾーン内）におけるモノレール設置検討の注視。
- 2011年の第35回世界遺産委員会パリ会議で、2010年に開催された平城遷都1300年祭に合わせて奈良県が設置した平城宮跡の仮設駐車場と全長約800mの木製の柵の撤去を日本に要請。
- 平城宮跡に高速道路のトンネルを建設する計画があり、地下に眠る木簡などの貴重な遺産への影響が懸念されている。第28回世界遺産委員会蘇州会議で、委員会は日本政府に対し、影響を最小限にするよう決議した。

構成資産面積

登録資産	登録資産面積（ha）	緩衝地帯面積（ha）	歴史的環境調整区域面積（ha）
東大寺	68.9	1,311.6	539.0
興福寺	12.4		
春日大社	93.1		
春日山原始林	298.6		
元興寺	0.8		
薬師寺	5.1	186.3	
唐招提寺	9.1		
平城宮跡	128.9	464.6	
合　計	616.9	1,962.5	539.0

古都奈良の文化財

〈東大寺〉（とうだいじ）

〒630-8211　奈良市雑司町406-1　℡0742-22-5511

仏の加護により国家を鎮護しようとした聖武天皇の発願で建立された官寺。大仏建立の勅願を発令し、その大仏を安置する寺として国力を挙げて造営された。751年に金堂（大仏殿）が完成し、翌752年に開眼供養が行われた。以後次々と堂塔が建設され40年近くかかって奈良時代の末に寺観が整った。大仏（盧舎那仏坐像）は大仏殿と一体の物として登録されている。

国宝建造物　金堂（大仏殿）、南大門、三月堂（法華堂）、正倉院正倉、転害門、鐘楼、本坊経庫、開山堂

重要文化財　中門、東廻廊、西廻廊、東楽門、西楽門、勧進所経庫、法華堂経庫、法華堂北門、

東大寺　金堂（大仏殿）

二月堂閼伽井屋、二月堂仏餉屋、三昧堂、念仏堂、大湯屋、法華堂手水屋、二月堂参籠所、二月堂、手向山神社境内社住吉神社本殿、手向山神社宝庫

史跡　東大寺旧境内、東大寺東南院旧境内

伝統行事　修二会　　　3月1日〜14日（二月堂　お水取り12日）
　　　　　　　お身ぬぐい　8月7日

拝観時間　大仏殿、法華堂、戒壇堂　4月〜9月　7：30〜17：30　　　10月　7：30〜17：00
　　　　　　　　　　　　　　　　　　11月〜2月　8：00〜16：30　　　3月　8：00〜17：00

参拝、或は見学が可能な指定文化財については、制限のあるものがあるので要確認のこと。

交通アクセス　●JR奈良駅前から市内循環バス「大仏殿春日大社前」下車、徒歩5分。
　　　　　　　　●近鉄奈良駅前から東北へ1.5km、徒歩20分。

〈興福寺〉（こうふくじ）　　〒630-8213　奈良市登大路町48　℡0742-22-7755

710年（和銅3）、藤原不比等が飛鳥から平城宮へ前身の厩坂寺を移転したもので、藤原氏の氏寺として藤原一族の隆盛とともに寺勢を拡大した。主要堂塔の建立の発願は天皇や皇后によるものが多く、造営工事も朝廷の直営で行われた。法相宗の総本山。奈良時代には南都四大寺、平安時代には南都七大寺のひとつとして栄えた。しかし、戦国時代に入るとその勢いは衰え、1717年には北円堂、東金堂、食堂以外の伽藍を焼失した。また、明治時代初めの神仏分離令、廃仏毀釈、社寺上地令などで廃寺同然となり荒れ果てた。現在の堂塔は、鎌倉以降の建物を一部残し徐々に再建され、広い境内には国宝の東金堂・五重塔などが建ち並ぶ。

国宝建造物　北円堂、五重塔、三重塔、東金堂

重要文化財　南円堂、大湯屋

史跡　興福寺旧境内

拝観時間　国宝館、東金堂　9:00〜17:00（入場16:00まで）

交通アクセス

●JR奈良駅前から市内循環バス「県庁前」下車すぐ。

●近鉄奈良駅前から徒歩5分。

興福寺　五重塔

〈春日大社〉
かすがたいしゃ

〒630-8212　奈良市春日野町160　℡0742-22-7788

神の降臨する山として神聖視されていた御蓋山
の麓に、藤原氏の氏神を祀った神社。茨城の鹿
島神宮から武甕槌命を祀ったのが始まりといわ
れる。興福寺と同様、藤原氏の勢力拡大ととも
に社殿が次々と造営された。中世以降は、信仰
も庶民の間に広がり、多くの石灯籠、釣灯篭が
庶民から寄進され、その数は3,000基近くにもな
る。明治の廃仏毀釈により、神社として確立し
た。武甕槌命が白鹿に乗って来たことから、鹿
が神の使いとされ、保護されてきた。

春日大社　中門

国宝建造物　本社本殿4棟

重要文化財　本社中門、本社東御廊、本社西及び
北御廊、本社捻廊、本社幣殿、本社直会殿、本社移殿、本社宝庫、本社南門、本社慶賀門、本社清浄
門、本社内侍門、本社廻廊、本社車舎、本社着到殿、本社竈殿、本社酒殿、本社板蔵、本社一の鳥居、
摂社若宮神社本殿、摂社若宮神社拝舎、摂社若宮神社細殿及び神楽殿、摂社若宮神社手水屋

史跡　春日大社境内

伝統行事　中元万灯籠　　　　　8月14日～15日
　　　　　　春日若宮おん祭　　12月15日

拝観時間　萬葉植物園　9:00～16:00
　　　　　　宝物殿　4月～10月　8:30～16:30　　11月～3月　9:00～16:00

交通アクセス　●JR奈良駅前から市内循環バス8分「春日大社表参道」下車、徒歩5分。

〈春日山原始林〉
かすがやまげんしりん

841年に伐採が禁止されて以来、御蓋山とともに春日大社の社業として保護されてきた原始林。
社殿と一体となって形成されてきた大社の文化的な景観を構成する資産。1871年に国有地となり、
1880年に設定された奈良公園の範囲が1888年に拡張された公園地となった。これにより、寺院・
神社と自然が一体となった環境が保存されるこ
ととなった。春日山原始林は、1924年に天然記
念物に、1955年には特別天然記念物に指定され
た。2002年に原始林を対象とした巨樹・巨木調
査が行われ、巨木1400本余が確認された。ま
た、貴重な植物やシダ類、コケ類、鳥類、昆虫
が生息している。周遊道路が自然探勝路として
開放され、自動車の通行が認められている区間
もあるが、1970年代に原始林の保護のため、森
林内への立ち入りは禁止されている。

特別天然記念物　春日山原始林

奈良奥山ドライブウェイ
●奈良公園の東、若草山、春日山、高円山の三山をつなぐ全12kmのドライブコース。その一部
は原始林の中を縫って走っている。

交通アクセス
●近鉄奈良駅前から奈良交通バス春日大社行き乗車「春日大社本殿」下車、徒歩5分で遊歩道
　の入り口に到着。うぐいす滝まで徒歩1時間位。
●奈良奥山ドライブウェイでうぐいす滝まで車で行くことができる。

古都奈良の文化財

〈元興寺〉 <small>がんごうじ</small>

〒630-8392　奈良市中院町11　　℡0742-23-1377

元興寺は、6世紀に蘇我馬子が造営した飛鳥寺を平城京に移転したもの。かつては南都七大寺の一つとして威勢をふるっていたが、平安遷都とともにその勢力も衰えていったが、12世紀頃から「極楽坊」と呼ばれていた僧坊の一部が浄土教念仏道場として、次第に元興寺から分離していった。極楽坊の建物は、鎌倉時代に現在の禅室と本堂の形態になり、ここでは盛んに念仏講が行われた。本堂は、中心に内陣を配し、周囲を念仏を唱えながら回れるように外陣が取り巻いている。内陣は四隅を丸柱とし、その柱間を3等分して角柱が立てられている。元興寺自体

元興寺　極楽坊

は、1451年の火災で焼失し、現在は、極楽坊の禅室と本堂に当時の盛大さを偲ぶのみとなっている。極楽坊の周辺には、江戸時代の古い町家が残り、伝統的な町並の景観が広がっている。

国宝建造物　本堂極楽堂(極楽坊)、禅室
重要文化財　極楽坊東門
史跡　元興寺極楽坊境内
拝観時間　9:00 〜 17:00（冬期　16:30）**拝観不可**　12月28日〜1月4日（境内は可）
交通アクセス　　●JR奈良駅前から徒歩20分、近鉄奈良駅前から徒歩10分

〈薬師寺〉 <small>やくしじ</small>

〒630-8042　奈良市西ノ京町457　　℡0742-33-6001

680年、天武天皇の発願で建立された官寺で、平城遷都に伴い718年に藤原京から現在地へ移転された。法相宗の大本山。730年には東塔が建立された。

金堂、講堂などを中心に、東塔、西塔の二つの三重塔を配する伽藍配置は、薬師寺伽藍配置と呼ばれる独特なもの。973年に金堂、東西両塔を除きほぼ焼失、1445年には大風で金堂が倒壊、1528年には兵火で西塔が失われた。創建当時の姿をそのままに残すのは東塔のみで、1976年に金堂が再建されたのをはじめ、1981年に西塔、1984年に中門、2003年に大講堂も完成した。

国宝建造物　東塔、東院堂
重要文化財　本殿、南門、休岡八幡神社社殿、休岡若宮社社殿
史跡　薬師寺旧境内
拝観時間　8:30 〜17:00（受付16:30まで）
交通アクセス

●JR奈良駅前から六条山行・法隆寺前行バス18分
　薬師寺前下車　徒歩5分
●近鉄橿原線西ノ京駅下車すぐ

薬師寺東塔

〈唐招提寺〉
とうしょうだいじ

〒630-8032　奈良市五条町13-6　℡0742-33-7900

戒律を学ぶための寺として唐僧・鑑真が759年に創建した寺。南都六宗のひとつである律宗の総本山。教義上、立派な伽藍よりも、住むに足るだけの僧坊・食堂と仏法を講じる講堂が必要ということで、これらの建物が最初に建設された。鑑真の没後、奈良時代末に"天平の甍"と称される金堂が完成、810年には五重塔が建立され、伽藍が整った。境内は、創建以来火災がなく近世に至った。1802年、五重塔を雷火で失ったが、金堂、講堂、宝蔵など創建時の姿をよくとどめている。

唐招提寺　金堂

国宝建造物　金堂、講堂、鼓楼、経蔵、宝蔵
重要文化財　礼堂
史跡　唐招提寺旧境内
拝観時間　8:30〜17:00（受付 16:30まで）
交通アクセス　●JR奈良駅前から六条山行・法隆寺前行バス17分、唐招提寺前下車 徒歩5分
　　　　　　　　●近鉄橿原線西ノ京駅から700m
備考　2000年より始まった金堂平成大修理事業は、10年の歳月を経て、2009年11月に落慶法要が営まれた。

〈平城宮跡〉
へいじょうきゅうせき

平城宮は、平城京の中央北端に位置する宮城で、東西1.3km、南北1km、面積120haの広がりをもつ。内部には国の政治や儀式を行う大極殿や朝堂院、天皇の居所である内裏、役所などがあった。木造建築のため、地上の構造物の大半は失われ、土壇などの地形に痕跡をとどめるのみで

あるが、地下遺構はほぼ完全に保存されているほか、土器・瓦・木簡などの豊富な遺物が埋蔵されており、失われた古代宮の遺跡としての歴史的・考古学的価値が極めて高い。平城宮跡の発掘調査は1955年にはじまり、1959年からは年間を通して継続的に行われ、現在も進行中である。1998年に朱雀門、東院庭園が復原された。平城遷都1300年にあたる2010年には、平城宮の中核をなす第一次大極殿の復原工事が完成した。また、特別史跡平城宮跡の国有地を中心に、史跡平城京朱雀大路跡とその東側を加え、

「国営平城宮跡歴史公園」とし、その周辺と合わせ、合計約132haの区域について、奈良県が中心となり一体的な公園整備を行っている。

特別史跡　平城宮跡
見学　●平城宮跡資料館　●平城宮跡遺構展示館　●第一次大極殿　●東院庭園　●朱雀門
　　　　●平城京歴史館　〒630-8012　奈良市二条大路南4-6-1　℡0742-35-8201
交通アクセス　●近鉄西大寺駅から徒歩約10分
　　　　　　　　●JR近鉄奈良駅から西大寺駅行バス17分　平城宮跡下車

古都奈良の文化財や観光宿泊等に関する現地照会先

● (財)奈良県ビジターズビューロー	〒630-8213	奈良市登大路町38-1-2F	℡0742-23-8288
● 奈良県地域振興部観光局	〒630-8501	奈良市登大路町30	℡0742-27-8482
● 奈良県教育委員会文化財保存課	〒630-8501	奈良市登大路町30	℡0742-27-9864
● 奈良市観光経済部観光振興課	〒630-8580	奈良市二条大路南1-1-1	℡0742-34-5135
● 奈良市教育総務部文化財課	〒630-8580	奈良市二条大路南1-1-1	℡0742-34-5369
● (社)奈良市観光協会	〒630-8228	奈良市上三条町23-4	℡0742-27-8866
● 奈良市総合観光案内所	〒630-8122	奈良市三条本町1082	℡0742-27-2223
● JR奈良駅観光案内所	〒630-8228	奈良市三条本町1-1	℡0742-22-9821
● 近鉄奈良駅総合観光案内所	〒630-8215	奈良市東向中町28	℡0742-24-4858
● 猿沢観光案内所	〒630-8213	奈良市登大路町49	℡0742-26-1991
● 奈良ガイド協会	〒630-8295	奈良市半田突抜町3	℡0742-23-2180

参考資料

● 「世界遺産一覧表記載推薦書　古都奈良の文化財」　　文化庁
● 「古都奈良の文化財」の世界遺産推薦について」　　文化庁文化財保護部記念物課
● 「平城宮　特別史跡　平城宮跡」奈良国立文化財研究所　平城宮跡資料館・遺構展示館
● 「世界遺産古都奈良の文化財　東大寺・興福寺・春日大社・春日山原始林・元興寺・薬師寺・
　 唐招提寺・平城宮跡」　　　　　　　　　　　　　　　　奈良市

参考URL　　　　ユネスコ世界遺産センター　　**http://whc.unesco.org/en/list/870**
　　　　　　　　世界遺産「古都奈良の文化財」**http://www.narashikanko.jp/j/isan/**

当シンクタンクの協力

ユネスコ・アジア文化センター（ACCU）主催「世界遺産教室」
● 「世界遺産を通じて地理を学ぶ」（奈良県立桜井商業高校）　　　　　　　2006年10月 4日
● 「世界遺産を通じた国際理解とコミュニケーション」（奈良県立高取国際高校 2006年11月29日
● 「世界遺産と地域創生」（奈良県立西の京高校）　　　　　　　　　　　　2007年 2月13日

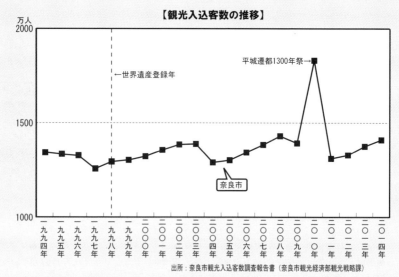

【観光入込客数の推移】

←世界遺産登録年

平城遷都1300年祭→

奈良市

出所:奈良市観光入込客数調査報告書（奈良市観光経済部観光戦略課）

参考：奈良市人口　360,312人（2017年2月1日現在）

古都奈良の文化財

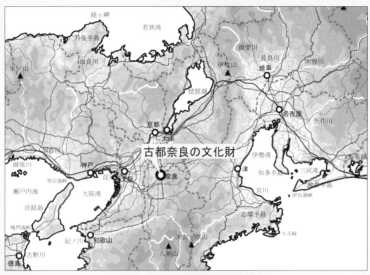

北緯34度40分32秒　東経135度50分22秒

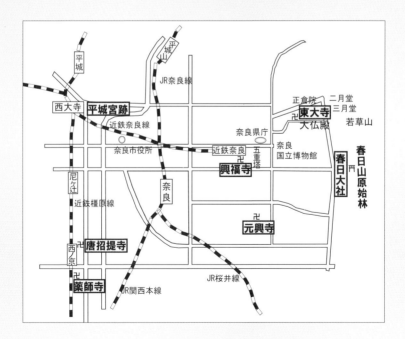

日 光 の 社 寺

日光の社寺

登録遺産名	**Shrines and Temples of Nikko**
遺産種別	**文化遺産**

登録基準　(i) 人類の創造的天才の傑作を表現するもの。
　　　　　(iv) 人類の歴史上重要な時代を例証する、ある形式の建造物、建築物群、技術の集積、または、景観の顕著な例。
　　　　　(vi) 顕著な普遍的な意義を有する出来事、現存する伝統、思想、信仰、または、芸術的、文学的作品と、直接に、または、明白に関連するもの。

暫定リスト登載　1992年　　**日本政府推薦**　1998年6月
ICOMOS調査　1998年12月　ジャンルイ・ルクセン氏（ICOMOS・パリ本部事務総長）
　　　　　　　　　　　　　　グォ・ツァン氏（中国ICOMOS委員長）
登録年月　　　1999年12月（第23回世界遺産委員会マラケシュ会議）

登録遺産面積　**コア・ゾーン**　50.8ha　**バッファー・ゾーン**　373.2ha　**合計**　424.0ha

登録遺産の概要　日光の社寺は、栃木県の日光市内にあり、二荒山神社、東照宮、輪王寺の2社1寺とその境内地からなる。その中には、江戸幕府の初代将軍徳川家康（1542〜1616年）を祀る東照宮の陽明門や三代将軍家光（1604〜51年）の霊廟がある輪王寺の大猷院などの国宝9棟、二荒山神社の朱塗が美しい神橋などの重要文化財94棟の計103棟の建造物群が含まれる。二荒山神社は、日光の山岳信仰の中心として古くから崇拝されてきた神社であり、中世には多数の社殿が造営された。また、江戸時代に入り、江戸幕府によって、新たに本殿や諸社殿が造営された。東照宮は、徳川家康の霊廟として、1617年に創建され、主要な社殿は、三代将軍家光によって1636年に造営された。東照宮の建築により、「権現造」様式や、彫刻、彩色等の建築装飾の技法が完成され、その後の建築様式に大きな影響を与えた。輪王寺は、8世紀末に日光開山の勝道上人が創建した四本竜寺に起源をもち、日光山の中心寺院として発展してきた。1653年には三代将軍徳川家光の霊廟である大猷院霊廟が造営され、輪王寺は、徳川幕府の崇拝を受けた。登録遺産は、徳川幕府（1603〜1867年）の祖を祀る霊廟がある聖地として、諸国大名の参拝はもちろん、歴代の将軍の参拝や朝廷からの例幣使の派遣、朝鮮通信使の参拝などが行われ、江戸時代の政治体制を支える重要な歴史的役割を果たした。また、日光山中の建造物群周辺の山林地域は、日光の山岳信仰の聖域とされ、自然と社殿が調和した文化的景観を形成する不可欠な資産となっている。

分類　　　　建造物群、遺跡
特色　　　　17世紀の徳川幕府の墓所を中心とする宗教施設複合体
特質　　　　「権現造り」という建築様式、日本独特の神道思想と密接に関係した自然環境
所在地　　　栃木県日光市
日光開山　　仏僧勝道（8世紀末）
所有者　　　各社寺
保護　　　　**文化財保護法**
　　　　　　〔国宝・建造物〕東照宮 8棟　輪王寺 1棟　の 9棟
　　　　　　〔国の重要文化財・建造物〕二荒山神社23棟、東照宮34棟、輪王寺37棟の94棟、計 103棟
　　　　　　〔国指定史跡〕　日光山内
　　　　　　自然公園法　日光国立公園（特別保護地区、特別地域、普通地域）
　　　　　　都市計画法、森林法、河川法、砂防法

景観保全	日光市景観条例　景観計画重点地域（登録資産全域とバッファーゾーンの一部）
保存	㈶日光社寺文化財保存会　〒321-1431　日光市山内2281　℡0288-54-0186
	保存技術の保護・伝承（建造物彩色、建造物木工、建造物漆塗、建造物錺金具等）
管理計画	「史跡日光山内保存管理計画」（日光市教育委員会）
	「日光国立公園日光地域管理計画」（環境省）

担当部局
- ●栃木県教育委員会文化財課　〒320-8501　宇都宮市塙田1-1-20南庁舎2号館5F　℡028-623-3421
- ●日光市教育委員会文化財課　〒604-8006　日光市中央町15-4　℡0288-30-1861
- ●「史跡日光山内」保存・活用協議会

活用	宝物館（殿）、博物館、美術館
	●日光東照宮新宝物館　〒321-1431　日光市山内2301　℡0288-54-2558
	●日光山輪王寺宝物殿　〒321-1494　日光市山内2300　℡0288-54-0531
	●日光二荒山神社宝物館　〒321-1661　日光市中宮祠2484　℡0288-55-0017
	●小杉放菴記念日光美術館　〒321-1431　日光市山内2388-3　℡0288-50-1200

注意（留意）事項	●ゴミはもちろん、木造建造物が多いので特にタバコのポイ捨ては厳禁。
	●重要文化財には一切触れないこと。
社寺拝観	参拝時間　4月〜10月　8:00〜17:00・11月〜3月　8:00〜16:00
	二社一寺（東照宮、輪王寺、二荒山神社）
危機因子	地震、火災、風水害、落雷、落書
課題	●継続的な保存・保全への取り組み
	●日光杉並木の扱い
問題点	慢性的な交通渋滞

構成資産

〈東照宮〉（とうしょうぐう）　〒321-1431　日光市山内2301　℡0288-54-0560

徳川家康の霊廟として、1617年に創建され、主要な社殿は、三代将軍家光によって1636年に造営された。東照宮の建築により、「権現造」様式や彫刻、彩色等の建築装飾の技法が完成された。国宝の陽明門をはじめ、三猿で有名な神厩舎、左甚五郎作の眠り猫の坂下門などが見どころ。

〔国宝・建造物〕本殿、石の間及び拝殿、正面及び背面唐門、東西透塀、陽明門、東西廻廊
〔国の重要文化財・建造物〕上社務所、神楽殿、神輿舎、鐘楼、鼓楼、本地堂、経蔵、上神庫、中神庫、下神庫、水屋、神厩、表門、五重塔、石鳥居、坂下門、奥社宝塔、奥社唐門、奥社石玉垣、奥社拝殿、奥社銅神庫、奥社鳥居、奥社石柵、仮殿本殿、仮殿相之間、仮殿拝殿、仮殿唐門、仮殿掖門及び透塀、仮殿鳥居、仮殿鐘楼、御旅所本殿、御旅所拝殿、御旅所神饌所
〔国の史跡〕日光山内

活用　●日光東照宮新宝物館　℡0288-54-2558
伝統行事　●日光天下祭（日光市）4月29日
- ●東照宮例大祭　5月、10月
  　流鏑馬、百物揃千人武者行列

備考
- ●2013年6月より6年間の予定で、本殿・石の間・拝殿、陽明門の2棟の大修理が行われている。
- ●2015年、東照宮400年式年大祭
- ●2015年3月、新宝物館が開館した。

日光東照宮　陽明門

日光の社寺

〈輪王寺〉　　　〒321-1494　栃木県日光市山内2300　℡0288-54-0531

8世紀末に日光開山の勝道が創建した四本竜寺に起源をもち、日光山の中心寺院として発展してきた。1653年には三代将軍徳川家光の霊廟である大猷院霊廟が造営され、輪王寺は徳川幕府の崇拝を受けた。

〔国の重要文化財建造物〕

<u>輪王寺</u>　本堂（三仏堂）、相輪橖、本坊表門、開山堂、常行堂、法華堂、常行堂法華堂渡廊、慈眼堂廟塔、慈眼堂拝殿、慈眼堂経蔵、慈眼堂鐘楼、慈眼堂阿弥陀堂、児玉堂、護法天堂、観音堂、三重塔

<u>大猷院霊廟</u>別当竜行院、唐門、瑞垣、掖門、御供所、御供所渡廊、夜叉門、夜叉門左右廻廊、鐘楼、鼓楼、二天門、西浄、水屋、宝庫、仁王門、皇嘉門、奥院宝塔、奥院鋳抜門、奥院拝殿

〔国の史跡〕日光山内

伝統行事
- 歳旦会　　　　　　　　　1月1日
- 節分会追儺式（三仏堂）　2月3日
- 強飯式　　　　　　　　　4月2日
- 延年舞　　　　　　　　　5月17日
- 日光山輪王寺薪能　　　　8月第3金・土曜日

備考
- 2020年度までの予定で、本堂（三仏堂）の大修理が行われている。
- 2011年4月、三仏堂の大伽藍を覆う「素屋根」が完成し、特設の「展望見学通路（天空回廊）」がオープン、約10年にわたる解体修理の間、お堂と本尊を守ると共に、修理現場を見学できる。

日光山　輪王寺　大猷院

〈二荒山神社〉　　　〒321-1431　日光市山内2307　℡0288-54-0535

二荒山というのは、男体山の別名。二荒山神社は、日光の山岳信仰の中心として大己貴命、田心姫命、味耜高彦根命を祭神として古くから崇拝されてきた。嘉祥3年（850年）には、現在の東照宮鐘楼付近に社殿が移転され、新宮と呼ばれ、現在の本宮神社付近にも本宮の社殿が構えられ、滝尾の三社を合わせて、日光三社と呼ばれた。中世には、日光の山岳信仰が隆盛をきわめ多数の社殿が造営された。また、江戸時代の元和5年（1619年）には、東照宮の造営に伴い徳川幕府によって、新たに本殿や諸社殿が造営された。

祭神　大己貴命、田心姫命、味耜高彦根命

〔国の重要文化財・建造物〕本殿、唐門、掖門及び透塀、拝殿、鳥居、神橋、別宮滝尾神社本殿、別宮滝尾神社唐門、別宮滝尾神社拝殿、別宮滝尾神社楼門、別宮滝尾神社鳥居、別宮本宮神社本殿、別宮本宮神社唐門及び透塀、中宮祠本殿、中宮祠拝殿、中宮祠中門、中宮祠掖門及び透塀、中宮祠鳥居、神輿舎、大国殿、末社朋友神社本殿、末社日枝神社本殿、末社本宮神社拝殿、末社本宮神社鳥居

〔国の史跡〕日光山内

活用　日光二荒山神社宝物館
〒321-1661　日光市中宮祠2484　℡0288-55-0017

見所と景観　●神橋　●別宮滝尾神社本殿
- 神輿舎

伝統行事
- 歳旦祭　　　　　　　　　1月1日
- 武射祭　　　　　　　　　1月4日
- 弥生祭　　　　　　　　　4月17日
- 日光天下祭　　　　　　　4月29日
- 日光だいこくまつり　　　6月第2土・日曜日
- 男体山登拝大祭　　　　　8月1日〜7日

二荒山神社　本殿

ゆかりの人物	勝道上人、天海大僧正、徳川家康、徳川家光、左甚五郎、狩野探幽、甲良豊後守宗広、藤堂高虎
姉妹都市	八王子市（東京都）、苫小牧市（北海道）、小田原市（神奈川県）

日光の社寺や観光宿泊等に関する現地照会先
●栃木県観光交流課　　〒321-1404　宇都宮市塙田1-1-20-6F　　　　　℡028-623-3210
●㈳栃木県観光物産協会　〒320-0033　宇都宮市本町3-9-1F　　　　　℡028-623-3213
●世界遺産「日光の社寺」プロモーション委員会
　　　　　　　　　　　〒321-1292　日光市今市本町1日光市総合政策課内　℡0288-21-5131
●日光市文化財課　　　〒321-1292　日光市今市本町1　　　　　　　℡0288-22-1111
●日光市観光振興課　　〒321-1292　日光市今市本町1　　　　　　　℡0288-21-5170
●㈳日光観光協会　　　〒321-1404　日光市御幸町591郷土センター内　℡0288-53-2496

備考　日光の社寺は、2014年12月に世界遺産登録15周年を迎えた。

参考資料
●「世界遺産一覧表記載推薦書　日光の社寺」　文化庁
●「世界遺産　日光の社寺」　　　　　　　　　日光市教育委員会事務局　社会教育課
●「日光東照宮語りつぐ」　　　　　　　　　　稲葉久雄宮司著
●甦る日光・社寺を描いた水彩画　　　　　　　小杉放菴記念日光美術館

参考URL　　ユネスコ世界遺産センター　　**http://whc.unesco.org/en/list/913**
　　　　　　世界遺産日光の社寺　　　　　**http://www.sekaiisan-.nikko.jp/archives/744**
　　　　　　世界遺産日光の社寺（日光市）**http://www.city.nikko.lg.jp/bunkazai/kankou/shaji/**
　　　　　　日光東照宮　　　　　　　　　**http://www.toshogu.jp/**
　　　　　　日光輪王寺　　　　　　　　　**http://www.rinnoji.or.jp/**
　　　　　　日光二荒山神社　　　　　　　**http://www.futarasan.jp/**

日光の社寺

日光東照宮で毎年5月18日と10月17日に行われる百物揃千人行列

日光の社寺

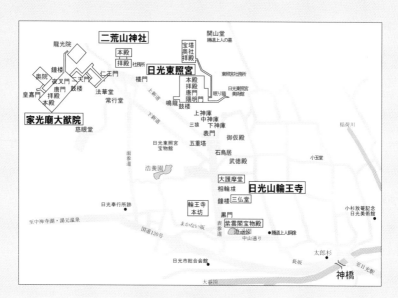

【観光入込客数の推移】

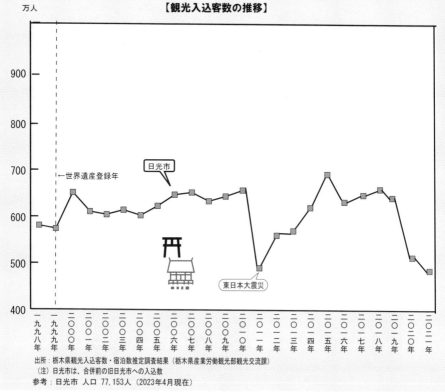

出所：栃木県観光入込客数・宿泊数推定調査結果（栃木県産業労働観光部観光交流課）
（注）日光市は、合併前の旧日光市への入込数
参考：日光市 人口 77,153人（2023年4月現在）

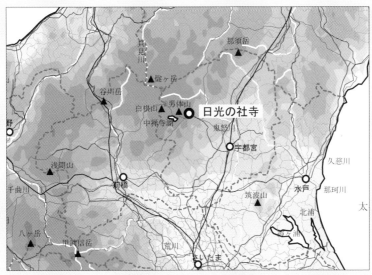

北緯36度44分51秒　東経139度36分38秒

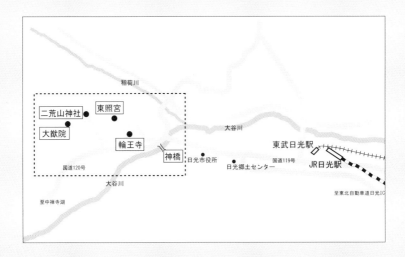

交通アクセス　●**電車**　浅草駅から東武日光線特急（スペーシア）で1時間40分、東武日光駅下車。
　　　　　　　　　　　　上野駅からJR東北本線快速で1時間30分、宇都宮駅下車
　　　　　　　　　　　　日光線に乗り換えて45分日光駅下車。東武、JR日光駅から東武バス
　　　　　　　　●**車**　日光宇都宮道路日光ICから国道119号で約2.5km
　　　　　　　　●東武バス神橋駅、または、西参道駅から徒歩5分。

琉球王国のグスク及び関連遺産群

登録遺産名	**Gusuku Sites and Related Properties of the Kingdom of Ryukyu**
遺産種別	**文化遺産**

登録基準　(ii) ある期間を通じて、または、ある文化圏において、建築、技術、記念碑的芸術、町並み計画、景観デザインの発展に関し、人類の価値の重要な交流を示すもの。

(iii) 現存する、または、消滅した文化的伝統、または、文明の、唯一の、または、少なくとも稀な証拠となるもの。

(vi) 顕著な普遍的な意義を有する出来事、現存する伝統、思想、信仰、または、芸術的、文学的作品と、直接に、または、明白に関連するもの。

暫定リスト登載　1992年　　**日本政府推薦**　1999年9月

登録年月　　　2000年12月（第24回世界遺産委員会ケアンズ会議）

登録遺産面積　**コア・ゾーン**　54.9ha　**バッファー・ゾーン**　559.7ha

登録遺産の概要　琉球王国のグスク及び関連遺産群は、日本列島の最南端に位置する島嶼沖縄県の那覇市など3市4村にまたがって点在する。14世紀中頃には三王国が分立していた琉球が、琉球王国への統一に動き始める14世紀後半から、王国が確立した後の18世紀末にかけて生み出された琉球地方独自の特徴を表す文化遺産群である。今帰仁城跡、座喜味城跡、勝連城跡、中城城跡、首里城跡、園比屋武御嶽石門、玉陵、識名園、斎場御嶽の9つからなり、国の重要文化財（2棟）、史跡（7）、特別名勝（1）にも指定されている。今帰仁城、座喜味城、勝連城、中城城は、いずれも三国鼎立期から琉球王国成立期にかけて築かれた城で、首里城は琉球王の居城として中心となった建物、さらに王室関係の遺跡として園比屋武御嶽石門、玉陵、識名園がある。また、中央集権的な王権を信仰面で支える国家的な祭祀の場として斎場御嶽も登録されている。沖縄の城（グスク）には必ず霊地としての役割があり、地域の信仰を集める場所であったと考えられている。琉球諸島は東南アジア、中国、朝鮮、日本の間に位置し、それらの文化・経済の中継地であったと同時に、グスク（城塞）を含む独自の文化財および信仰形態をともなっている。2019年10月31日午前2時半ごろ首里城の火災が発生、正殿については、2022年中に着工し2026年までに復元する方針で、全焼した北殿や南殿は、跡地を正殿建設の作業場として利用し、2026年度中に着工する予定。

分類	遺跡、建造物群、モニュメント
特色	中国、日本、朝鮮、東南アジア諸国と交わりつつ成立した「琉球王国」という独立国家の所産であり、独自の発展を遂げた特異性を示す事例群。
特質	御嶽は琉球地方独自の信仰形態
建立年代	14世紀後半〜18世紀末
所在地	沖縄県（那覇市、うるま市、南城市、国頭郡今帰仁村、中頭郡読谷村、中頭郡北中城村・中城村）
保護	**文化財保護法**
	〔国の重要文化財〕玉陵、園比屋武御嶽石門
	〔国の史跡〕玉陵、今帰仁城跡、座喜味城跡、勝連城跡、中城城跡、斎場御嶽、首里城跡（園比屋武御嶽石門を含む）
	〔国の特別名勝〕識名園
	沖縄県条例、各市町村条例
危機因子	台風、地震、崩落、火災
課題	歴史的風致景観保全との共存、調和
問題点	財政上の予算措置
保護関連機関	沖縄県教育委員会

琉球王国のグスク及び関連遺産群

構成資産面積

登録資産	登録資産面積（ha）	緩衝地帯面積（ha）
今帰仁城跡	7.9	25.3
座喜味城跡	4.4	78.9
勝連城跡	13.2	44.2
中城城跡	12.3	178.1
首里城跡	7.3	
園比屋武御嶽石門	0.008	136.9
玉陵	1.1	
識名園	4.2	84.2
斎場御嶽	4.5	12.1
合　　計	54.908	559.7

見所

〈今帰仁城跡〉（なきじんじょうあと）〒905-0428　国頭郡今帰仁村字今泊4874　℡0980-56-4400（今帰仁城跡管理事務所）

今帰仁城跡は、琉球に統一王朝が1429年に樹立される直前の三山時代（北山、中山、南山）（ほくざん、ちゅうざん、なんざん）の北山を治めた国王の居城の遺跡。14世紀ころの築城といわれ、標高100mの切り立った断崖の上にあり難攻不落のグスクとされた。6つの郭からなり、石垣の崩落した箇所や戦後の復元の箇所もあるが、大半は三山時代当時の状況を残している。1416年に北山が中山によって滅ぼされた後は、琉球王府から派遣された北山監守が置かれたが、17世紀後半には廃城になったといわれる。城内の発掘調査では、中国製の陶磁器類が大量に出土しており、北山王が盛んに海外交易を行っていたことがうかがえる。史跡に指定されている。

史跡　今帰仁城跡

観覧時間　8:00〜17:00（季節により延長あり）（大人400円　歴史文化センターと共通）

●今帰仁村歴史文化センター　〒905-0428　国頭郡今帰仁村字今泊5110　℡0980-56-5767

担当部局　●今帰仁村教育委員会社会教育課文化財係　℡0980-56-2645

参考URL　今帰仁城跡　http://nakijin-jo.jp/

交通アクセス　●本部循環線のバスで、今帰仁城入口下車。徒歩約15分。

●那覇から車で約2時間。

琉球王国のグスク及び関連遺産群

〈座喜味城跡〉
（ざきみじょうあと）

〒904-0301　中頭郡読谷村字座喜味708-6　℡098-982-9200（読谷村役場）

座喜味城跡は、1420年に有力な按司（首長）であった護佐丸によってに築城された城跡。護佐丸は、中山王の尚巴志と共に北山や南山と戦い琉球王国統一に活躍した武将である。琉球王国成立の初期、首里城と緊密な連携を図る防衛上の必要性から、眺望可能な標高120mの小高い丘の上に造営され、北山の滅亡後も旧勢力を監視する役割を果たした。グスクは、2つの郭からなる連郭式と呼ばれる方式で築城されており、沖縄最古のものといわれる切石で組んだアーチ型の石造り門が残っている。城壁は、琉球石灰岩を使用し、屏風状に築かれている。グスク内には、建物遺構のほか、守護神を祀った拝殿がある。座喜味城跡の一帯は、城跡公園として整備され、東シナ海、残波岬を一望することができる。

史跡　座喜味城跡
見学　自由
　　　●読谷村立歴史民俗資料館　〒904-0301　中頭郡読谷村座喜味708-6　　℡098-958-3141
担当部局　　　　　●読谷村教育委員会文化振興課　　　　　　　　　℡098-958-3141
交通アクセス　　　●那覇バスターミナルより㉙線で座喜味入口下車、徒歩20分。
　　　　　　　　　●那覇から車で国道58号線北向50分、喜名交差点を右折して10分。

〈勝連城跡〉
（かつれんじょうあと）

〒904-2311　うるま市勝連南風原3908
℡098-978-7373

琉球王国統一の過程で、最後まで国王に抵抗した有力按司、阿麻和利の居城跡。太平洋に突き出た勝連半島のほぼ中央の丘陵にあり、石積みの城壁の描くカーブが美しい。11〜12世紀の築城といわれ、15世紀に最も栄えた。1458年に中城に居城した按司護佐丸を滅ぼし、王権の奪取を狙って首里城を攻めたが、大敗して滅びた。これによって、首里城を中心とする中山の王権は安定した。現在は、連郭式の城郭が残されており、一の郭からは、中城湾、金武湾、太平洋が見渡せる眺望となっている。

史跡　勝連城跡
担当部局　　　　　●うるま市教育委員会文化課　〒904-2226　うるま市仲嶺175　℡098-973-4400
交通アクセス　　　●那覇バスターミナルからバスで約1時間40分、西原下車、徒歩10分
　　　　　　　　　●那覇空港から車で約1時間30分
参考URL　　　　　勝連城跡　**http://www3.ocn.ne.jp/~ktm**
備考
　●1458年に起こった「護佐丸・阿麻和利の変」は、組踊の傑作として知られる「二童敵討」（にどうてきうち）のモチーフになり、阿麻和利の謀略によって討伐された護佐丸の仇を討つ二人の遺児（鶴松と亀千代）が描かれている。
　●勝連城跡休憩所（2006年オープン）城跡から出土した遺物の展示、図書コーナーなどあり。
　●ボランティア案内人史跡ガイドの会による勝連城跡の案内を行っている。

琉球王国のグスク及び関連遺産群

〈中城城跡〉
なかぐすくじょうあと

〒901-2314　中頭郡北中城村、中城村　　℡098-935-5719

中城城跡は、太平洋に面した中城湾を見下ろすことのできる標高160mの石灰岩丘陵にある。琉球が海外貿易で栄えていた14〜15世紀に築かれた城で、築城家として名高い按司護佐丸が首里王府に対抗していた勝連城主の阿麻和利を牽制するため座喜味城より移り居城し、王権が安定化していく過程で重要な役割を果たした。六連郭の構造の城は、自然の岩盤も利用しながら、その上に珊瑚質石灰岩の切石を積み上げて築かれたもので、グスク美の最高峰といわれ、300あまりもあるといわれる沖縄のグスクの中でも最

も遺構がよく残っている。1853年に来航したアメリカのペリー提督は、中城城の調査を行い、その築城技術を高く評価した。

史跡　中城城跡　　観覧時間　8:30〜17:00（入場は16:30まで）　（大人　400円）

担当部局
●中城村教育委員会生涯学習課　　〒 901-2493　中頭郡中城村字当間176　　℡098-895-3707
●北中城村教育委員会生涯学習課　〒 901-2303　中頭郡北中城村字仲順435　℡098-935-3773
●中城城跡共同管理協議会　　　　〒 901-2314　中頭郡北中城村字大城503　℡098-935-5719

参考URL　　　中城城跡　http://www.nakagusuku-jo.jp/
交通アクセス　●那覇バスターミナルより東陽バス（30番）与那原経由で約50分
　　　　　　　　●那覇より車で約45分

〈首里城跡〉
しゅりじょうあと

〒903-0815　那覇市首里金城町1-2　℡098-886-2020（首里城公園管理センター）

首里城は、450年の歴史を誇る琉球王朝のシンボル。三山時代は中山国王の居城であったが、1429年に王国が統一されてからは、1879年に至るまで、歴代の国王の居城として琉球王国の政治・外交・文化の中心的な役割を果たした。第2次世界大戦の戦禍によって消失したが、1992年に復元された。正殿は、政務や儀式が行われた重要な建物で、沖縄最大の木造建築物。鮮やかな朱色や龍の文様などは中国の影響が、構造形式や唐破風屋根などは日本の影響がみられ、琉

球王国の成立を記念して尚清王の時に建てられたが、現存の建物は戦後復元された。

史跡　　首里城跡

担当部局　　　　●那覇市市民文化部文化財課　〒900-8585　那覇市泉崎1-1-1　℡098-917-3501
開館時間　　　　3月〜11月　9:00〜18:00　　12月〜2月　9:00〜17:30　　入館締切は、30分前
参考URL　　　　首里城　http://oki-park.jp/shurijo/
《首里城公園観光コース》●基本コース（所要時間1時間20分）
首里杜館〜守礼門〜園比屋御嶽石門〜歓会門〜瑞泉門〜漏刻門〜広福門〜奉神門〜御庭〜番所〜南殿〜正殿〜北殿〜右掖門〜久慶門〜首里杜館
交通アクセス　　●市内線バスで首里城公園下車、徒歩3分
　　　　　　　　　●ゆいレールで首里駅下車、徒歩15分

琉球王国のグスク及び関連遺産群

シンクタンクせとうち総合研究機構

〈園比屋武御嶽石門〉
そのひゃんうたきいしもん

〒903-0815　那覇市首里真和志1-7　℡098-886-2020

園比屋武御嶽石門は、守礼門と首里城歓会門との間に位置する。第二尚氏王統第3代王の尚真（在位1477〜1526）によって創建された石門で、国王が外出する際に、道中の安泰を祈願した拝所。元来、門としての機能をもつ建物ではなく、琉球固有の原始宗教である御嶽を拝する場所である。この門は、日本と中国の双方の様式を取り入れた琉球独特の石造建造物で、木造建築の様式に則って、垂木、唐破風、懸魚、棟飾り等の細部を石造に彫り込んで意匠している。石門は、扉は木製、それ以外は琉球石灰岩や微粒砂岩などが使用され、木造建築風。門の背後の

樹林地は、園比屋武御嶽と呼ばれる聖域となっている。戦後、一部伐採整地されたため、現在の遺存状況は良好ではないが、今日では門自体が拝所となっており、多くの人々が参拝に訪れる。門とその敷地は史跡「首里城跡」の一部。

史跡　首里城跡（1998年園比屋武御嶽を追加指定）

重要文化財　園比屋武御嶽石門

担当部局　　●那覇市市民文化部文化財課　〒900-8585　那覇市泉崎1-1-1　℡098-917-3501

交通アクセス　●市内線バスで首里城公園入口下車、徒歩5分

備考　「御嶽（うたき）」は、村落ごとにある聖域で、ここを中心に農耕儀式、漁労、狩猟儀式などの神に関わる行事が行われ、信仰の対象となった場所である。

〈玉陵（ぎょくりょう）〉
たまうどぅん

〒903-0815　那覇市首里金城町1-3　℡098-885-2861

玉陵は、首里城の西に位置し、第二尚氏王統第3代王の尚真（在位1477〜1526）によって築かれた墓室と石牆からなる第二尚氏王統歴代の陵墓で、沖縄における最大規模の墓の遺構。碑文から1501年頃の築造と推定される。周囲は高い石垣で囲まれ、外郭、内郭に分かれた構造になっている。内郭の奥には中室、東室、西室がある三基の巨大な墓室があり、近世日本の琉球地方

において確立された独自の石造記念建造物のデザインと構造をもつ貴重な事例である。中室は、亡くなった王の遺骸を骨になるまで安置する所で、洗骨後は、東室に王と王妃を、西室にはその他の王族を納骨した。墓室前面には、獅子や蓮華、鳳凰等の浮き彫りの施された石製欄干がある。内郭は、魔除けや清めのため珊瑚の破片が敷き詰められている。全体のつくりは、当時の板葺き屋根の宮殿を表した石造り建造物になっている。

重要文化財　玉陵

史跡　玉陵

担当部局　　●那覇市市民文化部文化財課　〒900-8585　那覇市泉崎1-1-1℡098-917-3501

観覧時間　　9:00〜18:00（入場締切　17:30）

交通アクセス　●市内線バスで首里城公園入口下車、徒歩5分

　　　　　　　●ゆいレール首里駅より徒歩15分

〈識名園〉
しきなえん

〒902-0000　那覇市字真地421-7　☎098-855-5936（識名園管理事務所）

識名園は、首里城の西南2km、湧水に富んだ高台にある華麗な琉球庭園。1799年に造営され琉球国王尚家の保養の場としての別邸として、また、国皇帝の使者である冊封使の接待など迎賓館としても使用され、王府の外交面において重要な役割を果たした。広い心字池を中心に、中国風のあずまやの六角堂、石造のアーチ橋、灯籠、中島などがある廻遊式庭園で、池の周囲に御殿、築山、花園を配置している。御殿は、当時の王国の上級階級だけに許された赤瓦屋根の木造平屋建築で、軒などに琉球地方独特の民家風の趣を取り入れている。近世日本の琉球地方において確立した独自の庭園デザインを示す貴重な事例である。沖縄戦で御殿や亭は壊滅したが復帰後20年余りの歳月を費やして復元された。首里城の南に位置することから、別名「南苑」、俗に「シチナヌウドゥン」（識名の御殿）とも呼ばれている。指定面積は41,997㎡で、そのうち、御殿（ウドゥン）をはじめとするすべての建物の面積は、643㎡となっている。

特別名勝　識名園
担当部局　●那覇市市民文化部文化財課　〒900-8585 那覇市泉崎1-1-1　☎098-917-3501
入園時間　4月〜9月 9:00〜17:30　10月〜3月 9:00〜17:00　水曜休（大人400円）
イベント　識名園歌会　11月3日
交通アクセス　●市内線バス　識名園前下車徒歩2分

〈斎場御嶽〉
せいふぁうたき

〒901-1511　南城市知念字久手堅270-1
☎098-949-1899

斎場御嶽は、第二尚氏王統第3代王の尚真が整備した国家的な宗教組織との関係が深い格式の高い御嶽。中央集権的な王権を信仰面、精神面から支える国家的な祭祀の場として重要な役割を果たした。正確な創設年代は不明だが、琉球の開闢神「アマミク」が創設した御嶽の一つといわれ、15世紀前半には、国王巡幸の記録もある。御嶽の中は、色々な形状の岩や樹林地となっており、大庫理、寄満、三庫理、チョウノハナ、チイタイイシなどの拝所があり、神々しい

三庫理（さんぐーい）の入口

雰囲気を醸し出している。第二次世界大戦以前は、男子禁制であったが、今では老若男女を問わず参拝に訪れることができる。斎場御嶽は、琉球地方に確立された独自の自然観に基づく信仰形態を表す顕著な事例である。

史跡　斎場御嶽
担当部局　●南城市教育委員会文化課　〒901-0695　南城市玉城富里143　☎098-946-8990
　　　　　　●緑の舘・セーファ　〒901-1511　南城市知念字久手堅270-1　☎098-949-1899
入館時間　9:00〜18:00（入館締切　17:30）（大人200円）
交通アクセス　●那覇バスターミナルから㊳線　斎場御嶽下車　徒歩10分
備考　●斎場御嶽の来場者の増加に伴い、オーバーユースによる聖地保護、自然保護のため、2012年度より年2回の一定期間の休息日を設けている。
　　　　●緑の舘・セーファ駐車場は廃止、車は、がんじゅう駅・南城、知念岬公園へ、そこから徒歩、或は、電動自転車で移動することとなった。

琉球王国の略史

14世紀初頭	三山対立（北山　今帰仁城、中山　浦添城、南山　島尻大里城が拠点）
1372年	中山王が初めて明に使者を送る。
1406年	尚巴志、中山王の武寧を滅ぼす。尚思紹（尚巴志の父）が中山王となり、第一尚氏王統が始まる。
	このころ、斎場御嶽創設。
1416年	尚巴志、北山の今帰仁城を攻め、北山を滅ぼす。
1420年	護佐丸、座喜味城築城。
1422年	尚巴志、二代目王に即位。グスクを首里城に移す。
	尚忠（尚巴志の第二子）が北山監守になり今帰仁城に派遣される。
1429年	尚巴志、南山を滅ぼし、三山統一がなされる。
1453年	王位継承をめぐる争い「志魯・布里の乱」が起こり、首里城焼失。
1458年	「護佐丸・阿麻和利の乱」勝連城の阿麻和利が中城城の護佐丸を滅ぼす。
	阿麻和利は、その後首里城奪取を狙うも失敗し討たれる。
1469年	当時の外交易長官であった金丸が政権奪取し、尚円王を名乗る。
1470年	尚円が第二尚氏王統の始祖となる。
1476年	尚円の子、尚真王即位。50年にわたって在位し、琉球王朝の最盛期を現出。
1799年	識名園造営。
1853年	ペリー提督、那覇に来航。中城城の調査を行う。
1879年	琉球王国崩壊、沖縄県誕生。

琉球王国のグスク及び関連遺産群や観光宿泊等に関する現地照会先

●(財)沖縄コンベンションビューロー　〒901-0152　那覇市小禄1831-1　　　　℡098-859-6123
●沖縄県文化観光スポーツ部観光政策課　〒900-8570　那覇市泉崎1-2-2　　　℡098-866-2763
●沖縄県教育委員会文化財課　〒900-8571　那覇市泉崎1-2-2　　　　　℡098-866-2731
●那覇市経済観光部観光課　〒900-8585　那覇市泉崎1-1-1　　　　　℡098-862-3276
●首里城公園管理センター　〒903-0812　那覇市首里金城町1-2　　　　℡098-886-2020

備考
●2025年　世界遺産登録25周年
●2019年に『琉球王国時代から連綿と続く沖縄の伝統的な「琉球料理」と「泡盛」、そして「芸能」』（沖縄県、那覇市、浦添市）が日本遺産に認定された。
●2010年に「組踊、伝統的な沖縄の歌劇」が、世界無形文化遺産の「代表リスト」に登録された。
●泡盛など「伝統的酒造り：日本の伝統的なこうじ菌を使った酒造り技術」世界無形文化遺産の「代表リスト」への登録に向けて提案中。

参考資料
●「世界遺産一覧表記載推薦書　琉球王国グスク及び関連遺産群」　文化庁
●「世界遺産　琉球王国グスク及び関連遺産群　玉陵・園比屋武御嶽石門・今帰仁城跡・座間味城跡・勝連城跡・中城城跡・首里城跡・識名園・斎場御嶽」　沖縄県教育委員会
●「沖縄の歴史と文化」　　　　　　　　　沖縄県教育委員会
●「琉球王国　大交易時代とグスク」　　　沖縄県立博物館友の会

参考URL
ユネスコ世界遺産センター　http://whc.unesco.org/en/list/972
首里城　http://oki-park.jp/shurijo/
中城城跡　http://www.nakagusuku-jo.jp/

当シンクタンクの協力

●琉球新報　朝刊「論壇」　「戦跡巡り、沖縄の在り方考える　真の自立への転換今こそ」（2023年6月11日）
●朝日新聞デジタル　桁違いの寄付集めたノートルダム　首里城再建への教訓　2019年11月9日
●週刊文春2019年11月14日号　首里城火災、関連記事　　　　　　　　2019年11月7日
●TBS あさチャン！『悲痛…首里城の大規模火災　出火・延焼の原因は？』　2019年10月29日

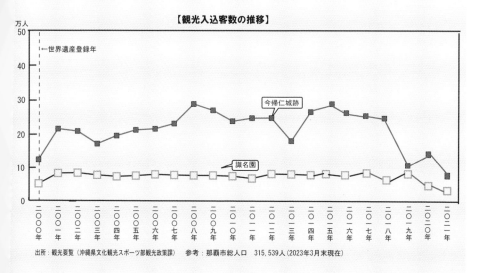

【観光入込客数の推移】

出所：観光要覧（沖縄県文化観光スポーツ部観光政策課）　　参考：那覇市総人口　315,539人（2023年3月末現在）

琉球王国のグスク及び関連遺産群

琉球王国のグスク及び関連遺産群

紀伊山地の霊場と参詣道

登録遺産名	Sacred Sites and Pilgrimage Routes in the Kii Mountain Range
遺産種別	文化遺産

登録基準	(ii)	ある期間を通じて、または、ある文化圏において、建築、技術、記念碑的芸術、町並み計画、景観デザインの発展に関し、人類の価値の重要な交流を示すもの。
	(iii)	現存する、または、消滅した文化的伝統、または、文明の、唯一の、または、少なくとも稀な証拠となるもの。
	(iv)	人類の歴史上重要な時代を例証する、ある形式の建造物、建築物群、技術の集積、または、景観の顕著な例。
	(vi)	顕著な普遍的な意義を有する出来事、現存する伝統、思想、信仰、または、芸術的、文学的作品と、直接に、または、明白に関連するもの。

暫定リスト登載	2001年	日本政府推薦 2003年1月
ICOMOS調査	2003年10月	黄瑛源氏（ICOMOS韓国国内委員会副会長 ソウル大学教授）
登録年月	2004年7月（第28回世界遺産委員会蘇州会議）	
	2016年7月（第41回世界遺産委員会イスタンブール会議）登録範囲の軽微な変更	

登録遺産の面積 コア・ゾーン 506.4ha←495.3ha バッファー・ゾーン 12,100ha←11,370ha

登録遺産の概要 紀伊山地の霊場と参詣道は、日本の中央部、紀伊半島の和歌山県、奈良県、三重県の三県にまたがる。森林が広がる紀伊山地を背景に、修験道の「吉野・大峯」、神仏習合の「熊野三山」、真言密教の「高野山」というように、それぞれ起源や内容を異にする三つの「山岳霊場」と、これらの霊場を結ぶ大峯奥駈道、熊野参詣道（小辺路・中辺路・大辺路・伊勢路）、高野参詣道の「参詣道」からなる。紀伊山地の霊場と参詣道は、紀伊山地の自然環境がなければ成り立つことがなかった「山岳霊場」と「参詣道」、そして、周囲を取り巻く「文化的景観」を特色とする、日本で随一、それに世界でも類例が稀な事例である。紀伊山地の霊場と参詣道は、神道と仏教の神仏習合を反映し、また、これらの宗教建築物群と森林景観は、1200年以上にわたって脈々と受け継がれてきた霊場の伝統を誇示している。2016年、第40回世界遺産委員会イスタンブール会議で「熊野参詣道」及び「高野参詣道」について、登録範囲の拡大（軽微な変更）が承認される予定だったが、トルコでのクーデター未遂事件の為、会期が短縮、10月にパリで開催される臨時世界遺産委員会で承認される予定である。

分 類	記念工作物、遺跡、文化的景観
時代区分	平安時代〜
特色	山岳霊場と参詣道、そして、周囲を取り巻く文化的景観
特質	神道と仏教の神仏習合
普遍的価値	日本で随一、世界でも類例稀な紀伊山地の山岳霊場、参詣道、それに、文化的景観
構 成	「霊場」（境内地を含む）と「参詣道」で構成される。
	「霊場」 吉野・大峯、熊野三山、高野山
	「参詣道」 大峯奥駈道、熊野参詣道（小辺路、中辺路、大辺路、伊勢路）、高野参詣道
所在地	三重県（尾鷲市、熊野市、度会郡大紀町、北牟婁郡紀北町、 　　　　南牟婁郡御浜町、紀宝町、紀和町、鵜殿村）
	奈良県（五條市、吉野郡吉野町、黒滝村、天川村、野迫川村、十津川村、川上村、 　　　　上北山村）
	和歌山県（新宮市、田辺市、橋本市*、伊都郡かつらぎ町、九度山町、高野町、 　　　　　西牟婁郡白浜町、日置川町、すさみ町、上富田町*、 　　　　　東牟婁郡那智勝浦町、串本町*）
	＜*は、2016年10月に承認後、新たに登録資産保有市町となる＞
所有・管理	各社寺ほか

シンクタンクせとうち総合研究機構

構成資産面積

登録資産	登録資産面積（ha）	緩衝地帯面積（ha）
吉野山	33.7	
吉野水分神社	0.9	
金峯山寺	1.1	
金峯神社	0.9	916
吉水神社	0.8	
大峰山寺	7.4	
小計①	**44.8**	
熊野本宮大社	10.8	
熊野速玉大社	47.6	
熊野那智大社	0.3	
青岸渡寺	0.2	752
那智大滝	2.5	
那智原始林	32.7	
補陀洛山寺	0.1	
小計②	**94.2**	
丹生都比売神社	1.6	
金剛峯寺	61.4	
慈尊院	0.04	582
丹生官省符神社	0.1	
小計③	**63.1**	
大峯奥駈道	149.3　（86.9km）	

保　護　　　　自然公園法　　吉野熊野国立公園（1936年2月1日指定）
　　　　　　　　　　　　　　高野龍神国定公園（1967年3月23日指定）
　　　　　　　鳥獣保護法　　国設鳥獣保護区　大台山系
　　　　　　　文化財保護法
　　　　　　　　〔国宝〕　金剛峯寺不動堂、金剛三昧院多宝塔、金峯山寺本堂、二王門
　　　　　　　　〔国の重要文化財〕丹生官省符神社本殿、丹生都比売神社（本殿、楼門）、
　　　　　　　　　金剛峯寺（奥院経蔵、徳川家霊台、山王院本殿、大門）、金剛三昧院経蔵、
　　　　　　　　　熊野本宮大社、熊野速玉大社、熊野那智大社、那智山青岸渡寺（本堂、宝篋印塔）、
　　　　　　　　　吉野水分神社、金峯神社、金峯山寺銅鳥居、吉水神社書院、大峰山寺本堂
　　　　　　　　〔国の史跡〕　金剛峯寺境内、高野山町石、熊野参詣道、熊野三山
　　　　　　　　〔国の名勝〕　那智大滝、吉野山
　　　　　　　　〔国の天然記念物〕　那智原始林
　　　　　　　ユネスコ・人間と生物圏計画　生物圏保護区　大台ヶ原・大峰山
保護基金　　　世界遺産の森林を守ろう基金
　　　　　　　（財和歌山県緑化推進会　和歌山市小松原通1-1　和歌山県森林整備課）

紀伊山地の霊場と参詣道

紀伊山地の参詣道ルール　2004年7月8日、「世界遺産登録推進三県協議会」において決定。

世界遺産「紀伊山地の霊場と参詣道」は、万物、生命の根源である自然や宇宙に対する畏敬を、山や森に宿る神仏への祈りという形で受け継いできた、日本の精神文化を象徴する文化遺産です。

私たちは、このかけがえのない資産がもたらす恵みを、世界の人々がいつまでも分かちあえるよう、参詣道を歩くにあたって次のことを約束します。

1. 「人類の遺産」をみんなで守ります
2. いにしえからの祈りの心をたどります
3. 笑顔であいさつ、心のふれあいを深めます
4. 動植物をとらず、持ち込まず、大切にします
5. 計画と装備を万全に、ゆとりをもって歩きます
6. 道からはずれないようにします
7. 火の用心をこころがけます
8. ゴミを持ち帰り、きれいな道にします

啓発活動　　　和歌山県世界遺産の日　7月7日
和歌山県世界遺産週間　7月1日〜7月7日
10万人の参詣道「環境保全」活動

世界遺産登録前後の歩み

2000年11月	世界遺産暫定リストに登載することを文化庁が決定。
2001年 4 月	世界遺産暫定リストに登載。
2001年 5 月	和歌山県、三重県、奈良県による「世界遺産登録推進三県協議会」が発足。
2001年 9 月	「アジア・太平洋地域における信仰の山の文化的景観に関する専門家会議を和歌山県内で開催。
2003年 1 月16日	世界遺産条約関係省庁連絡会議において政府推薦を決定。
2003年 1 月下旬	ユネスコ世界遺産センターに登録推薦書類を提出。
2003年3月17〜22日	世界遺産委員会臨時会合において、2004年の世界遺産委員会における登録審査対象物件に決定。
2003年10月	ICOMOSの専門家　黄瑛源氏（ファン・キーウォン）（ICOMOS韓国国内委員会副会長ソウル大学教授）による現地調査。
2004年1月16〜18日	ICOMOS世界遺産パネル。
2004年 7 月 7 日	第28回世界遺産委員会蘇州会議において世界遺産リストに登録。
2005年 3 月25日	和歌山県世界遺産条例を制定。
2005年 4 月 1 日	和歌山県世界遺産センター開設。
2007年 2 月10日	三重県立熊野古道センター開設。
2012年 6月	第36回世界遺産委員会で、「アジア・太平洋地域の保全状態等に関する定期報告」
2024年 7月	世界遺産登録20周年。

脅威　　　●火災　●台風、水害　　●地滑り　　●踏み込みによる植生破壊
●民家の覗き見　●自動車の増加による環境悪化や植物への悪影響
●森林の無断伐採

活　用　　　社寺参詣、観光、歴史体験学習

博物館・美術館・資料館・展示館など
●和歌山県世界遺産センター　〒647-1731　和歌山県田辺市本宮町本宮100-1　℡0735-42-1044
●世界遺産熊野本宮館　〒648-0211　和歌山県田辺市本宮町本宮100-1　℡0735-42-1752
●高野山霊宝館　〒648-0211　和歌山県伊都郡高野町高野山306　℡0736-56-2254
●熊野神宝館　〒647-0081　和歌山県新宮市新宮　℡0735-22-2533
●熊野古道館　〒648-0211　和歌山県田辺市栗栖川　℡0739-64-1470
●熊野古道なかへち美術館　〒646-1402　和歌山県田辺市近露892　℡0739-65-0390
●吉野山歴史資料館　〒639-3443　奈良県吉野郡吉野町宮滝348　℡07463-2-1349
●三重県立熊野古道センター　〒519-3625　三重県尾鷲市向井12-4　℡0597-25-2666

紀伊山地の霊場と参詣道

見 所

【霊場】《高野山》弘法大師空海が、真言密教の修行道場として開いた聖地。総本山金剛峯寺を中心に多数の堂塔伽藍が立ち並び、1200年の法灯を今に伝える。

〈慈尊院〉

〒648-0151　和歌山県九度山町慈尊院832　℡0736-54-2214

金剛峯寺建設と運営の便を図るため、高野山下20kmの紀ノ川南岸に9世紀に創建された寺院。弘法大師が高野山の表玄関として開祖。高野山の政所として雑務を行った所。参詣道「高野山町石道」の登り口にあり、参詣者が一時滞在する所となって信仰を集めた。本堂である阿弥陀堂には本尊の国宝弥勒菩薩が安置されている。女人禁制の高野山へ入山できない女性が参拝したため、女人高野とも呼ばれる。現在の建物は、14世紀に再建され、1540年に増改築されたもの。

●南海高野線九度山駅から車で約10分、或いは徒歩30分。

慈尊院

〈丹生官省符神社〉

〒648-0151　和歌山県九度山町慈尊院835　℡0736-54-2754

9世紀前半、弘法大師が高野山下に政所を置くにあたり、その鎮守として勧請された神々を祀る神社。丹生・高野明神が地主神。明治維新後の神仏分離令により多くの建物は取り除かれ、1541年に再建された本殿の内3棟（国指定重要文化財）が往年の姿をとどめている。

●南海高野線九度山駅から車で約10分、或いは徒歩30分。

〈丹生都比売神社〉

〒649-7141　和歌山県かつらぎ町上天野230

℡0736-26-0102

高野一帯の守護神である神社。丹生明神、高野明神を祀る。境内には仏教関連の堂塔や僧坊が多数存在していたが、19世紀の神仏分離令により撤去された。境内と「高野山町石道」は、八町坂によって結ばれ、合流点には二つ鳥居が建てられている。

●JR和歌山線笠田駅から車で約15分。

丹生都比売神社

〈金剛峯寺〉

〒649-7100　和歌山県伊都郡高野町高野山132　℡0736-56-2011

816年創建以来、真言密教の根本霊場として信仰を集めてきた。現在も117もの寺院が密集し、1200年の歴史を秘めた山上宗教都市で信仰に関連する文化的景観を形成している。次の6つの地区から成る。

伽藍地区

空海の密教思想を今に伝える壇上伽藍。創建時に諸堂が建立された地で、奥院を併せ「両壇」と呼び、高野山の二大聖地である。根本中堂、金堂などの諸堂が建ち並ぶ。

奥院地区

伽藍地区から東へ3kmに位置し、弘法大師が生前自ら入定所として定めた場所を中心とする聖地。弘法大師御廟、大小30万基を超える墓石や供養塔が密集している。

高野山　奥院

紀伊山地の霊場と参詣道

大門地区
高野山の総門であり正門。伽藍地区の西0.6kmに位置する。高さ25.8mあり、国内最大級の木造二重門。12世紀の創建以来、焼失と再建を繰り返し、現在の建物は、1705年に再建されたもの。

金剛三昧院地区
伽藍地区の東南東1kmに位置する。金剛三昧院は、北条政子が源頼朝の菩薩を弔う為に建立したもの。金剛三昧院多宝塔は、高野山の中で現存するものの内最古で、総高14.9mある。

徳川家霊台地区
伽藍地区の北北東0.5kmに位置する。徳川家光が家康と秀忠を祭祀する目的で建立したもの。日光東照宮などとともに当時の霊廟建築の代表例として貴重。

本山地区
高野山真言宗の総本山金剛峯寺の本坊が置かれる中心地。「大主殿」「奥書院」を中心に「経蔵」「鐘楼」などが建ち並び、高野山上で最も規模の大きな木造建築群を構成している。

金剛峯寺　本坊

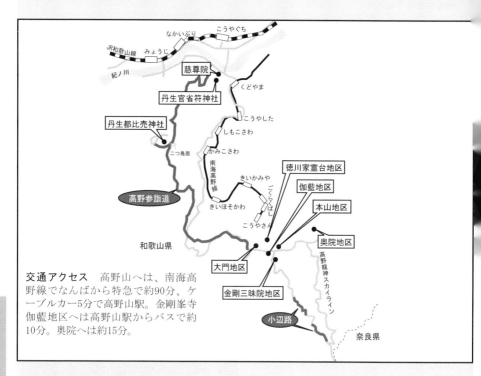

交通アクセス　高野山へは、南海高野線でなんばから特急で約90分、ケーブルカー5分で高野山駅。金剛峯寺伽藍地区へは高野山駅からバスで約10分。奥院へは約15分。

《熊野三山》　熊野本宮大社、熊野速玉大社、熊野那智大社の三つの神社及び青岸渡寺と補陀洛山寺の二つの寺院により構成され、それらは、熊野参詣道（中辺路）によって相互に結ばれている。三社は、個別の自然崇拝に起源を持つが、主祭神を相互に勧請し、「熊野三権現」として、また神仏習合の盛行により信仰を集めた。信仰の起源をなした自然の景観を含む周辺地域とともに一体の文化的景観を構成している。

紀伊山地の霊場と参詣道

〈熊野本宮大社〉　　〒647-1731　和歌山県田辺市本宮町本宮1100　　℡0735-42-0009

熊野三山の玄関口で、中心をなす。かつては「熊野坐神社」(くまのますじんじゃ)と呼ばれた。1889年の熊野川の大水害により罹災し、流失を免れた主要社殿三棟を1891年に現在地に移築、再建された。旧社地は、現社地の東南約500mのところの熊野川の中洲にあり、大斎原と呼ばれ、19世紀の切石積みの基壇が残る。その周辺の森林は護摩堂などの仏教施設があったところで、神仏習合の遺跡としても貴重。大斎原から熊野川を南に渡った対岸には、弥勒仏の出現を願い貴重な経典や仏像を埋納した備崎経塚群がある。

●JR新宮駅からバスで1時間15分

熊野本宮大社

〈熊野速玉大社〉

〒647-0081　和歌山県新宮市新宮1

℡0735-22-2533

熊野の神々が最初に降臨されたとされる地で、熊野川河口に鎮座し、境内には神木とされる推定樹齢800年の「ナギの木」(国の天然記念物)がある。1951年再建の社殿がある境内を中心に、背後の山と熊野川を約1km遡った所にある祭礼の場「御船島」「御旅所」を含む。背後の権現山の中腹には神倉神社があり、山上の巨岩(ゴトビキ岩)が神体として信仰されている。

●JR新宮駅から徒歩15分

熊野速玉大社

〈熊野那智大社〉

〒649-5301　和歌山県那智勝浦町那智山1

℡0735-55-0321

那智大滝を望む標高約350mの地点に位置し、那智大滝に対する自然崇拝を祭祀の起源とする神社。主として熊野十二権現を祀る。社殿が創建されたのは317年で、現在の社殿は1853年に再建されたものである。

行事　那智の火祭　7月14日

●JR紀伊勝浦駅からバスで約30分

備考　熊野の神々の使いとされる3本足の八咫烏は、日本サッカー協会のシンボルマークとなっている。

熊野那智大社

〈青岸渡寺〉

〒649-5301　和歌山県那智勝浦町那智山

℡0735-55-0404

熊野那智大社に隣接し、那智滝に出現したとされる観音を本尊とする寺院。創立は、5世紀前半にインドから漂着した僧が那智大滝で観音菩薩を感得したことに始まる。1868年の神仏分離令以前は、那智の「如意輪堂」として発展し、神仏習合の形態をよく保っている。西国第一番札所。現在の本堂は、1590年に豊臣秀吉が再建したもので、桃山時代の特徴を残し、国の重要文化財に指定されている。本堂後方には三重塔がそびえ、那智大滝とのコントラストが美しい。

●JR紀伊勝浦駅からバスで約30分

紀伊山地の霊場と参詣道

〈那智大滝〉
(なちのおおたき)

高さ133m、幅13m、滝壺の深さ10mの日本一の大滝で、熊野那智大社、青岸渡寺の信仰の原点であり、信仰の対象そのものである。銚子口の岩盤には3つの切れ目があり三筋になって落下するところから「三筋の滝」とも呼ばれる。この滝の麓は、「那智経塚」という大規模な経塚の遺跡で、12〜13世紀のものを中心とする仏教遺物が多数発見されている。
●JR紀伊勝浦駅からバスで約30分

熊野那智大社、那智山青岸渡寺、
那智大滝、那智原始林

〈那智原始林〉
(なちげんしりん)

那智大滝の東部に広がる32.7haの照葉樹林。自然信仰に関連する文化的景観の典型。国の天然記念物に指定されている。那智大滝はじめ48の滝があり、二の滝、三の滝、文覚の滝、陰陽の滝などが知られている。

〈補陀洛山寺〉
(ふだらくさんじ)

〒649-5314　和歌山県那智勝浦町浜の宮348　℡0735-52-2523
中辺路と大辺路の参詣道が合流する海岸近くに位置し、青岸渡寺と同じ開基伝承を持つ寺院。観音の浄土「補陀洛山」を目指し、多くの僧侶が出発した地で、9世紀〜18世紀に20数回の補陀洛渡海が試みられた。それらの渡海上人達を祀る。千手千眼、全知全能、広大無辺の偉大なる観音力を表し給う千手観音を本尊としている。また、古来熊野三所権現を祀る「浜の宮」と隣接し、神仏習合の信仰形態を示している。
●JR那智駅から徒歩3分
●JR紀伊勝浦駅から那智山行きバスで約10分徒歩3分

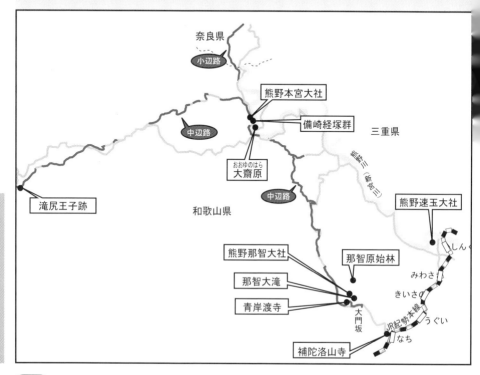

紀伊山地の霊場と参詣道

《吉野・大峯》　紀伊山地中央の北部から中部にわたる大峰山脈の山岳地帯に当たり、標高千数百m級の急峻な山々が続く修験道の聖地で、北部を「吉野」、南部を「大峯」と呼んでいる。10世紀中頃には、日本第一の霊山として崇敬されるようになった。役行者が開いた山岳信仰の文化が息づく修験道の舞台。

〈吉野山〉

奈良県吉野町吉野山

吉野山

大峰山脈の北端部に当たり、約7kmの尾根沿いに神社や修験道の寺院、宿坊、商店などが建ち並ぶ。修験道の本尊蔵王権現の霊木として植樹された桜が広範囲に分布し、平安時代から桜の名所として知られ、多くの文人墨客も花見に訪れた。信仰や芸術に関連する典型的な文化的景観を形成している。

〈吉野水分神社〉

〒639-3115　奈良県吉野町吉野山1612　℡0746-32-3012

水の分配を司る神社で、698年に降雨祈願を行った記録が残っている。12世紀には、神仏習合により、神社の祭神が地蔵菩薩の垂迹とされ重視された。さらには、「水分」から転じ、「御子守」の神としても信仰を集め、俗に「子守神社」として親しまれている。

吉野水分神社の社殿は、楼門をくぐると本殿、幣殿、拝殿、回廊が口の字型に配されている。現在の建物は、1604年に豊臣秀頼が再興したもので、本殿は、中央に春日造、左右に流造の三殿を横に繋いだ特異な形式になっている。また、同時期の楼門の長押や蟇股などに見られる極彩色を施した彫刻は、精巧、華麗で、桃山時代の特徴をよく表している。

●近鉄吉野線吉野駅〜ロープウェイ吉野駅下車、バス15分、バス停上千本口下車徒歩30分。

〈金峯山寺〉

〒639-3115　奈良県吉野町吉野山　℡0746-32-8371

吉野山のシンボルであり修験道の根本道場。大峰山寺の本堂の「山上蔵王堂」という呼称に対し、金峯山寺の本堂は「山下蔵王堂」と呼ばれ、信仰を集めてきた。この本堂（蔵王堂）は、1592年に再建された重層入母屋造、桧皮葺、高さ34m、四方36mの木造建築で、修験道の本尊である蔵王権現の巨像三体が安置されている。二王門は、本堂の北にある正門で、高さ20mの建物で、中世和様二重門の代表例のひとつとして貴重。本堂、二王門は国宝に指定されている。

拝観　8:30〜16:30

●近鉄吉野線吉野駅〜ロープウェイ吉野駅下車徒歩10分

金峯山寺蔵王堂

〈金峯神社〉

〒639-3115　奈良県吉野町吉野山1651　℡0746-32-8014（吉野山ビジターセンター）

吉野の最も奥にあり、祭神は吉野山の地主神の金山毘古命である。社前には、修験道の行者が通過すべき四つの門のうち「修行門」にあたる鳥居が建てられ、重要な拠点となった。

●近鉄吉野線吉野駅〜ロープウェイ吉野駅下車、バス40分奥千本口下車。

紀伊山地の霊場と参詣道

〈吉水神社〉

〒639-3115　奈良県吉野町吉野山　℡0746-32-3024

元来は金峯神社の付属寺院の中でも中心的存在だった寺院で、19世紀の神仏分離令および修験道廃止令により神社となった。現存する書院は、日本の住宅建築上において書院造りの源流をなす実例として貴重な建造物である。　拝観　9:00〜17:00

●近鉄吉野線吉野駅〜ロープウェイ吉野駅下車徒歩15分

〈大峰山寺〉　奈良県天川村大峯山山頂

標高1719mの山上ヶ岳（大峯山）山頂にある修験道の寺院。役行者の誓願に応じて蔵王権現が出現したとされる霊地に建立され、境内には「山上蔵王堂」と呼ばれる本堂を中心に、蔵王権現の湧出岩や断崖上の行場、経塚遺跡などがあり、修験道の聖地の中で最も重要な場所である。本堂は、16世紀後半に焼失し、1703年に再建されたもので、高山に建てられた数少ない修験道の遺構として価値が高い。現在も女人禁制が続いている。

●近鉄吉野線下市口駅から洞川温泉行きバスで約1時間20分、終点洞川温泉下車。
　大峰大橋登山口まで徒歩1時間。大峰山寺まで約3時間の登山。

【参詣道】

《大峯奥駈道》　霊場「吉野・大峯」と「熊野三山」を南北に結ぶ修験者の修行の道であり、吉野山から大峰山寺、玉置神社を経て熊野本宮大社までの約80kmの道のりがある。経路の大半は、標高千数百m級の山々を越える険しい起伏に富んだ尾根道で、随所に行場が設けられている。「靡」と呼ばれる行場は、75箇所あり、その中の57箇所が登録資産に含まれる。また、国の天然記念物に指定されている「仏教岳原始林」や「オオヤマレンゲ自生地」などの自然林等も遺されている。伝説によると、修験道の祖とされる役行者が8世紀初めにこの大峯奥駈道を開いたとされ、これを歩いて踏破する奥駈は、修験道で最も重視される修行である。今日でも多くの修験者の団体が毎年奥駈を実施している。

《熊野参詣道》　霊場「熊野三山」は、都である京都からも日本の各地からも遠い紀伊半島南東部に位置するため、参詣者のそれぞれの出発地に応じて、複数の経路が開かれた。経路により、大きく三種類に分類できる。第一は、紀伊半島の西岸を通行するもので、「紀路」と呼ばれる。この経路は、さらに途中で二本に分岐し、紀伊半島を横断して山中を通る「中辺路」と海岸沿いを通る「大辺路」となる。第二の経路は、紀伊半島の東岸を通る「伊勢路」。第三の経路は、紀伊半島中央部を通り、霊場「高野山」と「熊野三山」を結ぶ「小辺路」である。

小辺路　紀伊半島中央部を南北に通り、「熊野三山」と「高野山」とを最短距離で結ぶ参詣道。約70kmの行程の中には標高1000m以上の峠を三度も越えねばならず、険しい参詣道である。小規模な寺院や旅館の遺跡や道標や石仏などがあり、石畳も所々に残っている。

中辺路　京都あるいは西日本から熊野三山へ参詣する道筋のうち最も頻繁に使われた経路で、紀伊半島西岸の田辺から半島を横断するように東方へ進み、「熊野三山」を巡る道である。登録資産に含まれる中辺地は、「滝尻王子跡」から熊野本宮大社を経て熊野速玉大社、熊野那智大社、青岸渡寺を巡る10世紀前半以来の参詣道と、熊野本宮大社から温泉による垢離の場である湯峯温泉に至る1.8kmの「大日越」の道を含む区間である。道の途中に熊野権現を祀る多くの王子社があるのが特徴で、登録資産には、21か所の「王子」とその茶屋跡等の遺跡13か所が含まれる。湯峯温泉は、熊野本宮大社の南西約2kmの山間にある湯垢離場で、薬師信仰の地として多くの参詣者が入湯に訪れる。また、本宮大社から速玉大社に至る約40kmは、熊野川の舟運を

中辺路

紀伊山地の霊場と参詣道

利用することもあり、川の参詣道として登録資産に含まれている。2016年、登録範囲の軽微な変更がなされ、潮見峠越、かけぬけ道、阿須賀王子跡など9地点が追加登録された。

大辺路（おおへち） 紀伊半島西岸の田辺から海岸沿いに南下し、那智浜の宮で中辺路とであう参詣道。距離が長く、奥駈をする修験者や西国巡礼を33回行う三十三行者の経路であったが、17世紀以降は、観光と信仰を兼ねた人々の利用も見られるようになった。海と山の織りなす美しい景観に恵まれた道。2016年、登録範囲の軽微な変更がなされ、タオの峠、飛渡谷道、闘雞神社など9地点が追加された。

伊勢路（いせじ） 伊勢神宮と熊野三山を結ぶ参詣道。伊勢から紀伊長島を経て海岸沿いに進む。伊勢神宮への参詣と西国巡礼が盛んになる17世紀以降は、多くの人々が通行した。本街道からの分岐点・田丸を起点とし、途中の花の窟からは、海岸沿いに熊野速玉大社に至る「七里御浜道」と、内陸部と熊野本宮大社へ向かう「本宮道」に分かれる。距離は約160kmで、そのうち延べ約34kmが峠道である。七里御浜道の沿道には、

伊勢路　馬越峠

熊野鬼ヶ城と獅子岩もあり、景勝地として良好な文化的景観を形成している。

《高野参詣道（こうやさんさんけいみち）》 紀ノ川から高野山へ登る総延長48.6kmの参詣道。江戸時代まで最もよく利用された参詣道で、慈尊院から高野山奥院まで卒塔婆形の町石（ちょういし）が1町（約109m）ごとに立てられている。町石には伽藍からの町数、金剛界・胎蔵界諸尊の梵字、寄進者名、建立年月日などが刻まれた石標220基が現存する。2016年、登録範囲の軽微な変更がなされ、黒河道、女人道、三谷坂（丹生酒殿神社含む）など4地点を追加、名称も高野山町石道から高野参詣道に変更した。

ゆかりの人物　　　役行者（634～701年）、弘法大師空海（774～835年）など
舞台作品　　　　　高野山奥之院（平山郁夫）、那智黒の滝（尾崎進）、日本の原郷熊野（梅原猛）
海外姉妹都市提携
●和歌山県（中国山東省、フランス・ピレネーオリアンタル県、アメリカ合衆国フロリダ州、メキシコ・シナロア州、スペイン・ガリシア州＜サンティアゴへの道＞）、新宮市（カリフォルニア州サンタクルーズ市、かつらぎ町（中国山東省莱西市）、白浜町（ハワイ州ホノルル市（ワイキキビーチ））、那智勝浦町（カリフォルニア州モントレイパーク市）
●三重県　尾鷲市（カナダ・ブリティッシュ・コロンビア州プリンス・ルパート市）

主要な年間伝統行事・イベント
●節分会・鬼火の祭典　　　　2月 3日　　　　　　金峯山寺蔵王堂（吉野町）
●熊野お灯祭　　　　　　　　2月 6日　　　　　　熊野速玉大社（新宮市）
●那智火祭　　　　　　　　　7月14日　　　　　　熊野那智大社（那智勝浦町）
●金峯山寺蓮華会・蛙飛び　　7月 7日　　　　　　金峯山寺（吉野町）
●熊野大花火大会　　　　　　8月　　　　　　　　熊野市
●神輿渡御式　　　　　　　　10月15日　　　　　　熊野速玉大社（新宮市）
●御船祭　　　　　　　　　　10月16日　　　　　　熊野速玉大社（新宮市）

伝統料理　　　●高野町　精進料理、胡麻豆腐、高野豆腐、焼き餅、みろく石まんじゅう、生麩
　　　　　　　　●田辺市　鮎料理、ぼたん鍋、サンマ寿司、めはり寿司、温泉がゆ、温泉湯豆腐
　　　　　　　　●吉野町　鮎寿司、柿の葉寿司
伝統工芸品などの地場特産品
　　　　　　　　●高野町　木材の薄板の包装紙（富貴地区）、位牌づくり（杖ヶ藪地区）
　　　　　　　　●田辺市　皆地笠、音無茶、鯉せんべい、栄春梅、シソジュース
　　　　　　　　●吉野町　銘木、木製品、吉野葛、手漉き和紙、椎茸、わらび、割り箸、醤油、
伝統芸能　　　●那智田楽　国指定重要無形文化財

紀伊山地の霊場と参詣道

紀伊山地や観光宿泊等に関する照会先

- 和歌山県地域振興課　〒640-8585　和歌山市小松原通1-1　℡073-441-2374
- ㈳和歌山県観光連盟　〒640-8585　和歌山市小松原通1-1　℡073-422-4631
- 和歌山県東京事務所　〒102-0093　東京都千代田区平河町2-6-3-12F　℡03-5212-9057
- 和歌山県世界遺産センター　〒647-1731　和歌山県田辺市本宮町本宮219　℡0735-42-1044
- 高野山観光協会　〒648-0211　和歌山県伊都郡高野町高野山600　℡0736-48-0211
- 那智勝浦町観光協会　〒649-5335　和歌山県東牟婁郡那智勝浦町築地5-1-1　℡0735-52-5311
- 熊野川川舟センター　〒647-1212　和歌山県東牟婁郡那熊野川町田長57-1　℡0735-44-0987
- 三重県地域振興部　〒514-8570　三重県津市広明町13　℡059-224-2193
- 三重県文化財保護室　〒514-8570　三重県津市広明町13　℡059-224-2999
- ㈳三重県観光連盟　〒514-0002　三重県津市島崎町3-1-2F　℡0120-301714
- 尾鷲市役所　〒519-3696　三重県尾鷲市中央町10-43　℡0597-23-8132
- 熊野市役所　〒519-4392　三重県熊野市井戸町796　℡0597-89-4111
- 三重県立熊野古道センター　〒519-3625　三重県尾鷲市向井12-4　℡0597-25-2666
- 奈良県地域政策課　〒630-8501　奈良県奈良市登大路町30　℡0742-22-1101
- ㈳奈良県観光連盟　〒630-8213　奈良県奈良市登大路町38-1-2F　℡0742-23-8288
- 吉野山ビジターセンター　〒639-3115　奈良県吉野郡吉野町吉野山2430　℡0746-32-8014

備考

- 2024年、世界遺産登録20周年。
- 「森に育まれ、森を育んだ人々の暮らしとこころ〜美林連なる造林発祥の地“吉野”〜」（奈良県吉野町、下市町、黒滝村、天川村、下北山村、上北山村、川上村、東吉野村）は、2016年4月25日に「日本遺産」（Japan Heritage）のストーリーに認定されている。
- 高野山開創1200年記念大法会（2015年4月2日〜5月21日）
- 2011年9月3日、台風12号接近に伴う大雨で、熊野本宮大社（和歌山県田辺市）の宿坊等が浸水、熊野那智大社（那智勝浦町）の本殿の床上まで土砂が流入するなどの被害を被った。
- 和歌山県は、2008年度の新規事業で、これまで統一していなかった熊野古道の案内板や標識を3年間かけて3県（三重県、奈良県、和歌山県）統一スタイルの道標を整備した。
- 三重県尾鷲市の熊野古道伊勢路八鬼山峠沿いの立ち木などに世界遺産登録に反対する一部の地権者による落書きが問題になった。

参考資料

- 「世界遺産一覧表記載推薦書　紀伊山地の霊場と参詣道」　文化庁
- 世界遺産　紀伊山地の霊場と参詣道　世界遺産登録推進三県協議会
- 甦る神々のみち　熊野古道　伊勢路　東紀州地域活性化事業推進協議会
- 熊野古道アクションプログラム〜世界遺産・熊野古道の保全と活用のために〜　熊野古道協働会議
- 世界遺産登録による県勢活性化調査　財団法人和歌山社会経済研究所

参考URL

ユネスコ世界遺産センター　http://whc.unesco.org/en/list/1142
和歌山県世界遺産センター　http://www.sekaiisan-wakayama.jp/
紀伊山地の霊場と参詣道　http://www.pref.wakayama.lg.jp/sekaiisan/index.html

当シンクタンクの協力

- 中日新聞朝刊「富士よ世界へ」国内遺産に学ぶ❺紀伊山地の霊場と参詣道（三重・奈良・和歌山県）教育に活用、誇り育む　2013年 6月22日
- 社団法人伊都青年会議所主催4月度公開例会「世界遺産の“今”」　2008年 4月16日
- 2006年度和歌山県世界遺産マスター研修会　高野地域研修会　2006年 9月23日
- 〃　熊野地域研修会　2006年11月 4日
- 和歌山県立図書館文化情報センター主催　世界遺産登録記念　きのくに県民カレッジ講演会「世界遺産学のすすめ」　2006年10月21日
- 奈良県南和広域連合主催　世界遺産シンポジウム　大峯奥駈道（大峯道）・熊野古道（小辺路）の世界遺産登録に向けて　講演「世界遺産の意義と地域振興」　2001年 4月26日

紀伊山地の霊場と参詣道

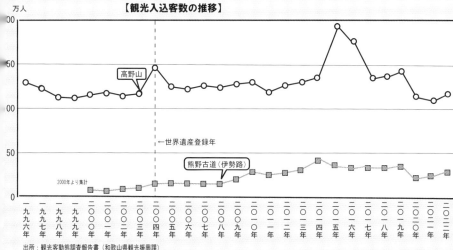

【観光入込客数の推移】

万人

高野山

一世界遺産登録年

2000年より集計

熊野古道（伊勢路）

一九九六年／一九九七年／一九九八年／一九九九年／二〇〇〇年／二〇〇一年／二〇〇二年／二〇〇三年／二〇〇四年／二〇〇五年／二〇〇六年／二〇〇七年／二〇〇八年／二〇〇九年／二〇一〇年／二〇一一年／二〇一二年／二〇一三年／二〇一四年／二〇一五年／二〇一六年／二〇一七年／二〇一八年／二〇一九年／二〇二〇年／二〇二一年／二〇二二年

出所：観光客動態調査報告書（和歌山県観光振興課）
　　　観光レクリエーション入込客数推計書（三重県観光・国際観光政策課）
参考：高野町人口　2,707人（2023年3月末現在）

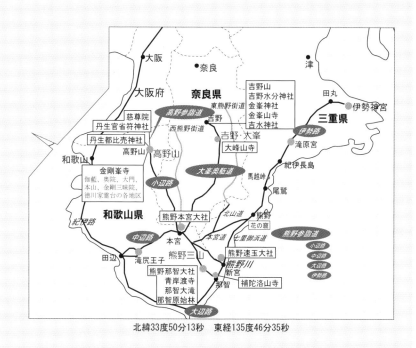

北緯33度50分13秒　東経135度46分35秒

紀伊山地の霊場と参詣道

石見銀山遺跡とその文化的景観

石見銀山遺跡とその文化的景観

登録遺産名	**Iwami Ginzan Silver Mine and its Cultural Landscape**
遺産種別	**文化遺産**

登録基準　(ii) ある期間を通じて、または、ある文化圏において、建築、技術、記念碑的芸術、町並み計画、景観デザインの発展に関し、人類の価値の重要な交流を示すもの。

(iii) 現存する、または、消滅した文化的伝統、または、文明の、唯一の、または、少なくとも稀な証拠となるもの。

(v) 特に、回復困難な変化の影響下で損傷されやすい状態にある場合における、ある文化（または、複数の文化）を代表する伝統的集落、または、土地利用の顕著な例。

暫定リスト登載	2000年	**日本政府推薦**　2006年1月
ICOMOS調査	2006年9月　ダンカン・マーシャル氏（オーストラリアICOMOS国内委員会）
登録年月	2007年7月　（第31回世界遺産委員会クライスト・チャーチ会議）
	2010年8月　（第34回世界遺産委員会ブラジリア会議）登録範囲の拡大（軽微）

登録遺産面積　　**コア・ゾーン**　529ha　**バッファー・ゾーン**　3,134ha　**合計**　3,663ha

登録遺産の概要　石見銀山遺跡は、日本海に面する島根県中央部の大田市にある。石見銀山は、中世から近世にかけて繁栄した銀山で、16〜17世紀の銀生産最盛期には、ボリヴィアのポトシと並ぶ世界の2大銀鉱山といわれ、海外にも多く輸出され、当時の世界の産銀量の約3分の1を占めたといわれる日本銀のかなりの部分を担い、世界経済にも大きな影響を与えた。石見銀山遺跡は、中世から近世の約400年にわたる銀山の全容が良好に残る稀な産業遺跡で、石見銀の採掘、精錬から運搬、積み出しに至る鉱山開発の総体を表す「銀鉱山跡と鉱山町」、「港と港町」、及びこれらをつなぐ「街道」の3つから構成されている。石見銀山遺跡は、東西世界の文物交流及び文明交流の物証であり、伝統的技術による銀生産の証しである考古学的遺跡及び銀鉱山に関わる土地利用の総体を表す文化的景観を呈する。石見銀山遺跡は、ユネスコの「世界遺産」に推薦するための国内での暫定リストに2000年登載、2005年7月15日に開催された文化審議会文化財分科会は、「石見銀山遺跡とその文化的景観」を世界遺産に推薦することを了承、専門機関のICOMOSは、「登録延期」を勧告したが、環境に配慮し、自然と共生した鉱山運営を行っていたことが特に評価され、2007年6月の第31回世界遺産委員会クライストチャーチ会議で、世界遺産リストに登録された。国内では14件目、鉱山遺跡としてはアジアで初めての世界遺産となった。2007年の大森銀山重伝建地区についての国の追加選定、2008年の街道の史跡追加指定、2009年の温泉津重伝建地区についての国の追加選定などに伴い、2010年の第34回世界遺産委員会で、コア・ゾーンの面積を442haから約529haに拡大、軽微な変更を行った。

分　類	遺跡（鉱山遺跡、産業遺産）、建造物群（伝統的建造物群）、文化的景観
時代区分	16世紀〜20世紀初頭（戦国時代〜近代）
普遍的価値	約400年にわたる銀山の全容が良好に残る稀な産業遺跡

構成遺産の内容　(1) 銀鉱山跡と鉱山町

●銀山柵内　　　●代官所跡
●矢滝城跡　　　●矢筈城跡
●石見城跡　　　●宮ノ前地区
●熊谷家住宅　　●羅漢寺五百羅漢
●大森銀山伝統的建造物群保存地区

(2) 街道
●石見銀山街道鞆ヶ浦道
●石見銀山街道温泉津・沖泊道

(3) 港と港町
●鞆ヶ浦
●沖泊
●湯泉津伝統的建造物群保存地区

構成資産面積

	登録資産	登録資産面積（ha）	緩衝地帯面積（ha）
銀鉱山跡と鉱山町	銀山柵内	317.08	3,134
	代官所跡	0.29	
	矢滝城跡	5.109	
	矢筈城跡	3.409	
	石見城跡	11.759	
	宮ノ前地区	0.689	
	熊谷家住宅	0.159	
	羅漢寺五百羅漢	1.26	
	大森銀山伝統的建造物群保存地区	32.80	
	大森地区周囲の山林の一部を追加	83.62	
	小計（重複部分除く）	444.84	
街道	石見銀山街道鞆ヶ浦道	0.52	
	石見銀山街道湯泉津・沖泊道	2.11	
	街道を旧状に復旧できる部分を追加	0.25	
	小計	2.88	
港と港町	鞆ヶ浦	15.03	
	沖泊	29.82	
	湯泉津伝統的建造物群保存地区	33.7	
	温泉津地区の岬状の丘陵地、浜地、海面など内港の一部を追加	2.9	
	小計	81.45	
合　　計		529.17	3,134

見　所
【銀鉱山跡と鉱山町】
〈銀山柵内〉
石見銀山遺跡の中核。採掘から精錬に至るまでの銀の生産活動が一貫して行われたエリアである。仙ノ山と要害山（山吹城）を中心にし、400～500mの山々が連なった320haの範囲で、17世紀に周囲約8kmに柵をめぐらしていたことからこの名がある。16世紀から20世紀に至る生産活動の痕跡が、関連する生活、支配、信仰の痕跡とともに現地にほぼ完全な形で残っている。

龍源寺間歩

〈代官所跡〉
〒694-0305　大田市大森町ハ-51-1　℡.0854-89-0846
大森の町並みの北東にあり、江戸幕府が石見天領として現地に置いた支配拠点施設の跡。地方役所と銀山方役所からなり、2600㎡ほどの敷地に、瓦葺き平屋建ての表門と左右の門長屋の建物が現存する。この建物は1800年の再建で、敷地中央の建物は1902年建築の旧邇摩郡役所。現在、石見銀山資料館として利用され、石見銀山の調査研究、使用した道具類、資料の保存管理・公開展示し、ガイダンス機能を果たしている。
開館　9:00～17:00（12月～2月　9:00～16:00）
●JR山陰本線　大田駅下車　バス約25分

代官所跡

石見銀山遺跡とその文化的景観

〈矢滝城跡〉〈矢筈城跡〉〈石見城跡〉

矢滝城、矢筈城、石見城は、石見銀山を軍事的
に守備する機能を果たした山城。矢滝城跡は、
銀山柵内から南西2.5km、標高638mの山頂にあっ
た山城跡。1528年には戦国大名大内氏が拠点と
し、1531年には当地域の領主小笠原氏がこれを
奪い銀山を支配したとの記録がある。石見銀山
争奪の拠点となった城。矢筈城跡は、銀山柵内
から西2.5km、標高479mの山城跡。1557年頃に毛
利元就が銀山の山吹城を押さえて尼子氏を攻撃
し、この城をはじめ周囲3ヶ所の城から撤退させ
たとみられる記録がある。石見城跡は、銀山柵
内から北西5km、標高153mの山城跡。日本海に近

石見銀山遺跡　遠景

い平野部の南端にあって、仁摩方面を守備するための重要拠点であった。しかしこれらの城
は、17世紀初頭までにはその役割を終え、廃城となって山林に覆われた。

〈宮ノ前地区〉

大森地区の北東端で、代官所跡の北東100mにある銀を精錬する施設跡。発掘調査により16世紀
末〜17世紀初頭を中心とした道路跡や建物跡が発見され、建物跡の1つは小規模ながら内部に24
基もの炉跡が集中し、精錬専用の工房跡とわかる。仙ノ山から3kmほど離れた位置にあって、石
見銀山支配の中心となった場所である。

〈熊谷家住宅〉 〒694-0305　大田市大森町ハ-63　℡0854-89-9003

代官所跡から南西50mにあり、町の通りに面して建つ大森地区最大の商家建築。熊谷家は金融
業、町役人や代官所の御用商人を務め、19世紀には酒造業も営み、有力商家の1つとして栄え
た。現在の建物は1800年の大火後の再建であるが、石見御料における有力商人の身分や生活の
変遷を最もよく示す民家建築である。1998年、国の重要文化財に指定された。
開館　9:30〜17:00（月曜休館）
●JR山陰本線　大田駅下車　バス約25分代官所跡下車徒歩2分

〈羅漢寺五百羅漢〉 〒694-0305　大田市大森町イ-804　℡0854-89-0005

羅漢寺は、1766年に創建された寺で、大森地区の南端にある。羅漢寺から道をはさんで向かい
側には、銀山で働いていた人々の霊を供養するため、岩盤斜面に3つの石窟を掘り、中央窟に石
造釈迦三尊仏を、左右両窟には250体ずつの石造の五百羅漢像が安置されている。3基の石橋（反
り橋）や1基の祈念塔を含め、石見銀山の石工技術をよく表わした貴重な石造作品である。
拝観　8:00〜17:00
●代官所跡から徒歩15分

〈大森銀山伝統的建造物群保存地区〉

幕府代官所跡から鉱山口まで約2km、武家住宅と
町家が混在した落ち着いた町並が連続する。銀
山経営の中枢として、また石見銀山御料約4万8
千石の政治・経済の中心として盛時は20万人が
住んだといわれた。街道沿いには代官所へ出仕
した地役人宅や商いで賑わった町屋、公事宿を
つとめた郷宿などが軒を並べて残されている。
一般的に武家住宅は街道に面して門・土塀・庭
などを設け、建物は敷地奥に建てられており、
町屋は街道に面して軒を並べて建てられてい
る。建築様式は武家住宅と町屋では大きな違い

大森銀山伝統的建造物群保存地区

があるが、身分や職種による町割りがなされず武
家住宅と町屋が混在しており、変化に富んだ景観が特徴で、かつては大勢の人で賑わった。

【街道】
〈石見銀山街道鞆ヶ浦道〉
鞆ヶ浦が銀鉱石の積出港であった16世紀前半に日本海へ出る最短の銀鉱石の搬出路として利用された全長約7.5kmの街道。全行程が起伏に富んでおり、途中には土橋や切土の道普請の跡や、往来の人々の交通安全を祈った石碑、石仏などが残る。
●JR山陰本線　馬路駅下車

〈石見銀山街道湯泉津・沖泊道〉
石見銀山の外港であった温泉津・沖泊と銀山柵内とを結ぶ、全長約12kmの街道。16世紀後半、銀山の支配者が毛利氏になると、鞆ヶ浦道に代って銀の搬出路として利用された。この街道は、急勾配の降路坂を越えて西田、清水、松山を通り、途中二手に分かれて温泉津と沖泊に至る。石畳や土橋がよく残り、道標、石仏などが現存している。
●JR山陰本線　湯里駅、或いは温泉津駅下車

【港と港町】

〈鞆ヶ浦〉
16世紀前半から中ごろにかけて銀・銀鉱石を日本最大の貿易港であった博多に積み出した港。リアス式海岸の小湾と狭い谷間を利用して港と小集落が形成されている。石見銀山から最も近い港だったため、石見銀山開発初期の大内氏支配時代にこの港が利用された。後に毛利氏支配に替わると港も沖泊へ移った。航海安全を祈る厳島神社や碇泊場所として利用した鼻ぐり岩が残され、貯蔵庫跡とみられる場所からは銀鉱石が見つかっている。
●JR山陰本線　馬路駅下車　徒歩15分

鞆ヶ浦

〈沖泊〉
沖泊は、海が深く湾の入り口に櫛島があるため季節風の影響を受けにくく、銀が大量に生産されるようになった16世紀後半、銀の輸送や石見銀山への物資補給、軍事基地として機能した港。港を守るために岬の丘陵上に集落と港を守護する櫛山城、鵜丸城が築かれた。船人の信仰を集めた恵比須神社が残っている。温泉津と一体となって歴史を重ねた場所で、集落は往時の人々の営みの跡が残り、狭小な地形を利用しようとした工夫が見られる。
●温泉津港から徒歩25分

〈湯泉津伝統的建造物群保存地区〉
日本海に面したリアス式海岸湾入部にあり、沖泊の隣の港町。16世紀後半に銀山奉行支配の幕府直轄領となり、17世紀初頭までは銀の積み出しなどの港として、また薬効の高い湯治場として活況を呈した。江戸時代初期に形成された間口の狭い短冊状地割を良く残すとともに、急峻な谷筋に広がる全長800mほどの町並みに町家や旅館などの伝統的建造物群が周囲の環境と一体となっている。港町と温泉町の性格を有する特色ある歴史的景観を現在によく伝え価値が高い。銀山支配の現地代官や著名な戦国大名、文人墨客などが逗留した。
●JR山陰本線　温泉津駅下車バス5分

湯泉津伝統的建造物群保存地区

石見銀山遺跡とその文化的景観

石見銀山遺跡とその文化的景観

所在地	島根県大田市
保　護	**文化財保護法**

〔国の史跡〕石見銀山遺跡（1969年指定、2002年追加指定、
　　　　　　　　　　　　銀山街道・大森宮ノ前地区 2005年追加指定）
〔国の重要文化財〕熊谷家住宅（1998年指定）
〔重要伝統的建造物群保存地区〕
　　大田市大森銀山重要伝統的建造物群保存地区（1987年12月5日選定）
　　湯泉津町湯泉津重要伝統的建造物群保存地区（2004年7月6日選定）
大田市伝統的建造物群保存地区保存条例（1987年4月1日施行）
大田市景観保存条例（2009年9月30日公布）

保護管理担当部局
● 島根県教育庁文化財課世界遺産室　　〒690-8502　島根県松江市殿町1　　℡0852-22-5642
● 大田市教育部石見銀山課　　　　　　〒694-0064　大田市大田町大田ロ1111　℡0854-82-1600

危機因子	台風、火災、地震、津波、落石、野生サルによる被害、集落の空家化
協働事業	石見銀山協働会議（一般公募による個人、各種団体代表、行政職員で構成）
	事務局　大田市総務部石見銀山課

世界遺産登録前後の歩み
1969年	石見銀山遺跡が国指定史跡となる。
1987年	大森、銀山の町並みが重要伝統的建造物群保存地区に選定される。
1993年	大田市による石銀地区発掘調査開始。採掘、精錬の跡や関連遺物が発見される。
1996年	島根県、大田市共同の石銀地区調査が始まる。
2001年4月	世界遺産暫定リストに登載。
2002年3月	石見銀山遺跡国史跡追加指定。
2004年7月	大田市、湯泉津町、仁摩町の景観保全条例が制定される。
2004年7月	湯泉津の町並みが国の重要伝統的建造物群保存地区に選定される。
2005年1月	石見銀山遺跡関係鉱区禁止地域の指定。
2005年3月	銀山街道、大森宮ノ前地区が国指定史跡となる。
2005年6月	鉱山遺跡の顕著な普遍的価値と保存管理に関する専門家国際会議。
2005年9月15日	世界遺産条約関係省庁連絡会議（外務省、文化庁、環境省、林野庁、水産省、国土交通省で構成）において政府推薦が決定。
2006年1月	ユネスコ世界遺産センターに登録推薦書類を提出。
2006年9月	ICOMOSの専門家(オーストラリアICOMOS国内委員会　ダンカン・マーシャル氏)による現地調査。
2007年1月頃	ICOMOS世界遺産パネル。
2007年5月	ICOMOS「登録延期」を勧告。
2007年7月	「環境との共生」が評価され、第31回世界遺産委員会で世界遺産登録される。
2007年8月	石見銀山大森住民憲章制定。
2010年8月	第34回世界遺産委員会ブラジリア会議で、登録範囲を拡大(軽微)。
2012年6月	第36回世界遺産委員会で、「アジア・太平洋地域の保全状態等に関する定期報告」
2027年7月	世界遺産登録20周年。

活　用	観光
見　所	● 観光坑道　龍源寺間歩_{りゅうげんじ　まぶ}　　　　　　　　℡0854-89-0347

見　所　　　　● 観光坑道　龍源寺間歩　　　　　　　　　℡0854-89-0347
　　　　　　　● 大久保間歩（ツアー形式での公開　事前予約必要）　℡0854-84-0750
　　　　　　　● 大森の町並み
博物館・美術館など　● 石見銀山資料館（大森代官所跡内）
　　　　　　　　　　〒694-0405　島根県大田市大森町ハ-51-1　　℡0854-89-0846
　　　　　　　● 石見銀山世界遺産センター「ガイダンス棟」
　　　　　　　　　　〒694-0405　島根県大田市大森町 イ1597-3　　℡0854-89-0183

主要な年間伝統行事・イベント
- 石見銀山梅まつり　　　　　　　　　3月上旬　　大森町銀山公園駐車場
- 大田市民の祭り「天領さん」　　　　8月　　　　大森の町並み＜大森会場＞
- 丁銀作り体験　毎週水・木曜日　　　石見銀山世界遺産センター

伝統料理　　　三瓶そば、ホロホロ鳥鍋、箱寿司、ヘカ鍋
伝統工芸品などの地場特産品
　　　　　　　　魔除飾面、石見岡光刃物、かずらふくろう、石州判銀
伝統芸能　　　神楽、田植え囃子、シッカク踊り、高野聖

石見銀山遺跡とその文化的景観や観光宿泊等に関する現地照会先
- 石見銀山世界遺産センター「ガイダンス棟」

	〒694-0305	島根県大田市大森町 イ1597-3	☎0854-89-0183
㈳島根県観光連盟	〒690-0887	島根県松江市殿町1	☎0852-21-3969
大田市観光協会	〒694-0305	島根県大田市大森町 イ826	☎0854-89-9090
石見銀山ガイドの会	〒694-0305	島根県大田市大森町 イ824-3	☎0854-89-0120

備　考
- 2017年、世界遺産登録10周年。
- 資産内にある集落の空家化に対し、集落存続のための方策について、2014年度から具体的検討を開始する予定。
- 島根県教育委員会と大田市教育委員会は、1996年度から「石銀（いしがね）地区」（16世紀後半から17世紀にかけての精錬関係の大規模な遺跡）の調査を開始したのをはじめ、1997年度からは新たに古文書、石造物、海外における石見銀流通の様子などの調査を行って石見銀山全体像の把握や世界史的な位置づけをし、国の史跡の指定区域の拡大を実現した。

参考資料
- 「世界遺産一覧表記載推薦書　石見銀山遺跡とその文化的景観」　文化庁
- 輝き再び石見銀山：世界遺産への道　山陰中央新報社
- 石見銀山〜いも代官井戸平左衛門の事蹟〜　大田市外2町広域行政組合
- おおだ　大田市商工観光課／大田市観光協会
- しまねよりみちマップ　大田エリア　大田地区広域市町村圏振興協議会

参考URL
　　　　ユネスコ世界遺産センター **http://whc.unesco.org/en/list/1246**
　　　　石見銀山世界遺産センター　　　　**http://ginzan.city.ohda.lg.jp/**
　　　　石見銀山（島根県HP）　　　　　**http://www.pref.shimane.lg.jp/sekaiisan/**

当シンクタンクの協力
- 中国新聞【今を読む】「日本初登録30年　保全措置の進化が求められる」　2023年12月 9日
- 山陰中央新報【談論風発】「『石見銀山』世界遺産5周年／7月2日を登録記念日に」2012年7月7日
- 中国新聞【今を読む】「世界遺産条約40年の節目」　　　　　　　　　　2012年6月19日
- NHKふるさと発「検証　世界遺産への道〜島根・石見銀山遺跡〜」　　　2007年7月13日
- 山陰経済ウィークリー「世界遺産の煌めき〜経済インフラとしての石見銀山」2007年8月 7日
- 朝日新聞「世界遺産、登録はゴール？」　　　　　　　　　　　　　　　2007年7月 3日
- ㈳島根大田青年会議所主催　講演　「世界遺産と夢のある地域づくり」　2005年7月23日
- 毎日新聞オピニオンワイド　記者の目「登録急がず『価値』伝えよ」　　2007年5月22日
- 山陰中央新報「石見銀山憲章設け保護基金を　登録後の対策提案」　　　2005年7月27日

石見銀山遺跡とその文化的景観

石見銀山遺跡とその文化的景観

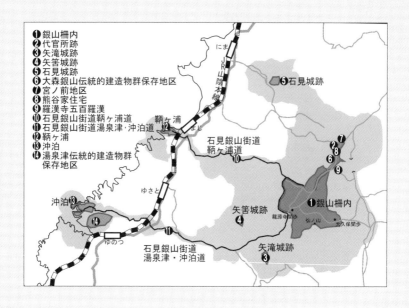

❶銀山柵内
❷代官所跡
❸矢滝城跡
❹矢筈城跡
❺石見城跡
❻大森銀山伝統的建造物群保存地区
❼宮ノ前地区
❽熊谷家住宅
❾羅漢寺五百羅漢
❿石見銀山街道鞆ヶ浦道
⓫石見銀山街道温泉津・沖泊道
⓬鞆ヶ浦
⓭沖泊
⓮湯泉津伝統的建造物群
　保存地区

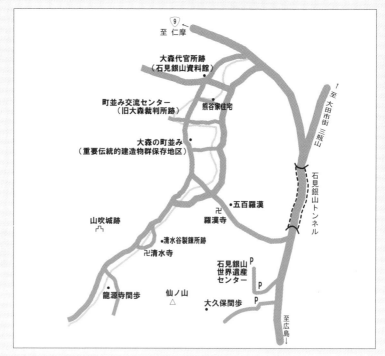

石見銀山遺跡周辺地図

石見銀山遺跡とその文化的景観

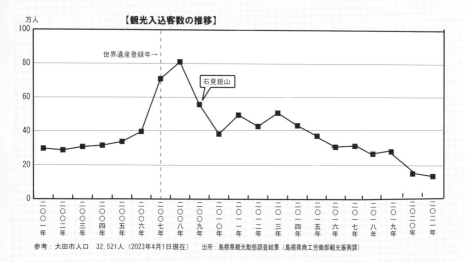

【観光入込客数の推移】

世界遺産登録年→

石見銀山

参考：大田市人口　32,521人（2023年4月1日現在）　出所：島根県観光動態調査結果（島根県商工労働部観光振興課）

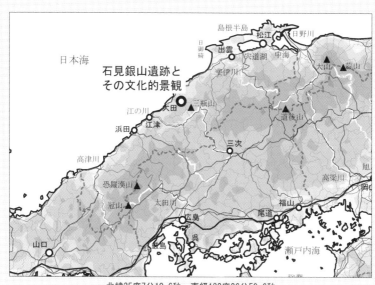

北緯35度7分10.6秒　東経132度26分59.6秒

交通アクセス　●出雲空港から大田市までは、バスで約1時間
　　　　　　　●広島駅新幹線口から大田市駅までバス(石見銀山号)で約2時間50分。
　　　　　　　●中国自動車道　三次IC〜国道54〜県道40〜大田市
　　　　　　　●中国自動車道　千代田JCT〜浜田自動車道大朝IC〜国道261〜県道31〜大田市
　　　　　　　●石見銀山遺跡内は、交通規制あり。石見銀山駐車場から路線バスを利用。

平泉-仏国土（浄土）を表す建築・庭園及び考古学的遺跡群

登録遺産名		Hiraizumi - Temples, Gardens and Archaeological Sites Representing the Buddhist Pure Land
遺産種別		文化遺産
登録基準	(ii)	ある期間を通じて、または、ある文化圏において、建築、技術、記念碑的芸術、町並み計画、景観デザインの発展に関し、人類の価値の重要な交流を示すもの。
	(vi)	顕著な普遍的な意義を有する出来事、現存する伝統、思想、信仰、または、芸術的、文学的作品と、直接に、または、明白に関連するもの。

暫定リスト登載	2001年　　**日本政府推薦**　2005年9月
ICOMOS調査	2007年8月　ジャガス・ウィーラシンハ氏（スリランカICOMOS国内委員会委員）
	2010年9月　王力軍 氏（中国ICOMOS国内委員会委員）
登録年月	2011年6月（第35回世界遺産委員会パリ会議）

登録遺産面積　**コア・ゾーン　187ha　バッファー・ゾーン**　5,998ha　合計　6,185ha

登録遺産の概要　平泉-仏国土（浄土）を表す建築・庭園及び考古学的遺跡群ーは、日本の東北地方、岩手県にある。平泉は、12世紀日本の中央政権の支配領域と本州北部、さらにはその北方の地域との活発な交易活動を基盤としつつ、本州北部の境界領域において、仏教に基づく理想世界の実現を目指して造営された政治・行政上の拠点である。平泉は、精神的主柱を成した寺院や政治・行政上の中核を成した居館などから成り、宗教を主軸とする独特の支配の形態として生み出された。特に、仏堂・浄土庭園をはじめとする一群の構成資産は、6〜12世紀に中国大陸から日本列島の最東端へと伝わる過程で日本に固有の自然崇拝思想とも融合しつつ独特の性質を持つものへと展開を遂げた仏教、その中でも特に末法の世が近づくにつれて興隆した極楽浄土信仰を中心とする浄土思想に基づき、現世における仏国土（浄土）の空間的な表現を目的として創造された独特の事例である。それは、仏教とともに受容した伽藍造営・作庭の理念、意匠・技術が、日本古来の水景の理念、意匠・技術との融合を経て、周囲の自然地形をも含め仏国土（浄土）を空間的に表現した建築・庭園の固有の理念、意匠・技術へと昇華したことを示している。平泉の5つの構成資産（中尊寺、毛越寺、観自在王院跡、無量光院跡、金鶏山）は、浄土思想を含む仏教の伝来・普及に伴い、寺院における建築・庭園の発展に重要な影響を与えた価値観の交流を示し、地上に現存するもののみならず、地下に遺存する考古学的遺跡も含め、建築・庭園の分野における人類の歴史の重要な段階を示す傑出した類型である。さらに、そのような建築・庭園を創造する源泉となり、現世と来世に基づく死生観を育んだ浄土思想は、今日における平泉の宗教儀礼や民俗芸能にも確実に継承されている。2011年の第35回世界遺産委員会パリ会議で世界遺産登録を実現したが、柳之御所遺跡は残念ながら構成資産から外れた。今後、世界遺産の登録範囲を拡大し、柳之御所遺跡、達谷窟、白鳥舘遺跡、長者ヶ原廃寺跡、骨寺村荘園遺跡の5資産を構成資産に加えるべく、2012年9月に世界遺産暫定リストに記載、2020年の第44回世界遺産委員会での拡大登録をめざしている。

分　類	遺跡、建造物群
時代区分	平安時代末期〜
普遍的価値	奥州藤原氏が独自に築いた仏教寺院、浄土庭園などの黄金文化遺産群
開　祖	中尊寺　嘉祥3年（850年）　慈覚大師円仁
宗　派	中尊寺（天台宗東北大本山）
所在地	岩手県平泉町
構成遺産	(1)中尊寺　(2)毛越寺　(3)観自在王院跡　(4)無量光院跡　(5)金鶏山
保　護	**文化財保護法**
	〔国宝　建造物〕中尊寺金色堂
	〔国の重要文化財〕
	中尊寺経蔵、金色堂覆堂、願成就院宝塔、釈尊院五輪塔、白山神社能舞台
	〔国の特別史跡〕中尊寺境内、毛越寺境内附鎮守社跡、無量光院跡
	〔国の史跡〕柳之御所・平泉遺跡群、金鶏山

〔国の特別名勝〕毛越寺庭園
〔国の重要無形民俗文化財〕　毛越寺延年の舞
管　理　　　岩手県世界遺産保存活用推進協議会

世界遺産登録への歩み

2000年11月17日	文化財保護審議会の決定を受けて、文化庁が暫定リストへの追加物件に選定。
2001年4月6日	ユネスコ世界遺産センターにおいて世界遺産暫定リストに登載。 物件名「平泉の文化遺産」
2005年1月	「平泉の自然と歴史を生かしたまちづくり景観条例」施行。
2005年2月	金鶏山、国の史跡に指定。
2005年2月	達谷窟、骨寺村荘園遺跡、国の史跡に指定。
2005年7月	コアゾーンの確定。
2005年9月30日	登録推薦書類（暫定版）を世界遺産委員会へ提出。
2006年3月	バッファー・ゾーンの設定、景観条例の制定、登録推薦書類の作成。
2006年6月	「平泉の文化遺産」国際専門家会議（6月8日～11日　於：一関市）
2006年7月	登録推薦書類をとりまとめ、文化庁に提出。 一関本寺の農村景観、国の重要文化的景観に指定。
2006年8月～9月	文化審議会文化財分科会、関係省庁連絡会議。
2006年12月	ユネスコ世界遺産センターに登録推薦書類を提出。 物件名「平泉−浄土思想を基調とする文化的景観」
2007年8月	ICOMOSの専門家（スリランカICOMOS国内委員会委員　ジャガス・ウィーラシンハ氏）による現地調査。
2008年1月頃	ICOMOS世界遺産パネル。
2008年5月	「顕著な普遍的価値が不十分」としてICOMOSが「登録延期」を勧告。
2008年7月	第32回世界遺産委員会ケベック会議で、「登録延期」を決議。
2009年4月	構成資産の絞り込み（9→6）を決定。
2010年1月	ユネスコ世界遺産センターに登録推薦書類を提出。
2010年9月	ICOMOSの専門家（中国ICOMOS国内委員会委員　王力軍 氏）による現地調査。
2011年5月	ICOMOSが「登録」を勧告。
2011年6月	第35回世界遺産委員会パリ会議で、「登録」を決議。
2012年9月	世界遺産の登録範囲の拡大をめざし、5資産を追加登録する為、世界遺産暫定リストに記載。
2014年3月	平泉世界遺産を活用した地域の振興を図るため、「平泉世界遺産の日」条例を制定。6月29日を世界遺産の日と設定。
2016年6月	世界遺産登録5周年。
2021年6月	世界遺産登録10周年。

利活用　　　観光、体験学習（座禅、写経）

平泉町のプロフィール

平泉町は、東北を代表する歴史の町。平泉には、数多くの国宝や重要文化財が残されている。藤原三代の栄華を偲ぶ中尊寺には、金色堂をはじめ、3000点以上の国宝や重要文化財が並び、その艶やかさには圧倒される。中尊寺と共に開かれた毛越寺の毛越寺庭園は日本最古の浄土庭園として知られ、国の特別史跡、特別名勝の二重の指定を受けている非常に美しい庭園。この庭園では、5月に平安貴族の遊宴「曲水の宴」が開かれる。坂上田村麻呂が東征を行った際、悪路王がたてこもったとされる達谷の窟の岩壁には、高さ17mの大日如来像が刻まれている。

博物館・美術館など

- ●平泉文化遺産センター　〒029-4102　西磐井郡平泉町平泉字花立44　　℡0191-46-4012
- ●柳之御所資料館　〒029-4102　西磐井郡平泉町平泉字伽羅楽108-1　℡0191-34-1001
- ●平泉文化史館　〒029-4102　西磐井郡平泉町平泉字坂下10-7　　℡0191-46-2011
- ●東北歴史博物館　〒985-0862　宮城県多賀城市高崎1-22-1　　　℡022-368-0101

平泉−仏国土（浄土）を表す建築・庭園及び考古学的遺跡群

平泉―仏国土（浄土）を表す建築・庭園及び考古学的遺跡群

構成資産

〈中尊寺〉 〒029-4102　西磐井郡平泉町平泉
字衣関202　℡0191-46-2211

中尊寺は、天台宗の東北大本山で、山号を関山
といい、850年に慈覚大師により開山された。
その後12世紀の初め、奥州藤原氏の初代藤原
清衡が、前九年・後三年の役で亡くなった人々
の霊を慰めるために多くの堂塔を造営した。
14世紀に堂塔は焼失したが、金色堂はじめ3000
余点の国宝や重要文化財を伝えている。

金色堂

国宝金色堂は、1124年の造営で、創建当時の
唯一の遺構。金色に輝く阿弥陀堂で、中央の
須弥壇の中に初代清衡、向かって左の壇に二
代基衡、右に三代秀衡の遺体と四代泰衡の首
級が収められている。

交通アクセス

●JR平泉駅から中尊寺月見坂入口まで徒歩25分
（1.6km）

中尊寺金色堂

〈毛越寺〉 〒029-4102　西磐井郡平泉町字大沢
℡0191-46-2331

毛越寺は、天台宗別格本山で、山号を医王山
といい、850年に慈覚大師により開山された。
平安時代後期に二代基衡、三代秀衡が金堂円
隆寺、嘉祥寺など壮大な伽藍を建立、わが国
無二の霊地と称された。度重なる災禍に、当
時の伽藍は焼失したが、大泉が池を中心とす
る「浄土庭園」と平安時代の伽藍遺構がほぼ
完全に保存されている。

交通アクセス　●JR平泉駅から徒歩7分

毛越寺浄土庭園

〈観自在王院跡〉

毛越寺の東側に隣接し、二代基衡の妻が建立
したと伝えられている浄土庭園。舞鶴が池を
中心に大小の阿弥陀堂が設けられている。現
在は、西側土塁や南門跡などが復元整備さ
れ、史跡公園となっている。毎年5月4日に基
衡の妻を悲しむ「哭き祭」が行われている。
通称、旧観自在王院庭園。

交通アクセス　●JR平泉駅から徒歩で約6分。
●東北自動車道平泉前沢ICから車で約10分。

観自在王院跡

〈無量光院跡〉　西磐井郡平泉町字花立地

三代藤原秀衡が、12世紀後半に宇治平等院を
模して建立した寺院で、平等院よりも一回り
大きな規模であったといわれる。現在は建物
は焼失し礎石だけが残る。金鶏山を背後に擁
し西方極楽浄土の世界を表わしている。

交通アクセス　●JR平泉駅から車で約10分。
●東北自動車道平泉前沢ICから車で約5分。

無量光院跡

〈金鶏山〉　西磐井郡平泉町
（きんけいざん）

標高98.6mの平泉の町を見渡せる山で、山頂に経塚が設けられていた。平泉を鎮護する聖なる山。平泉を守るために雌雄一対の黄金の鶏を埋めたことから「金鶏山」と呼ばれるようになった。

平泉を鎮護する聖山　金鶏山

交通アクセス
● 東北自動車道平泉前沢ICから車で約15分。
● JR東北新幹線（一ノ関駅まで）
　　東京　⇔　一ノ関　2時間10分
　　JR東北本線（平泉駅まで）
　　東京　⇔　平泉　8分

主要な年間伝統行事・イベント
● 毛越寺二十日夜祭	毛越寺	1月20日
● 節分会	中尊寺	2月初旬
● 春の藤原まつり	中尊寺・毛越寺	5月1日
● 開山護摩法要郷土芸能	中尊寺平泉町内	5月2日
● 哭（な）き祭	観自在王院跡	5月4日
● 中尊寺能	中尊寺	5月5日
● 毛越寺延年の舞	毛越寺	5月5日（国指定重要無形民俗文化財）
● 曲水の宴	毛越寺	5月第4日曜日
● 毛越寺あやめ祭り	毛越寺	6月20日〜7月10日
● 平泉水かけ神輿まつり	平泉町内	7月下旬
● 薪能	中尊寺	8月14日
● 平泉大文字まつり	平泉町内	8月16日
● 萩まつり	毛越寺	9月15日〜30日
● 菊まつり	中尊寺	10月20日〜11月15日
● 秋の藤原まつり	中尊寺・毛越寺	11月1日〜11月3日

関係市町村　　岩手県平泉町　〒029-4192　西磐井郡平泉町平泉志羅山45-2　℡0191-46-5578

課　題
● 登録範囲の拡大は、新規登録と同じ手続きが必要で、登録推薦書類を作り直す必要がある。「現世につくろうとした浄土」のコンセプトをベースに、拡大5資産が世界遺産の価値にどう関わるかを理論立て、外国人にもわかるよう平易に説明することが求められる。
● 対象物件の環境保全対策。この為、核心地域（コアゾーン）は、文化財保護法等による保護、周辺の緩衝地域（バッファゾーン）には、町条例等による環境や景観の保護が必要となる。
● 平泉文化の総合的な調査、研究のため全国の研究者との共同研究の推進。
● 平泉の持つ魅力を世界に向けて発信しながら、住民意識の高揚や世界遺産にふさわしい「まちづくり」を目指して事業の推進。

活　動
● 関係機関との連携　● 平泉の文化財の保存・整備
● 柳之御所遺跡や無量光院などの公有化と整備
● 景観形成のための条例制定など歴史的環境の整備
● 平泉文化の調査研究の推進　● 全国の研究者とのネットワークの形成

平泉や観光宿泊等に関する照会先
● 岩手県政策地域部政策推進室	〒020-8570	盛岡市内丸10-1	℡019-629-5219
● (財)岩手県観光協会	〒020-0045	盛岡市盛岡駅西通2-9-1	℡019-651-0626
● 平泉町教育委員会世界遺産推進室	〒029-4192	西磐井郡平泉町平泉志羅山45-2	℡0191-46-2218
● 平泉町観光商工課	〒029-4192	西磐井郡平泉町平泉志羅山45-2	℡0191-46-5572
● (社)平泉観光協会	〒029-4102	西磐井郡平泉町泉屋61-7	℡0191-46-2110

シンクタンクせとうち総合研究機構

平泉－仏国土（浄土）を表す建築・庭園及び考古学的遺跡群

参考資料
- 「世界遺産一覧表記載推薦書　平泉-仏国土(浄土)を表す建築・庭園及び考古学的遺跡群-」
- 世界遺産　平泉　岩手県南広域振興局経営企画部世界遺産推進課
- 岩手・平泉 平泉散歩 観光ガイド　平泉町観光商工課
- ひらいずみ散策ガイドマップ　平泉町観光商工課／㈳平泉観光協会

参考URL　　いわて平泉世界遺産情報局　　http://www.pref.iwate.jp/~sekaiisan/
　　　　　　　平泉からHIRAIZUMIへ　　http://www.pref.iwate.jp/~hp0907/index.html

当シンクタンクの協力
- 「世界遺産ガイド-仏教関連遺産編-」 　　　　　　　　　　　　　　　　　2019年 2月28日
- 日本経済新聞「地元の世界遺産 小学生の『教材』に」 　　　　　　　　2016年 6月17日
- 岩手日報 【日報論壇】「復興への記録を後世に」 　　　　　　　　　　2012年 4月 2日
- 朝日新聞みちのくワイド「奥州・平泉　世界遺産へ」 　　　　　　　　2011年 6月14日
- 岩手日報 【日報論壇】「世界遺産登録は出発点」 　　　　　　　　　　2011年 5月14日
- 岩手日報「平泉を希望の光に　世界遺産登録へ迫るイコモス勧告」 　　2011年 5月 6日
- 岩手日報「大変だが希望ある」 　　　　　　　　　　　　　　　　　　2008年 7月 9日
- 朝日新聞岩手版「平泉　世界遺産見送りの審議内容「再現」」 　　　　2008年 7月 8日
- 読売新聞岩手版「世界遺産へ平泉再審査戦略見直し必至」 　　　　　　2008年 7月 9日
- 毎日新聞岩手版「世界遺産狂想曲:平泉にみる課題」 　　　　　　　　　2008年 7月11日
　　　　　　　　　　　　　　　　　　　　　　　　　　　　　　　　　2008年 7月12日

平泉－仏国土(浄土)を表す建築・庭園及び考古学的遺跡群

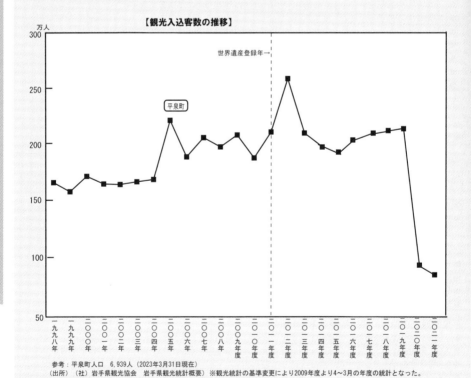

【観光入込客数の推移】

参考：平泉町人口　6,939人（2023年3月31日現在）
（出所）　(社) 岩手県観光協会　岩手県観光統計概要　※観光統計の基準変更により2009年度より4~3月の年度の統計となった。

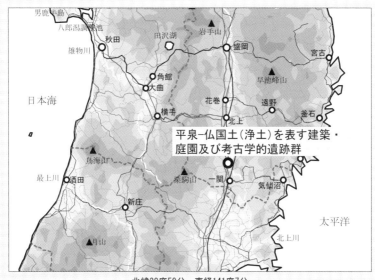

平泉-仏国土（浄土）を表す建築・庭園及び考古学的遺跡群

北緯38度59分　東経141度7分

平泉周辺地図

平泉―仏国土（浄土）を表す建築・庭園及び考古学的遺跡群

交通アクセス　●JR一ノ関駅から東北本線で10分　JR平泉駅下車
　　　　　　　　中尊寺までは1.6km、毛越寺までは0.7km。
　　　　　　　●東北自動車道平泉前沢ICから国道4号で4km

富士山-信仰の対象と芸術の源泉

登録遺産名	**Fujisan, sacred place and source of artistic inspiration**
遺産種別	文化遺産

登録基準 (iii) 現存する、または、消滅した文化的伝統、または、文明の、唯一の、または、少なくとも稀な証拠となるもの。

(vi) 顕著な普遍的な意義を有する出来事、現存する伝統、思想、信仰、または、芸術的、文学的作品と、直接に、または、明白に関連するもの。

暫定リスト登載	2007年　　**日本政府推薦**　　　2011年
ICOMOS調査	2012年8月29月～9月5日　リン・ディステファノ氏（カナダICOMOS国内委員会委員）
登録年月	2013年6月　（第37回世界遺産委員会プノンペン会議）

登録遺産の面積　コア・ゾーン　20,702ha　バッファー・ゾーン　49,628ha

登録遺産の概要 富士山-信仰の対象と芸術の源泉は、日本の中央部、山梨県と静岡県の2県にまたがり、三保松原など25の構成資産からなる。富士山は、標高3776mの極めて秀麗な山容を持つ円錐成層火山である。古くから噴火を繰り返したことから、霊山として多くの人々に畏敬され、日本を代表し象徴する「名山」として親しまれてきた。山を遥拝する山麓に社殿が建てられ、後に富士山本宮浅間大社や北口本宮冨士浅間神社が成立した。平安時代から中世にかけては修験の道場として繁栄したが、近世には江戸とその近郊に富士講が組織され、多くの民衆が富士禅定を目的として大規模な登拝活動を展開した。このような日本独特の山岳民衆信仰に基づく登山の様式は現在でも命脈を保っており、特に夏季を中心として訪れる多くの登山客とともに、富士登山の特徴をなしている。また、葛飾北斎による『富嶽三十六景』など多くの絵画作品に描かれたほか、『万葉集』などにも富士山を詠った多くの和歌が残されている。このように、富士山は一国の文化の基層をなす「名山」として世界的に著名であり、日本の最高峰を誇る秀麗な成層火山であるのみならず、「信仰の対象」と「芸術の源泉」に関連する文化的景観として「顕著な普遍的価値」を有している。2007年に世界遺産暫定リストに記載、2011年に政府推薦が決定、2013年の第37回世界遺産委員会プノンペン会議で世界遺産登録を実現した。しかしながら、課題も多く、2016年の第40回世界遺産委員会イスタンブール会議で、世界遺産登録後の保全状況報告書（①文化的景観のアプローチを反映した登録遺産の全体ビジョン　②来訪者管理戦略　③登山道の保全方法　④モニタリングなどの情報提供戦略　⑤富士山の噴火、或は、大地震などの環境圧力、新たな施設や構造物の建設などの開発圧力、登山客や観光客の増加などの観光圧力など、さまざまな危険に対する危機管理計画に関する進展状況　⑥管理計画の全体的改定）の提出を義務づけられ報告、世界遺産委員会は、報告書の内容を高く評価し承認、次回は2018年12月1日までに報告するよう求めた。

分　　類	記念工作物、遺跡、建造物群、文化的景観
普遍的価値	富士山が有する独特の景観とその精神的価値
所在地	山梨県、静岡県
保　　護	**文化財保護法**

〔特別名勝〕富士山（1952年）
〔名勝・天然記念物〕白糸ノ滝（1936年）
〔名勝〕富士五湖（2011年）
〔国宝〕富士山本宮浅間大社本殿（1929年）
〔国の史跡〕富士山（2011年）、人穴富士講遺跡（2012年）
〔重要文化財〕小佐野家住宅（1952年）
自然公園法　富士箱根国立公園（1936年）
景観法、森林法、砂防法、海岸法、関係各県・市町村条例

管　　理	富士山包括的保存管理計画

構成資産

〈富士山域・山頂の信仰遺跡群〉
ふじさんいき　さんちょうのしんこういせきぐん

富士山頂には、火口壁に沿って神社等の宗教関連施設が分布している。山頂で「ご来光（日の出）」を拝んだり、頂部を巡る「お鉢めぐり」の行為は、現代においても多くの登山者が行っており、これらを通じて富士山信仰の精神が受け継がれている。

〈富士山域・大宮・村山口登山道（現富士宮口登山道）〉
ふじさんいき　おおみや・むらやまぐちとざんどう

富士山本宮浅間大社を起点とし、村山浅間神社を経て山頂南側に至る登山道。富士山では、12世紀前半から中頃にかけての末代上人の活動をきっかけに登山が開始されたと考えられている。この登山道は、山頂まで最短距離で辿り着くことができ、天候に恵まれれば、宝永山や南アルプス、伊豆半島や駿河湾を眺めながら登山することができる。資産の範囲は、現在の富士宮口登山道の六合目以上となる。

交通アクセス　●JR東海道新幹線新富士駅から登山バスで約2時間15分。東名高速富士IC、或は、御殿場ICから富士山スカイラインを経て約1時間で富士山五合目駐車場。

〈富士山域・須山口登山道（現御殿場口登山道）〉
ふじさんいき　すやまぐちとざんどう

須山浅間神社を起点とし、山頂南東部に至る登山道。1707年の宝永噴火では、壊滅的な被害を受け、登山道の全体は1780年にようやく復興した。資産の範囲は、現在の御殿場口登山道となる標高2050m以上と信仰の対象であった須山御胎内周辺（標高1435〜1690m）まで。標高差2300mほどで最も高く、富士山一ハードなコース。下山ルートの大砂走りは豪快。

交通アクセス　●JR御殿場線御殿場駅から御殿場口新五合目まで登山バスで約40分。

〈富士山域・須走口登山道〉
ふじさんいき　すばしりぐちとざんどう

冨士浅間神社を起点とし、八合目で吉田口登山道と合流し山頂東部に至る登山道。その起源は明確ではないが、登山道からは1384年の年号が入った懸仏が出土している。18世紀後半に入ると、富士講を含め多くの道者が利用した。資産の範囲は、五合目以上。下山ルートの砂走りは、1歩で1m以上下る爽快な道。東面のコースなので、低い場所でもご来光が眺められる。

交通アクセス　●JR御殿場線御殿場駅から須走口五合目まで登山バスで約1時間。

〈富士山域・吉田口登山道〉
ふじさんいき　よしだぐちとざんどう

北口本宮冨士浅間神社を起点とし、富士山頂を目指す登山道。14世紀後半には参詣の道者のための宿坊も出来始め、大勢の人々が登るための設備が整うようになった。富士講隆盛の礎を築いた食行身禄が、信者の登山本道をこの吉田口と定めたため、富士講の信者が多く利用してきた。登山道へのアクセスもよく、山小屋や諸施設も多いので、一番人気の高い入門ルートとなっており、夏期の登山者数も最も多い。

交通アクセス　●富士急行線河口湖駅から富士山五合目まで登山バスで約1時間。

富士山−信仰の対象と芸術の源泉

〈富士山域・北口本宮冨士浅間神社〉
℡ 〒403-0005 山梨県富士吉田市上吉田5558
℡ 0555-22-0221
〔国の史跡〕富士山〔国の重要文化財〕
浅間大神（あさまのおおかみ）が祀られていた
遥拝所を起源とし、1480年には「富士山」の鳥
居が建立され、16世紀半ばには浅間神社の社殿
が整った。吉田口登山道の起点となる。富士講
とのつながりが強く、多くの参詣者を集めた。
交通アクセス
●富士急行線富士山駅からバスで約5分。

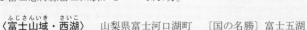

〈富士山域・西湖〉　山梨県富士河口湖町　〔国の名勝〕富士五湖
富士山の噴火による堰止湖で富士五湖の一つ。面積2.1km²。西湖、精進湖、本栖湖は、かつては
「せの海」という一つの大きな湖であり、水面の標高が連動しているので、地下で水脈を共有
していると考えられている。
交通アクセス　●富士急行線河口湖駅からレトロバスで25分。

〈富士山域・精進湖〉　山梨県富士河口湖町　〔国の名勝〕富士五湖
富士山の噴火による堰止湖で富士五湖の一つで、面積0.5km²と、五湖の中で最も小さい。
交通アクセス　●富士急行線河口湖駅からバスで約40分。

〈富士山域・本栖湖〉　山梨県富士河口湖町、身延町　〔国の名勝〕富士五湖
富士五湖の一つで、五湖の最西端に位置する。面積4.7km²。本栖湖に写る逆さ富士は、紙幣の図
柄のモデルとして知られている。
交通アクセス　●富士急行線河口湖駅からバスで約50分。

〈富士山本宮浅間大社〉　〒418-0067　静岡県富士宮市宮町1-1　℡ 0544-27-2002
〔国の重要文化財〕本殿
〔国の特別天然記念物〕湧玉池

富士山を鎮めるため、浅間大神を祀った浅間神
社の発祥の神社で、その総本宮である。平安時
代から信仰を集め、特に徳川家康の保護を受け
て現在の社殿が造営された。また、家康の寄進
によって富士山八合目以上が御神体として管理
されている。境内には富士山の湧水である「湧
玉池」があり、富士道者はこの池で身を清めて
六根清浄を唱えながら登山するのがならわしに
なっていた。
交通アクセス　●JR身延線富士宮駅から徒歩10分。

〈山宮浅間神社〉　〒418-0111　静岡県富士宮市山宮740　℡ 0544-27-2002（富士山本宮浅間大社）
富士山本宮浅間大社の社伝によれば、富士山本宮浅間大社の前身で、日本武尊が創建したとさ
れる。本殿に当たる場所に建物がなく、遥拝所を設けるという独特な形態は、噴火を鎮めるた
めに山を遥拝していた古代の富士山祭祀の形をとどめていると推定されている。遥拝所は溶岩
流の先端部に位置し、周囲は溶岩礫を用いた石塁が巡らされている。
交通アクセス　●JR身延線富士宮駅から車で約15分。

〈村山浅間神社〉　〒418-0112　静岡県富士宮市村山151　℡0544-22-1489（富士宮市役所）
〔国の史跡〕富士山

村山は、富士山における修験道の中心地で、明治時代に廃仏毀釈で廃されるまで興法寺という寺院でもあった。富士山に対する神仏習合の地として多くの修験者や道者が集まった。浅間神社は、神仏分離によって神道専一の形なり、付属する諸坊は廃されたが、大日堂など当時の形態を留めている。　交通アクセス　●JR身延線富士宮駅から車で約20分。

〈須山浅間神社〉　〒410-1231　静岡県裾野市須山722　℡055-995-1804（裾野市企画政策課）
〔国の史跡〕富士山

須山口登山道の起点の神社。1707年の宝永噴火により、登山道も含め大きな被害を受け、現在の本殿は1823年に再建された。社伝では日本武尊が創建したとされるが、遅くとも1524年には存在していたことが棟札により確認されている。
交通アクセス　●JR御殿場線御殿場駅からバスで約25分、津土井下車、徒歩5分。

〈冨士浅間神社〉（須走浅間神社）　〒410-1431　静岡県駿東郡小山町須走1261　℡0550-75-2038
〔国の史跡〕富士山

須走口登山道の起点となる東口本宮神社で、富士講信者が多く立ち寄り、33回を一つの区切りとする登拝回数等の記念碑が約70基残されている。807年に造営したと伝えられ、宝永の噴火（1707年）では甚大な被害を受けたが、1718年に再建された。
交通アクセス　●JR御殿場線御殿場駅からバスで約20分。

〈河口浅間神社〉　〒401-0304　山梨県富士河口湖町河口1　℡0555-76-7186
〔国の史跡〕富士山

864年の噴火を契機に、北麓側に初めて建立された浅間神社であると伝えられている。浅間神社を中心とした河口の地は、富士登拝が大衆化した中世後半から江戸時代まで御師集落として発展を遂げた。
交通アクセス　●中央自動車道河口湖ICから車で10分。

〈冨士御室浅間神社〉　〒401-0310　山梨県富士河口湖町勝山3951-1　℡0555-83-2399
〔国の史跡〕富士山

吉田口登山道二合目の地に9世紀の初めに建立され、富士山中最古の神社であるといわれている。本殿は、1970年代に里宮の地に移築されたが、修験や登拝といった様々な富士山信仰の拠点として位置づけられる二合目の本宮（もとみや）と、土地の産土神としての里宮が一体となって機能してきた神社である。
交通アクセス　●富士急行線河口湖駅からバスで10分。

〈御師住宅（旧外川家住宅）〉　〒403-0005　山梨県富士吉田市上吉田3-14-8　℡0555-22-1101
〔国の重要文化財〕

御師は、富士講信者が登拝を行うのに当たり、宿や食事の世話をするとともに、富士山信仰の布教活動と祈祷を行うことを業とした。御師屋敷の多くは短冊状をなし、表通りに面して導入路を設け、敷地を流れる水路の奥に住宅兼宿坊の建物が建てられている。1768年に建造された旧外川家住宅は、遺存状況の良好な最古の御師住宅である。
交通アクセス　●富士急行線富士山駅から徒歩5分。

富士山-信仰の対象と芸術の源泉

〈御師住宅（小佐野家住宅）〉　〒403-0005　山梨県富士吉田市上吉田2288-1　℡0555-24-2411
〔国の重要文化財〕
小佐野家は、屋号を堀端屋といい、建物は1861年に建築された富士講最盛期における平面構成を伝える事例。現在は、富士吉田市歴史民俗博物館において模造復元住宅を見ることができる。
交通アクセス　●富士吉田市歴史民俗博物館へは、富士急行線富士山駅からバスで12分。

〈山中湖〉　　山梨県山中湖村　　℡0555-62-9977（山中湖村観光課）　〔国の名勝〕富士五湖
富士五湖の一つで、面積は$6.8km^2$で五湖の中で最大。また唯一天然の流出河川を持った湖で、相模川（桂川）の源流となっている。
交通アクセス　●富士急行線富士山駅からバスで25分。

〈河口湖〉　　山梨県富士河口湖町
℡0555-72-3168（富士河口湖町観光課）
〔国の名勝〕富士五湖
富士五湖の一つで、面積$6.13km^2$、五湖の中で最も長い湖岸線を持ち、最も低い標高地点にあり、多くの観光客で賑わっている。
交通アクセス
●富士急行線河口湖駅から徒歩10分。

〈忍野八海〉（出口池）（お釜池）（底抜池）（銚子池）（湧池）（濁池）（鏡池）（菖蒲池）
〒401-0511　山梨県忍野村忍草　℡0555-84-4222（忍野村観光協会）　〔国の天然記念物〕
富士山の伏流水による8つの湧水地で、富士山信仰に関わる巡拝地として八海それぞれに八大竜王を祀っている。長谷川角行が行った富士八海修行になぞらえ「富士山根元八湖」と唱えられた古跡の霊場で、1843年に富士講信者によって再興されたと伝わる。
（出口池）第1の霊場。忍野八海で最大の池で、他の池とは少し離れて位置する。
（お釜池）第2の霊場。面積は一番小さいが、底は深く、水量は豊富。
（底抜池）第3の霊場。周囲は樹林が生い茂る。
（銚子池）第4の霊場。酒器の銚子の形の池。
（湧池）第5の霊場。忍野八海で最大の湧水量。
（濁池）第6の霊場。川に隣接し、部分的に濁っている。
（鏡池）第7の霊場。池面に逆さ富士が写ることから名付けられた。
（菖蒲池）第8の霊場。周囲に菖蒲が生い茂る。
交通アクセス　●富士急行線富士山駅からバスで約20分。

〈船津胎内樹型〉　　〒401-0301　山梨県富士河口湖町船津6603〔国の天然記念物〕
溶岩が流れ下る際に樹木を取り込んで固化し、燃え尽きた樹幹の跡が空洞として遺存した洞穴を溶岩樹型といい、船津胎内樹型、吉田胎内樹型はその代表的なものである。両者は登山道に近接しており、内部が人間の胎内に似ていることから「御胎内」として多くの富士講信者によって信仰の対象となった。
交通アクセス　●富士急行線河口湖駅からバスで約25分、徒歩5分。

〈吉田胎内樹型〉
〒400-0005　山梨県富士吉田市剣丸尾5590
〔国の天然記念物〕
船津胎内樹型とともに、代表的な樹型で、1892年に整備された。洞内には木花開耶姫命（このはなさくやひめのみこと）が祀られている。
交通アクセス　●富士急行線河口湖駅からバスで約25分、徒歩15分。内部は非公開。

〈人穴富士講遺跡〉　〒418-0102　静岡県富士宮市人穴206　℡0544-22-1489（富士宮市役所）
〔国の史跡〕
人穴浅間神社の境内にあり、溶岩洞穴の「人穴」と、富士講信者たちが建立した長谷川角行や先達等の供養碑や顕彰碑、登拝記念碑が約230基残されている。富士講の開祖とされる長谷川角行は、16〜17世紀に人穴に籠って修行し、仙元大日神の啓示を得たとされる。聖地として多くの富士講信者たちが参詣や修行のために訪れ、彼等によって碑塔が次々と建立された。1942年には、付近が軍用地として接収されたため、移転し、1954年に現在地に復興した。
交通アクセス　●東名富士ICから車で約50分。

〈白糸ノ滝〉　〒418-0103　静岡県富士宮市上井出　℡0544-27-5240（富士宮市観光協会）
〔国の名勝・天然記念物〕
富士山の湧水を起源とし、高さ約20m、長さ200m近くにわたって馬蹄状に広がる崖面から、数百条の白糸のように流れ落ちる。最近10年間の湧水量は1日平均約15.6万トンとされ、軟弱な古富士泥流堆積物を次第に侵食し、崖線が後退し続けていると考えられている。昨今は、地震などで地層が不安定になり崩落を繰り返している。
交通アクセス　●東名富士ICから車で約40分、JR身延線富士宮駅から車で約30分。

〈三保松原〉
〒424-0901　静岡県静岡市清水区三保、折戸
℡0554-251-5880（静岡観光コンベンション協会）
〔国の名勝〕
約7kmの海岸線に5万本以上の松が茂る景勝地。「万葉集」以降多くの和歌の題材となり、天女伝説の「羽衣の松」がある。また、15〜16世紀以降は、富士山を望む構図が、絵画をはじめ多くの芸術作品を生んでいる。
交通アクセス　●JR清水駅からバスで約25分、三保松原入口バス停下車、徒歩10分。

シンクタンクせとうち総合研究機構

富士山-信仰の対象と芸術の源泉

憲　章	富士山憲章（1998年に山梨県と静岡県が共同で制定）	
カントリーコード	富士山カントリーコード（富士山地域環境保全対策協議会策定）	
ゆかりの人物	葛飾北斎（冨嶽三十六景）、歌川広重（冨士三十六景）、太宰治（富嶽百景）など	
利活用	登山、自然探勝、ハイキング、散策	
	●静岡県富士山世界遺産センター	
	〒418-0067　静岡県富士宮市宮町5-12	℡0544-21-3776
イベント	●富士山の日　2月23日　　●富士山山開き　　7月 1日	
	●吉田の火祭（国の重要無形民俗文化財）　　8月26日～27日	
関係市町村	山梨県　富士吉田市、富士河口湖町、忍野村、山中湖村、鳴沢村	
	静岡県　富士宮市、富士市、御殿場市、裾野市、小山町	
窓口	●山梨県知事政策局富士山保全推進課	
	〒400-8501　甲府市丸の内1-9-11	℡055-223-1316
	●静岡県文化・観光部交流企画局富士山世界遺産課	
	〒420-8601　静岡市葵区追手町9-6	℡054-221-3746

備考
●2018年、世界遺産登録5周年。2023年、世界遺産登録10周年。
●2014年1月22日、7月1日から各五合目及び水ヶ塚駐車場において入山料「富士山保全協力金」
（1人当り千円）を徴収することを決定。
●1992年にわが国がユネスコの世界遺産条約を批准した頃に、地元の熱心な市民や自然保護団体の方々を中心に「富士山を世界遺産とする連絡協議会」を組成、全国的な246万人の署名を得て、1994年には国会請願の段階にまで達したが、結果的に富士山を世界遺産にする旨の政府推薦はなされなかった経緯がある。
●当時、富士山を取り巻く環境は、地域開発が進むと同時に、ゴミやし尿などによる環境汚染、植生維持の困難、悪質なオフロード車やオフロードバイクの車道外への乗り入れなどの問題が深刻化していたが、改善している。

当シンクタンクの協力
●日本経済新聞「地元の世界遺産　小学生の『教材』に」		2016年 6月17日
●テレビ朝日「スーパー J チャンネル」『世界遺産・三保松原・観光客増で…羽衣の松がピンチ』		
		2015年 5月11日
●静岡新聞「富士山の課題検証　都内で世界遺産シンポ」		2013年11月 4日
●ICU UNESCO CLUB主催「富士山からみる世界遺産登録の在り方について」		2013年11月 3日
●日本テレビ・スッキリ！！「富士山世界文化遺産に登録　歓喜の瞬間と取材で見えた課題」		
		2013年 6月24日
●TBSテレビ・ひるおび「祝！ 富士山世界遺産に歓喜の瞬間を完全取材 異例の"50分間"審議		
逆転！三保松原も登録」		2013年 6月24日
●北海道新聞夕刊「富士山／鎌倉 明と暗」		2013年 5月10日
●TBSテレビ・ひるおび「富士山」		2013年 5月 3日
●BS朝日テレビ・午後のニュース・ルーム「富士山・武家の古都鎌倉」		2013年 5月 2日
●テレビ朝日・モーニングバード！『富士山が「世界遺産」へ「三保松原」は除外‥巻き返しは』』		
		2013年 5月 1日
●TBSテレビ・NEWS23「富士山・武家の古都鎌倉」		2013年 5月 1日
●テレビ朝日・ANNスーパーJチャンネル ニュース「富士山・武家の古都鎌倉」		2013年 5月 1日
●TBSテレビ・Nスタ ニュース「富士山・武家の古都鎌倉」		2013年 5月 1日
●TBSテレビ・ひるおび「悲願の世界遺産登録へ　富士山19年の挑戦実る」		2013年 5月 1日
●フジテレビ・めざましテレビ「富士山・武家の古都鎌倉」		2013年 5月 1日
●フジテレビ・めざにゅ～　MEZA NEWS「富士山・武家の古都鎌倉」		2013年 5月 1日
●朝日新聞山梨版「『富士の麓で』日米共同訓練〈下〉」		2011年10月10日
●フジテレビ・スーパーニュース「富士山に鎌倉…どうなる世界遺産」		2011年 7月27日
●朝日新聞山梨版「富士山世界遺産登録　推薦書原案最終決定」		2011年 7月23日
● 「世界遺産ガイド-世界遺産登録をめざす富士山編-」発刊		2010年11月23日
●社団法人富士五湖青年会議所主催		
「富士"考"フォーラム ～ 地域を愛する心～ どうなる富士山 どうする私達」パネリスト		

（於：勝山ふれあいセンター　さくやホール（山梨県南都留郡富士河口湖町）2009年 9月19日

● 山梨日日新聞「環境保全の誓い新たに　富士山憲章10周年で記念フォーラム」　　　2008年11月19日

● 中日新聞「貴重な富士山を未来に継承　憲章制定10周年フォーラム」　　　　　　　2008年11月19日

● 富士山憲章制定10周年記念フォーラム実行委員会主催
　　「富士山の恵みを永久に引き継ぐ～過去、現在、そして世界遺産へ～」
　　　パネリスト＜於：ハイランドリゾートホテル　山梨県富士吉田市＞　　　　　　2008年11月18日

● NHKラジオ第一「土曜ジャーナル」
　　　世界遺産登録で富士山は変わるのか～富士山の将来像を探る～　　　　　　　　2008年 2月23日

● 読売新聞山梨・静岡版「世界遺産への道」【5】登録活動の"産物"　　　　　　　　2008年 2月 6日

● 毎日新聞「企画特集　きょうはみどりの日　富士山のごみ　まだ残る」　　　　　　2007年 5月 4日

● 岳南朝日「富士山の世界文化遺産登録『環境、景観問題解決の機会に』」　　　　　2007年 4月22日

● 富士ニュース「地元の熱意と支援　広域連携が不可欠」　　　　　　　　　　　　　2007年 4月21日

● 富士青年会議所主催「富士青年会議所創立50周年事業特別企画4月公開例会
　　「世界遺産で富士市が変わる？」」（於：静岡県富士市）　　　　　　　　　　　2007年 4月19日

● 山梨日日新聞「富士吉田でシンポジウム　文化的価値を探る」　　　　　　　　　　2007年 3月18日

● 富士山文化的景観協議会主催「富士山の文化的景観を考える」（於：山梨県富士吉田市）
　　　　　　　　　　　　　　　　　　　　　　　　　　　　　　　　　　　　　　2007年 3月17日

● 国土交通省中部地方整備局沼津河川国道事務所主催
　　「第16期　富士・伊豆地域文化塾　文化遺産とまちづくり～文化遺産と共に暮らす地域」
　　（於：静岡県沼津市）　　　　　　　　　　　　　　　　　　　　　　　　　　　2007年 2月14日

● 読売新聞静岡支局主催「世界遺産シンポジウム～世界文化遺産に向けて」
　　（於：静岡県静岡市）　　　　　　　　　　　　　　　　　　　　　　　　　　　2006年10月15日

● 静岡新聞 別刷り第三部「富士山特集」　　　　　　　　　　　　　　　　　　　　2006年 1月 1日

● 静岡第一テレビ「ドキュメント静岡　富士山の光と影」　　　　　　　　　　　　　2005年11月19日

● 富士コミュニティエフエム放送「プロジェクト・チーム富士山」　　　　　　　　　2005年11月11日

● FM富士「ON THE FREEWAY」　　　　　　　　　　　　　　　　　　　　　　　　　2001年 8月19日

参考URL　　　　ユネスコ世界遺産センター　　　**http://whc.unesco.org/en/list/1418**
　　　　　　　　　世界遺産　富士山　　　　　　　　**http://www.fusisan-3776.jp/**

富士山憲章

　富士山は、その雄大さ、気高さにより、古くから人々に深い感銘を与え、「心のふるさと」として親しまれ、愛されてきた山です。富士山は、多様な自然の豊かさとともに、原生林をはじめ貴重な動植物の分布など、学術的にも高い価値を持っています。

　富士山は、私たちにとって、美しい景観や豊富な地下水などの恵みをもたらしています。この恵みは、特色ある地域社会を形成し、潤いに満ちた文化を育んできました。

　しかし、自然に対する過度の利用や社会経済活動などの人々の営みは、富士山の自然環境に様々な影響を及ぼしています。富士山の貴重な自然は、一度壊れると復元することは非常に困難です。

　富士山は、自然、景観、歴史・文化のどれひとつをとっても、人間社会を 写し出す鏡であり、富士山と人との共生は、私たちの最も重要な課題です。

　私たちは、今を生きる人々だけでなく、未来の子供たちのため、その自然環境の保全に取り組んでいきます。

　今こそ、私たちは、富士山を愛する多くの人々の思いを結集し、保護と適正な利用のもとに、富士山を国民の財産として、世界に誇る日本のシンボルとして、後世に引き継いでいくことを決意します。

　よって、静岡・山梨両県は、ここに富士山憲章を定めます。

　1　富士山の自然を学び、親しみ、豊かな恵みに感謝しよう。
　1　富士山の美しい自然を大切に守り、豊かな文化を育もう。
　1　富士山の自然環境への負荷を減らし、人との共生を図ろう。
　1　富士山の環境保全のために、一人ひとりが積極的に行動しよう。
　1　富士山の自然、景観、歴史・文化を後世に末長く継承しよう。

　　平成10年11月18日　　　　　　　　　　　　　　　　　　静岡県・山梨県

シンクタンクせとうち総合研究機構

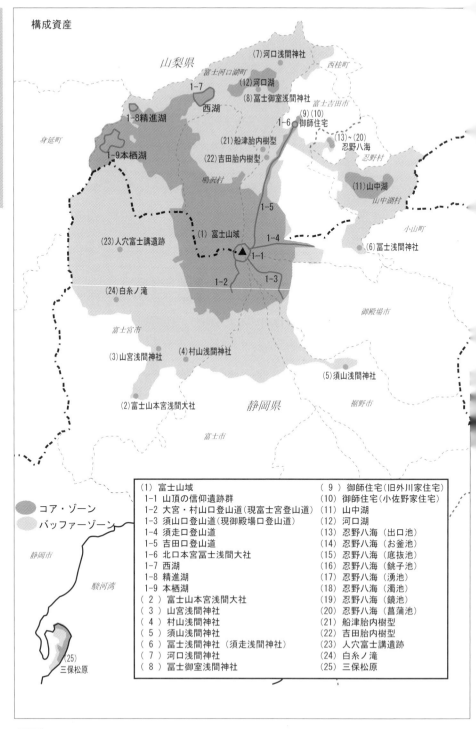

構成資産

富士山-信仰の対象と芸術の源泉

（1）富士山域	（9）御師住宅（旧外川家住宅）
1-1 山頂の信仰遺跡群	（10）御師住宅（小佐野家住宅）
1-2 大宮・村山口登山道（現富士宮登山道）	（11）山中湖
1-3 須山口登山道（現御殿場口登山道）	（12）河口湖
1-4 須走口登山道	（13）忍野八海（出口池）
1-5 吉田口登山道	（14）忍野八海（お釜池）
1-6 北口本宮冨士浅間神社	（15）忍野八海 底抜池）
1-7 西湖	（16）忍野八海（銚子池）
1-8 精進湖	（17）忍野八海（湧池）
1-9 本栖湖	（18）忍野八海（濁池）
（2）富士山本宮浅間大社	（19）忍野八海（鏡池）
（3）山宮浅間神社	（20）忍野八海（菖蒲池）
（4）村山浅間神社	（21）船津胎内樹型
（5）須山浅間神社	（22）吉田胎内樹型
（6）冨士浅間神社（須走浅間神社）	（23）人穴富士講遺跡
（7）河口浅間神社	（24）白糸ノ滝
（8）冨士御室浅間神社	（25）三保松原

富士山-信仰の対象と芸術の源泉

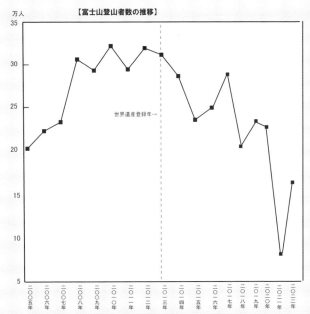

【富士山登山者数の推移】

世界遺産登録年→

環境省 富士山の登山者数の推移（夏期）　登山者数=吉田ルート＋須走ルート＋御殿場ルート＋富士宮ルート

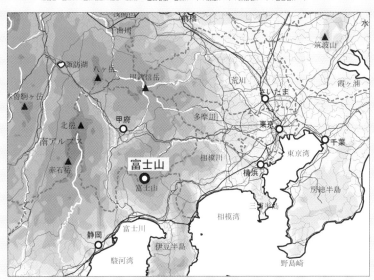

北緯35度21分39秒　東経138度43分39秒

交通アクセス　富士宮口（三島口）新5合目へは、
● JR新幹線新富士駅、JR身延線富士宮駅、或は、JR三島駅から登山バス
● 車の場合、東名高速道路富士IC、沼津IC、或は、裾野Iから
　富士山スカイラインに入り、終点が富士宮口新5合目。

富岡製糸場と絹産業遺産群

登録遺産名		**Tomioka Silk Mill and Related Sites**
遺産種別		文化遺産
登録基準	(ii)	ある期間を通じて、または、ある文化圏において、建築、技術、記念碑的芸術、町並み計画、景観デザインの発展に関し、人類の価値の重要な交流を示すもの。
	(iv)	人類の歴史上重要な時代を例証する、ある形式の建造物、建築物群、技術の集積、または、景観の顕著な例。

暫定リスト記載　2007年　　**日本政府推薦**　2012年7月
ICOMOS調査　　2013年9月25〜26日　趙豊氏（中国国立シルク博物館館長）
登録年月　　　　2014年6月（第38回世界遺産委員会ドーハ会議）

登録遺産面積　　**コア・ゾーン**　7.2ha　　**バッファー・ゾーン**　414.6ha

登録遺産の概要　富岡製糸場と絹産業遺産群は、日本の関東地方の北西部、群馬県にある伝統的な生糸生産から近代の殖産興業を通じて日本の文明開化の先駆けとなった絹産業の遺産群で、世界遺産の登録面積は、7.2ha、バッファー・ゾーンは、414.6haである。世界遺産は、富岡製糸場（富岡市）、田島弥平旧宅（伊勢崎市）、高山社跡（藤岡市）、荒船風穴（下仁田町）の4つの構成資産からなる。富岡製糸場は、フランス人のポール・ブリュナ(1840〜1908年)の指導の下、1872年（明治5年）に明治政府によって創建された美しいレンガの官営模範工場の姿を今日に伝える文化財的価値を有する貴重な産業遺産で、日本の近代化の原点として、そして、アジア諸国の産業の発展に果たした歴史的な意義は大きい。1939年（昭和14年）に日本最大の製糸会社、片倉製糸紡績(現 片倉工業)に譲渡され、戦中戦後と長く製糸工場として活躍したが、1987年（昭和62年）にその操業を停止、「売らない」、「貸さない」、「壊さない」を原則に、その後も大切に保存されていたが、片倉工業は、2005年9月に富岡市に寄付した。富岡製糸場と絹産業遺産群は、日本の近代化を表し、絹産業の発達の面において世界的な「顕著な普遍的価値」を有すると考えられ、2007年1月30日に、世界遺産暫定リストに記載された。2012年7月24日に、文化庁は世界遺産に登録推薦することを決定、2014年に世界遺産登録を実現した。

分　類	遺跡
年代区分	1872年（明治5年）〜
普遍的価値	日本の近代化の原点、発祥の地として、また、世界の絹産業の発展に重要な役割を果たした。
所在地	群馬県富岡市、藤岡市、伊勢崎市、下仁田町の4市町
構成資産	(1) 富岡製糸場（富岡市富岡）〔国宝・重要文化財、国の史跡〕
	(2) 荒船風穴（下仁田町南野牧）〔国の史跡〕
	(3) 高山社跡（藤岡市高山）〔国の史跡〕
	(4) 田島弥平旧宅（伊勢崎市境島村）〔国の史跡〕
所　有	富岡製糸場（富岡市）、荒船風穴（下仁田町）、高山社跡（藤岡市）、田島弥平旧宅（個人）
保　護	**文化財保護法**
	〔国宝・建造物〕旧富岡製糸場(繰糸所、東置繭所、西置繭所）(2014年12月10日)
	〔国の史跡〕旧富岡製糸場（2005年7月14日）、高山社跡（2009年7月23日）、荒船・東谷風穴蚕種貯蔵所跡(2010年2月22日)、田島弥平旧宅（2012年）
継承	富岡製糸場世界遺産伝道師協会（群馬県新政策課内）
周辺環境の整備	富岡中央地区区画整理事業
ゆかりの人物	ポール・ブリュナ（1840〜1908年）
利活用	見学、体験学習

構成資産

〈富岡製糸場〉 〒370-2316　群馬県富岡市富岡1-1　℡0274-64-0005
〔国宝・建造物〕旧富岡製糸場(繰糸所、東置繭所、西置繭所)
〔国の重要文化財〕首長館(ブリュナ館)、蒸気
　釜所、女工館、検査人館、鉄水溜、下水竇及
　び外竇附鉄製煙突基部、旧候門所
〔国の史跡〕旧富岡製糸場
1872年に明治政府が設立した官営の器械製糸場
で、民営化後も一貫して製糸技術開発の最先端
として国内養蚕・製糸業を世界一の水準に牽引し
た。建造物は創業当初のまま残されている。
見学　大人1,000円、高大学生250円、
小中学生150円
交通アクセス　●上州電鉄上州富岡駅から徒歩15分。
備考　●西置繭所の保存修理工事開始

富岡製糸場 (富岡市)

●繰糸所、東置繭所、西置繭所の3棟が、2014年12
月に国宝に指定された。
●見学料を2015年4月より値上げ。今後の保存修理に要する経費に充当。

〈荒船風穴〉 〒370-2626　下仁田町大字南野牧甲10690-1外　℡0274-82-5345(下仁田町歴史館)
〔国の史跡〕荒船・東谷風穴蚕種貯蔵所跡
明治末から昭和初期にかけて、天然の冷風を利用して蚕種(蚕の卵)を貯蔵した施設。冷蔵技術
を活かし、当時年1回だった養蚕を複数回可能にし、全国一の収納量を誇った。
見学　大人500円(下仁田町在住者、高校生以下は無料)　12月～3月は冬期閉鎖
交通アクセス　●上州電鉄「下仁田駅」から観光タクシーで30分。
●下仁田ICから風穴駐車場まで約50分、徒歩15分。

〈高山社跡〉 〒375-0036　藤岡市高山237　℡0274-23-5997 (藤岡市文化財保護課)
〔国の史跡〕高山社跡
高山長五郎が確立した蚕の飼育法「清温育」
は、1884年の養蚕教育機関「高山社」設立でそ
の技術を全国及び海外に広め、清温育は全国標
準の養蚕法となった。
見学　9:00～17:00　現地に解説員
交通アクセス　●JR八高線群馬藤岡駅から市内バ
ス「めぐるん」で約35分。
●藤岡ICから約20分。

高山社跡 (藤岡市)

〈田島弥平旧宅〉
〒370-0134　伊勢崎市境島村2243
℡0270-61-5924 (田島弥平旧宅案内所)
〔国の史跡〕田島弥平旧宅
通風を重視した近代養蚕法「清涼育」を開発した
田島弥平が建てた換気用のヤグラ(越屋根、天
窓)付き総二階建ての建物で、近代養蚕農家建築
の原点となった。この飼育方法で安定した繭の
生産に成功した。
見学　個人宅のため、見学は外観のみ。
田島弥平旧宅案内所に資料展示あり。
交通アクセス　●JR高崎線本庄駅からタクシー約
20分。
●本庄児玉ICから駐車場まで約20分、駐車場(島
村蚕のふるさと公園駐車場)から徒歩約5分。

田島弥平旧宅 (伊勢崎市)

富岡製糸場と絹産業遺産群

世界遺産担当部局

- ●群馬県企画部世界遺産推進課　　　　〒371-8570　群馬県前橋市大手町1-1-1　℡027-226-2328
- ●富岡市世界遺産部富岡製糸場保全課　〒370-2316　富岡市富岡1-1　　　　　℡0274-64-0005
- ●藤岡市教育委員会文化財保護課世界遺産推進係〒375-0055　藤岡市白石1291-1　　℡0274-23-5997
- ●伊勢崎市教育委員会文化財保護課　　〒379-2298　伊勢崎市西久保町1-64-5 2F　℡0270-63-3636
- ●下仁田町教育委員会教育課　　　　　〒370-2623　甘楽郡下仁田町大字下小坂71-1　℡0274-82-5345

運動基金　　　世界遺産登録推進運動基金
　　　　　　　　絹の道ぐんま連絡協議会（事務局　富岡市商店街サービス事業協同組合）

課題　　　　●製糸場周辺地域の街並み保全
　　　　　　　●中心市街地の区画整理事業（12ha）を含めた街づくり計画
　　　　　　　●鏑川の崖の崩落対策
　　　　　　　●東繭倉庫の屋根辺りの劣化と漆喰等の落下

備考　　　　●「かかあ天下－ぐんまの絹物語－」（群馬県桐生市、甘楽町、中之条町、片品村）、
　　　　　　　　は、2015年4月24日に「日本遺産」（Japan Heritage）のストーリーに認定され
　　　　　　　　ている。
　　　　　　　●地震や強風などの影響で、ガラスが割れたり、瓦がずれるなど施設に被害が
　　　　　　　　出ている。
　　　　　　　●片倉工業は、2005年9月に、旧官営富岡製糸場を富岡市に寄付。

当シンクタンクの協力

- ●東京新聞朝刊「富岡製糸場　世界遺産に　魅力発信・継承へ課題」　　　　　2014年 6月22日
- ●TBSテレビ・ひるおび「歓喜 "パーフェクトに近い勧告" 富岡製糸場　世界遺産へ」
　　　　　　　　　　　　　　　　　　　　　　　　　　　　　　　　　　　　　2014年 4月28日
- ●フジテレビ・めざましテレビ・セブン「富岡製糸場が世界遺産登録へ」　　　2014年 4月28日
- ●J-WAVE・THE CUTTING EDGE「日本のものづくりの原点」　　　　　　　2014年 4月28日
- ●東京新聞朝刊「世界遺産レース　し烈」　　　　　　　　　　　　　　　　　2012年 7月14日

参考URL　　ユネスコ世界遺産センター　　http://whc.unesco.org/en/list/1449
　　　　　　　富岡製糸場と絹産業遺産群　　http://worldheritage.pref.gunma.jp/ja/
　　　　　　　富岡製糸場　　　　　　　　　http://www.tomioka-silk.jp/hp/index.html

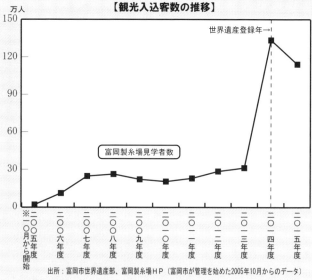

【観光入込客数の推移】

世界遺産登録年→

富岡製糸場見学者数

万人

出所：富岡市世界遺産部、富岡製糸場HP（富岡市が管理を始めた2005年10月からのデータ）

参考：富岡市人口　49,771人（2017年2月1日現在）

富岡製糸場と絹産業遺産群

構成資産分布図

❶ 富岡製糸場
❷ 荒船風穴
❸ 高山社跡
❹ 田島弥平旧宅

富岡製糸場と絹産業遺産群

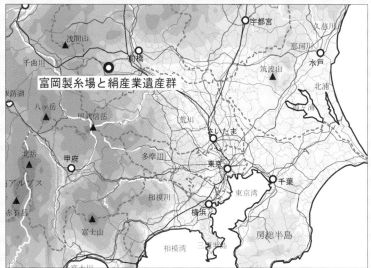

富岡製糸場と絹産業遺産群

交通アクセス　富岡製糸場へは、
- JR高崎駅から上信電鉄乗り換え約40分、上州富岡駅下車、徒歩10分（1km）
- 上信越道富岡ICから約5分（3km）
- 富岡製糸場は車の乗り入れ禁止。指定の駐車場に駐車のこと。

明治日本の産業革命遺産：製鉄・製鋼、造船、石炭産業

登録遺産名	Sites of Japan's Meiji Industrial Revolution: Iron and Steel, Shipbuilding and Coal Mining
遺産種別	文化遺産
登録基準	(ii) ある期間を通じて、または、ある文化圏において、建築、技術、記念碑的芸術、町並み計画、景観デザインの発展に関し、人類の価値の重要な交流を示すもの。
	(iv) 人類の歴史上重要な時代を例証する、ある形式の建造物、建築物群、技術の集積、または、景観の顕著な例。

暫定リスト記載　2009年　　**日本政府推薦**　　　2013年
ICOMOS調査　　2014年9月26日〜10月5日　（オーストラリアICOMOS所属の専門家調査員）
登録年月　　　　2015年6月　（第39回世界遺産委員会ボン会議）

登録遺産の面積　コア・ゾーン　306.66ha　バッファー・ゾーン　2408.33ha

登録遺産の概要　本産業遺産群は、主に 日本の南西部に位置する 九州・山口地域に分布し 、産業化が初めて西洋から非西洋に波及し成就したことを顕している。19世紀半ばから20世紀の 初頭にかけ、日本は特に防衛面の要請に応えるため、製鉄・製鋼、造船、石炭産業を基盤に急速な産業化を成し遂げた。シリアルの構成資産は、急速な産業化の3つの段階を顕している 。 第一段階は1850年代から1860年代にかけて、徳川将軍家の統治が終焉を迎える幕末、鎖国 の中での製鉄及び造船の試行錯誤の挑戦に始まる。国の防衛力、特に、諸外国の脅威に対抗する海防力を高めるために、藩士たちの産業化への挑戦は、伝統的な手工業の技で、主に西洋の技術本からの二次的知識と洋式船の模倣より始まった。この挑戦は、ほぼ失敗に終わったが、この取り組みにより、日本は江戸時代の鎖国から大きく一歩を踏みだし、明治維新へと向かう。1860年代 からの第二段階においては、西洋の科学技術が導入され、技術の運用のために 専門家が招かれ、専門知識の習得を行った。その動きは 明治新政府の誕生により加速された。明治の後期（1890 年〜1910 年）にあたる第三段階においては、国内に専門知識を有した人材が育ち、積極的に導入した西洋の科学技術を、国内需要や社会的伝統に適合するように現場で改善・改良を加え、日本の流儀で産業化を成就した。地元の技術者や管理者の監督する中で、国内需要に応じて 地元の原材料を活用しつつ、西洋技術 の 導入が行われた。遺産群は全体として、日本が西洋技術の導入において国内ニーズに応じて改良を加えた革新的アプローチにより、日本を幕藩体制の社会より主要な産業社会へと変貌させ、東アジアのさらに広い発展へ大きな影響をあたえた質的変化の道程を顕著に顕している。1910年以降、多くの構成資産は 、本格的な複合的産業施設に発展をした。現在も、一部、現役の産業設備として操業しているものもあり、また、現役の産業設備 の一部を構成しているものもある。

分　類	記念工作物、遺跡、建造物群　　　　**年代区分**　19世紀〜20世紀
普遍的価値	①産業化が進む西洋諸国と日本との間に起きた技術移転に係る類い稀な価値観の交流
	②人類史における急速な変化を説明する技術的集合体の顕著な事例
保　護	**文化財保護法**

〔国の史跡〕萩反射炉、恵美須ヶ鼻造船所跡、大板山たたら製鉄遺跡、萩城跡、萩城城下町、松下村塾、旧集成館附寺田炭窯跡、関吉の疎水溝、韮山反射炉、橋野鉄鉱山・高炉跡、三重津海軍所跡、小菅修船場跡、高島炭鉱跡、端島炭坑、三池炭鉱　〔国の重要文化財〕旧集成館、旧グラバー住宅、三池炭鉱（宮原坑・万田坑）、三角西（旧）港
〔国の重要伝統的建造物群保存地区〕萩城下町（萩市堀内地区）
〔国の重要文化的景観〕三角西（旧）港　〔国の名勝〕仙巌園

景観法
〔景観重要建造物〕長崎造船所（第三船渠、旧木型場、ジャイアント・カンチレバークレーン、占勝閣）、三池港、官営八幡製鐵所

※稼働中のもの	八幡製鉄所（北九州市）、長崎造船所（長崎市）、三池港（大牟田市）、橋野高炉跡及び関連施設（釜石市）
情報センター	産業遺産情報センター

〒162-0056東京都新宿区若松町19-1 総務省第二庁舎別館　0120-973-310

構成資産

エリア	サイト	構成資産 （所在地）	登録資産面積 (ha)	緩衝地帯面積 (ha)
① 萩	萩の産業化初期の時代の遺産群	萩反射炉 （山口県萩市）	0.38	119.72
		恵美須ヶ鼻造船所跡 （山口県萩市）	0.79	
		大板山たたら製鉄遺跡 （山口県萩市）	0.63	234.56
		萩城下町 （山口県萩市）	96.9	712.31
		松下村塾 （山口県萩市）	0.13	1.73
② 鹿児島	集成館	旧集成館 （鹿児島県鹿児島市）	9.98	61.09
		寺山炭窯跡 （鹿児島県鹿児島市）	0.64	2.01
		関吉の疎水溝 （鹿児島県鹿児島市）	0.11	1.93
③ 韮山	韮山反射炉	韮山反射炉 （静岡県伊豆の国市）	0.5	33.86
④ 釜石	橋野鉄鉱山	橋野鉄鉱山・高炉跡 （岩手県釜石市）	39.55	523.73
⑤ 佐賀	三重津海軍所跡	三重津海軍所跡 （佐賀県佐賀市）	3.14	33.43
⑥ 長崎	長崎造船所	小菅修船場跡 （長崎県長崎市）	2.36	16.45
		三菱長崎造船所 第三船渠 （長崎県長崎市）	2.28	
		同 占勝閣 （長崎県長崎市）	0.41	5.82
		同 ジャイアント・カンチレバークレーン （長崎県長崎市）	0.03	13.19
		同 旧木型場 （長崎県長崎市）	0.36	
	高島炭坑	高島炭鉱跡 （長崎県長崎市）	0.17	5.75
		端島炭坑 （長崎県長崎市）	6.51	36.04
	旧グラバー住宅	旧グラバー住宅 （長崎県長崎市）	0.31	61.95
⑦ 三池	三池炭鉱・三池港	三池炭鉱・三池港 （福岡県大牟田市・熊本県荒尾市）	119.78	371.61
	三角西港	三角西（旧）港 （熊本県宇城市）	18.61	83.45
⑧ 八幡	官営八幡製鐵所	官営八幡製鐵所 （福岡県北九州市）	1.71	33.81
		遠賀川水源池ポンプ室 （福岡県中間市）	1.38	55.89
		合　計	306.66	2408.33

①萩

【萩の産業化初期の時代の遺産群】

〈萩反射炉〉

〒758-0011　萩市大字椿東4897-7

℡0838-25-3380（萩市世界遺産登録推進課）

〔国の史跡〕萩反射炉

1856年、長州藩が西洋式の鉄製大砲鋳造を目指し建設したもの。産業化初期の段階の取組みを物語る貴重な遺跡。

交通アクセス　●JR東萩駅から車で約3分、北東方面島根方向へ国道191号沿い。

〈恵美須ヶ鼻造船所跡〉

〒758-0011　萩市大字椿東5159-14

℡0838-25-3380（萩市世界遺産登録推進課）

〔国の史跡〕恵美須ヶ鼻造船所跡

木造の西洋式帆船を建造するために国内で最初期に設けられた造船所のひとつ。1856年に丙辰丸、1860年に庚申丸の2隻の西洋式帆船を建造した。現在も当時の規模の大きな防波堤が残る。

交通アクセス　●JR東萩駅から車で約15分。大型車通行不可。

萩反射炉

明治日本の産業革命遺産：製鉄・製鋼、造船、石炭産業

〈大板山たたら製鉄遺跡〉
〒758-0501　萩市大字紫福257-1
℡0838-25-3380（萩市世界遺産登録推進課）
〔国の史跡〕大板山たたら製鉄遺跡
砂鉄を原料に、木炭を燃焼させ鉄を作っていた
日本の伝統的な製鐵方法である「たたら製鉄」
の遺跡。ここで生産した原料鉄が、恵美須ヶ鼻造
船所で丙辰丸の建造に利用された。幕末の産業
化の取組みを日本の在来技術が支えたことを示
している。
交通アクセス　道幅が狭いので中・大型車通行不
可。駐車場あり（普通車のみ）

大板山たたら製鉄遺跡（山口県萩市）

〈萩城下町〉
〒758-0057　萩市大字堀内1ほか
〔国の史跡〕萩城城下町、萩城跡
〔国の重要伝統的建造物群保存地区〕萩市堀内地区
長州藩主の毛利輝元が建設した藩の政策決定の場であった萩城の跡（城跡）、藩の産業化や技術獲
得などの政策を遂行した重臣たちの屋敷があった旧上級武家地、町屋や中・下級武士の武家屋敷
が軒を連ねる旧町人地の3つの区域によって構成される。
交通アクセス　●萩城跡へは、萩循環まぁーるバス「萩城跡・指月公園入口」バス停より徒歩5分。

〈松下村塾〉
（しょうかそんじゅく）
〒758-0011　萩市大字椿東1537-1
℡0838-22-4643（松陰神社）
〔国の史跡〕松下村塾
長州藩の幕末の志士吉田松陰が主宰した私塾
で、1856年から1858年の間に約90名の門人を指
導、維新の志士や明治日本を確立した数多くの
人材を輩出した。松下村塾は、産業化に取り組
み、産業文化を形成していった当時の地域社会
における人材育成の場であった。
見学　外観のみ見学自由。
交通アクセス　●JR東萩駅より徒歩20分。
●萩循環まぁーるバス「松陰神社前」下車

松下村塾（山口県萩市）

②鹿児島
【集成館】
〈旧集成館〉
〒892-0871 鹿児島市吉野町9700-1
℡099-247-1511
〔国の史跡〕旧集成館附寺山炭窯跡 関吉の疎水溝
〔国の重要文化財〕旧集成館
薩摩藩主の島津斉彬が富国強兵・殖産興業を目指
した工場群。反射炉跡、機械工場、旧鹿児島紡績
所技師館が登録資産。
見学　一般1000円、小中学生500円
（仙巌園、尚古集成館と共通）8:30〜17:30
交通アクセス　●JR鹿児島中央駅より車で20分。
●カゴシマシティビュー「仙巌園前」下車。

旧集成館（鹿児島県鹿児島市）

明治日本の産業革命遺産：製鉄・製鋼、造船、石炭産業

〈寺山炭窯跡〉
〒892-0871 鹿児島市吉野町10710-68　℡099-227-1962（鹿児島市教育委員会文化財課）
〔国の史跡〕旧集成館附寺山炭窯跡 関吉の疎水溝
集成館事業に必要となった木炭の需要に対応するため、1858年に建設された炭窯の跡。堅牢な石積で築造された当時の姿を残す。
交通アクセス ●JR鹿児島中央駅より車で45分。

〈関吉の疎水溝〉
〒892-0873 鹿児島県鹿児島市下田町1263先　℡099-227-1962（鹿児島市教育委員会文化財課）
〔国の史跡〕旧集成館附寺山炭窯跡 関吉の疎水溝
1852年、島津斉彬が吉野疎水から約7kmに渡って新たに水路を築き、集成館の動力水車に水を供給した。
交通アクセス ●JR鹿児島中央駅からバス緑ヶ丘団地線にて30分、「下田」下車、徒歩12分。

③韮山
〈韮山反射炉〉
〒410-2113　伊豆の国市中字鳴滝入268
℡055-949-3450
〔国の史跡〕韮山反射炉
幕末期の代官江川英龍、英敏親子が1857年に完成させた。稼働した反射炉で唯一現存するもの。
見学 一般100円、小中学生50円。9:00〜16:00
交通アクセス ●伊豆箱根鉄道駿豆線伊豆長岡駅から徒歩約20分。

韮山反射炉（静岡県伊豆の国市）

④釜石
〈橋野鉄鉱山〉
〒026-0411　岩手県釜石市橋野町2-15
℡0193-54-5250（橋野鉄鉱山インフォメーションセンター）
〔国の史跡〕橋野鉄鉱山・高炉跡
近代製鉄の父・大島高任の指導により築造された現存する日本最古の洋式高炉跡。採鉱（鉄鉱石採掘場）、運搬（運搬路）、そして製錬（高炉場）に至るまでの製鉄工程を総合的に把握できる。
見学 高炉場跡のみ公開。冬季は見学困難。
交通アクセス ●JR釜石駅より車で50分。

橋野高炉跡（岩手県釜石市）

⑤佐賀
〈三重津海軍所跡〉
〒840-2295 佐賀市川副町大字早津江津
℡0952-34-9455（佐野常民記念館）
〔国の史跡〕三重津海軍所跡
佐賀藩が1858年に設立した蒸気船等の船の修理・造船施設。1865年には、日本初の実用蒸気船である「凌風丸」を建造した。
見学 2014年、隣接する佐野常民記念館3階に、インフォメーションコーナーがオープン。
交通アクセス ●JR佐賀駅からバスで約40分。
●長崎道佐賀大和ICから40分。

三重津海軍所跡　（佐賀県佐賀市）

明治日本の産業革命遺産：製鉄・製鋼、造船、石炭産業

⑥長崎

【長崎造船所】

〈小菅修船場跡〉 〒850-0934　長崎市小菅町
℡095-829-1314（長崎市観光推進課）
〔国の史跡〕小菅修船場跡
わが国近代造船史上、現存する最古の建築遺構。
地形を利用してドックにしたもので、船を曳き揚げるための船を載せる台がソロバン状に見えたため、通称ソロバンドックと呼ばれている。
見学　曳揚げ小屋内部は非公開。
交通アクセス　●JR長崎駅から長崎バス野母半島方面15分、小菅町下車徒歩5分。

小菅修船場跡（長崎県長崎市）

三菱長崎造船所〈第三船渠〉〈ジャイアント・カンチレバークレーン〉〈旧木型場〉〈占勝閣〉
〒850-8610 長崎市飽の浦町1-1 ℡095-828-4134
1861年に完成した日本初の西洋式の造船所で、明治になり官営となった後、三菱に受け継がれた。現在も稼働中の第三船渠、ジャイアント・カンチレバークレーン、現在は史料館の旧木型場造船所内で最古の建物、そして第三船渠を見下ろす丘の上に建つ木造洋館の占勝閣がある。
見学　史料館のみ公開（要予約）
交通アクセス　●JR長崎駅からバスで飽の浦下車、徒歩3分。史料館門から入場。

ジャイアント・カンチレバークレーン
（長崎県長崎市）

【高島炭坑】

〈高島炭坑〉 〒851-1315　長崎市高島町99-1　℡095-896-3110（長崎市高島行政センター）
〔国の史跡〕高島炭鉱跡、高島北渓井坑跡、中ノ島炭坑跡、端島炭坑跡
日本最初の蒸気機関による竪坑。最新の技術と機械が導入された北渓井坑は、深さ約43m、日産300トンを出炭したといわれるが、1876年に海水の侵入により廃坑となった。
交通アクセス　●長崎からフェリーで約30分、高島港ターミナルから徒歩25分。

〈端島炭坑〉 〒851-1315 長崎市高島町端島　℡095-829-1314（長崎市観光推進課）
〔国の史跡〕高島炭鉱跡、高島北渓井坑跡、中ノ島炭坑跡、端島炭坑跡
長崎港から南西約18kmの海上に浮かぶ面積6.5haほどの小さな島で、江戸時代後期に石炭が発見され、1890年からは海底炭坑として良質な製鉄用原料炭を供給した。1974年閉山し無人島となった。高層鉄筋アパートなどが林立する外観から「軍艦島」と呼ばれるようになった。
見学　各船会社運航の軍艦島上陸ツアーに参加する必要あり。施設利用料　一般300円。
交通アクセス　●長崎から船で約60分。

〈旧グラバー住宅〉 〒850-0931　長崎市南山手町8-1　℡095-822-8223（グラバー園）
〔国の重要文化財・建造物〕旧グラバー住宅
スコットランド出身のトーマス・グラバー（1838～1911年）が西洋技術を伝えた拠点。
見学　8:00～18:00　大人 610円、高校生 300円、小中学生 180円
交通アクセス　●JR長崎駅からバスで約10分、グラバー園入口下車。

端島炭坑（通称：軍艦島）（長崎県長崎市）

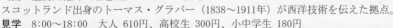

明治日本の産業革命遺産：製鉄・製鋼、造船、石炭産業

⑦三池
【三池炭鉱・三池港】
〈三池炭鉱・宮原坑〉〒836-0875 大牟田市宮原町1-86-3 ℡0944-41-2515（大牟田市企画総務部）
〔国の重要文化財〕三井石炭鉱業株式会社三池炭鉱宮原坑施設
〔国の史跡〕三井三池炭鉱跡 宮原坑跡 万田坑跡 専用鉄道敷跡
1898年第一竪坑が完成。明治から大正にかけて年間40万トンから50万トンの石炭を掘り出していた。
見学 10:00〜17:00 無料
交通アクセス ●JR大牟田駅からバスで早鐘眼鏡橋下車、徒歩8分。

〈三池炭鉱・万田坑〉〒864-0001 荒尾市原万田200-2 ℡0968-57-9155（万田坑ステーション）
〔国の重要文化財〕三井石炭鉱業株式会社三池炭鉱旧万田坑施設
〔国の史跡〕三井三池炭鉱跡 宮原坑跡 万田坑跡 専用鉄道敷跡
宮原坑の南約1.5kmにあり、第一竪坑は1902年に完成。施設とそれに伴う設備関係が良好に残る。
見学 9:30〜17:00 大人410円、高校生300円、小・中学生200円
交通アクセス ●JR荒尾駅から車で約10分。

〈三池港〉〒836-0061 大牟田市新港町 ℡0944-41-2515（大牟田市企画総務部）
1902年に着工した大港湾事業。
見学 ふ頭閘門等稼動施設は非公開
交通アクセス ●JR大牟田駅からバスで10分、三池港終点下車すぐ。

【三角西港】
〈三角西(旧)港〉〒869-3207 宇城市三角町三角浦 ℡0964-32-1428（宇城市教育委員会）
〔国の重要文化財〕三角旧港（三角西港）施設
〔国の重要文化的景観〕三角浦の文化的景観
明治を代表する土木港湾施設。三池炭鉱からの石炭の積出港であった。
交通アクセス ●JR三角駅からバスで約10分、三角西港前下車。

⑧八幡
【官営八幡製鐵所】
〈官営八幡製鐵所〉〒805-0071 北九州市八幡東区大字尾倉他
℡093-582-2922（北九州市世界遺産登録推進室）
明治維新後、「殖産興業」の政策が進められる中、製鐵所建設工事が行われ苦難の中で誕生した銑鋼一貫の近代製鐵所。
見学 非公開（旧本事務所を眺望できるスペースあり）
交通アクセス ●最寄駅：JRスペースワールド駅から徒歩10分で眺望スペース

〈遠賀川水源地ポンプ室〉
〒809-0033 中間市土手ノ内1丁目 ℡093-246-6273（中間市世界遺産推進室）
見学 非公開（中間市地域交流センターに歴史がわかる解説あり℡093-245-4665）
交通アクセス ●JR筑前垣生駅から徒歩約25分

世界遺産登録推進協議会
　メンバー　福岡県、佐賀県、長崎県、熊本県、鹿児島県、山口県、岩手県、静岡県、北九州市、大牟田市、
　　　　　　中間市、佐賀市、長崎市、荒尾市、宇城市、鹿児島市、萩市、釜石市、伊豆の国市
　オブザーバー　飯塚市、田川市、唐津市、下関市
　事務局　　「九州・山口の近代化産業遺産群」世界遺産登録推進協議会事務局
　　　　　　鹿児島県企画部世界文化遺産課 〒890-8577 鹿児島市鴨池新町10-1 ℡099-286-2366

縦書き：明治日本の産業革命遺産：製鉄・製鋼、造船、石炭産業

窓口

● 内閣官房　産業遺産の世界遺産登録推進室
　　　〒100-0014　　東京都千代田区永田町1-11-39 8F　　　　　　　℡03-6206-6176
● 福岡県総合政策課世界遺産登録推進室
　　　〒812-8577　　福岡市博多区東公園7-7　　　　　　　　　　　℡092-643-3162
● 北九州市総務企画局政策部世界遺産登録推進室
　　　〒803-8501　　北九州市小倉北区城内1-1　　　　　　　　　　℡093-582-2922
● 大牟田市企画総務部世界遺産登録・文化財室
　　　〒836-8666　大牟田市有明町2-3　　　　　　　　　　　　　　℡0944-41-2515
● 中間市総合政策部世界遺産推進室世界遺産推進係
　　　〒809-0000　中間市大字垣生660-1　　　　　　　　　　　　　℡093-245-4665
● 佐賀県くらし環境本部 文化・スポーツ部世界遺産推進室
　　　〒840-8570　　佐賀市城内1丁目1-59　　　　　　　　　　　　℡0952-25-7253
● 佐賀市 企画調整部 世界遺産登録推進室
　　　〒840-8501 佐賀市佐賀市栄町1-1 本庁2F　　　　　　　　　　℡0952-40-7105
● 山口県 教育庁社会教育・文化財課　〒753-8501 山口市滝町1-1　　℡083-933-4650
● 萩市 歴史まちづくり部世界文化遺産課　〒758-8555　萩市江向510　℡0838-25-3380
● 長崎県 文化観光国際部世界遺産登録推進課
　　　〒850-0035　　長崎市元船町14-10　　橋本商会ビル7F　　　　℡095-894-3171
● 長崎市 総務局世界遺産推進室　〒850-8685 長崎市桜町2-22 本館4F　℡095-829-1260
● 熊本県 企画振興部文化企画・世界遺産推進課
　　　〒862-8570　　熊本市中央区水前寺6-18-1　　　　　　　　　　℡096-333-2154
● 荒尾市 教育委員会生涯学習課世界遺産推進室
　　　〒864-8686　　荒尾市宮内出目390　　　　　　　　　　　　　℡0968-63-1681
● 宇城市 教育部世界遺産推進室
　　　〒869-0592　　宇城市松橋町大野85　　　　　　　　　　　　　℡0964-32-1111
● 鹿児島県 企画部世界文化遺産課　〒890-8577 鹿児島市鴨池新町10-1　℡099-286-2366
● 鹿児島市 企画財政局企画部世界文化遺産推進室
　　　〒892-8677 鹿児島市山下町11-1　　　　　　　　　　　　　　℡099-216-1504
● 静岡県 文化・観光部文化富士山世界遺産課
　　　〒420-8601　静岡市葵区追手町9-6　　　　　　　　　　　　　℡054-221-3746
● 伊豆の国市 市長戦略部観光文化局世界遺産推進課
　　　〒410-2292　　伊豆の国市長岡346-1　　あやめ会館1F　　　　℡055-948-1425
● 岩手県 教育委員会事務局生涯学習文化課世界遺産担当
　　　〒020-8570　　盛岡市内丸10-1　　　　　　　　　　　　　　　℡019-629-6177
● 釜石市 総務企画部 世界遺産登録推進室
　　　〒026-0031 岩手県釜石市鈴子町15-2　　　　　　　　　　　　℡0193-22-8846

世界遺産登録前後の歩み

2006年11月	世界遺産暫定リストへの記載をめざし、文化庁へ提案→継続審議
2007年12月	世界遺産暫定リストへの記載をめざし、文化庁へ再度提案
2008年9月26日	文化財保護審議会の決定を受けて、文化庁が暫定リストへの追加物件に選定。
2008年10月29日	世界遺産登録推進協議会を設置。（関係6県11市　事務局：鹿児島県）
2009年1月5日	世界遺産暫定リストに記載。物件名「九州・山口の産業遺産群」
↓	専門家委員会やシンポジウムなどの開催、構成資産候補等の検討、文化財指定、
↓	稼働中の産業遺産の保全方策の検討、保存管理計画策定など
2013年4月	国へ推薦書原案を提出。
2013年9月	政府、2013年度の政府推薦を「明治日本の産業革命遺産－九州・山口と関連地域」に決定。
2013年1月	ユネスコ世界遺産センターへ推薦書（正式版）を提出。

明治日本の産業革命遺産：製鉄・製鋼、造船、石炭産業

2014年9月26日～10月5日　ICOMOSによる現地調査。(オーストラリアICOMOS所属の専門家調査員)
2015年5月　　　　ICOMOSが「登録」を勧告。
2015年7月　　　　第39回世界遺産委員会ボン会議で「登録」決議。登録遺産名「明治日本の産業
　　　　　　　　革命遺産：製鉄・製鋼、造船、石炭産業」となる。

参考URL

ユネスコ世界遺産センター　**http://whc.unesco.org/en/list/1484**
明治日本の産業革命遺産　　**http://www.japansmeijiindustrialrevolution.com/index.html**
産業革命遺産国民会議　　　**http://sangyoisankokuminkaigi.jimdo.com/**

当シンクタンクの協力

●中国新聞【今を読む】「日本初登録30年　保全措置の進化が求められる」　　　2023年12月 9日
●にっぽん丸 船内講演「明治維新150年の萩　萩にある5つの構成資産」　　　　2018年5月20日
●日本経済新聞「地元の世界遺産 小学生の『教材』に」　　　　　　　　　　　2016年6月17日
●朝日新聞朝刊教育面「世界遺産 大学で「体感」地元の人の「価値共有」が大切」　2015年8月 1日
●週刊新潮(新潮社)「世界遺産」10年の根回しと韓国の破壊工作　　　　　　　2015年5月21日
●テレビ朝日・グッド！モーニング
　「「世界遺産」に黄色信号？韓国"切り崩し工作"『明治日本の産業革命遺産』」　2015年6月12日
●テレビ朝日・グッド！モーニング「明治日本の産業革命遺産」　　　　　　　2015年5月 6日
●TBSテレビ・NEWS23「明治日本の産業革命遺産」　　　　　　　　　　　2015年5月 5日
●TBSテレビ・Nスタ ニュース「明治日本の産業革命遺産」　　　　　　　　2015年5月 5日
●TBSテレビ・ひるおび「明治日本の産業革命遺産」　　　　　　　　　　　2015年5月 5日
●フジテレビ・めざましテレビ-アクア「富岡製糸場に続け！世界遺産候補地を調査」2014年5月 9日
●NBC長崎放送「報道センター」ニュース「産業革命遺産」世界遺産に推薦決定　2013年9月17日

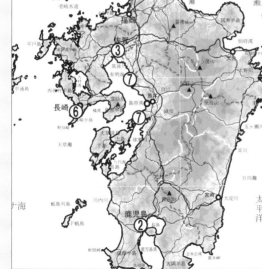

明治日本の産業革命遺産：製鉄・製鋼、造船、石炭産業

ル・コルビュジエの建築作品-近代建築運動への顕著な貢献-（国立西洋美術館）

登録遺産名	The Architectural Work of Le Corbusier, an Outstanding Contribution to the Modern Movement（The National Museum of Western Art）
遺産種別	文化遺産

登録基準　(i)　人類の創造的天才の傑作を表現するもの。

(ii)　ある期間を通じて、または、ある文化圏において、建築、技術、記念碑的芸術、町並み計画、景観デザインの発展に関し、人類の価値の重要な交流を示すもの。

(vi)　顕著な普遍的意義を有する出来事、現存する伝統、思想、信仰、または、芸術的、文学的作品と、直接に、または、明白に関連するもの。

暫定リスト記載　2007年（日本：国立西洋美術館）
登録年月　　　　2016年7月（第40回世界遺産委員会イスタンブール会議）

物件の概要　　　ル・コルビュジエの建築作品-近代建築運動への顕著な貢献-は、建築家ル・コルビュジエ（Le Corbusier 1887〜1965年）のフランス、スイス、ベルギー、ドイツ、インド、日本、アルゼンチンの7か国にまたがる17か所の建築作品群で構成される。ル・コルビュジエは、スイスで生まれ、フランスのパリを拠点に活躍した建築家・都市計画家で、建築・都市計画のみならず絵画、彫刻、家具などの制作にも取り組み、小住宅から国連ビルの原案まで幅広い制作活動を展開した。合理的、機能的で、明晰なデザイン原理を絵画、建築、都市等において追求し、20世紀の建築、都市計画に大きな影響を与えた。フランク・ロイド・ライト、ミース・ファン・デル・ローエ、ヴァルター・グロピウスと共に近代建築の四大巨匠と呼ばれ、日本の国立西洋美術館も設計した。国立西洋美術館は、東アジアで唯一のル・コルビュジエの作品で、美術館建築の代表作である。ピロティ、スロープ、屋上庭園、モデュロールなどの建築的な特徴が表現され、無限発展美術館の構想がよく示された作品として評価されている。2008年1月にフランス政府が、「ル・コルビュジエの建築と都市計画」として、関係国政府と共にユネスコ世界遺産センターに正式に登録推薦した。2009年の第33回世界遺産委員会セビリア会議で、「世界遺産リスト」への登録の可否が審議されたが、「顕著な普遍的価値」（OUV）の価値評価をめぐって意見がわかれ、結果的には「情報照会」決議となった。2011年の第35回世界遺産委員会パリ会議では、資産のタイトルを「ル・コルビュジエの建築と都市計画」から「ル・コルビュジエの建築作品-近代建築運動への顕著な貢献-」に変更して再審議されたが、「登録延期」決議となった。その後、フランスを中心に再推薦に向けた準備が進められ、インドが参画、3度目の挑戦で世界遺産登録が実現した。

分　類　　　　　記念工作物
年代区分　　　　20世紀（1959年〜）
普遍的価値　　　ル・コルビュジエの構想「無限発展の美術館」（Musee a croissance illimitee）の最も完全な表現
物件所在地　　　フランス、スイス、ベルギー、ドイツ、日本、アルゼンチン、インド

構成資産　　　　7か国17資産
＜フランス＞ 10資産
暫定リスト記載日：2006年1月31日
(1)ラ・ロッシュ＝ジャンヌレ邸　1923年
パリ16区の閑静な住宅地に建つ。バーゼルの銀行家ラ・ロッシュとコルビュジエの兄の住宅で、現在、ル・コルビュジエ財団(FLC)の本部。ラ・ロッシュ邸は一般公開されている。
月　13:30〜18:00
火〜金　10:00〜12:30　13:30〜17:00
土　10:00〜17:00（日・祝休み）
●メトロ9号線JASMIN駅から徒歩8分

ル・コルビュジエ本部

ポルト・モリトールの集合住宅アパート

(2)ペサックの住宅群　　1924年
　　アルザス＝ロレーヌ地方ジロンド県ボルドー

(3)サヴォア邸　　1928年
　　イル・ド・フランス地方イヴリーヌ県
　　ポワシー（パリ郊外）

(4)ポルト・モリトールの集合住宅アパート
　　1931年　　パリ16区

(5)マルセイユのユニテ・ダビタシオン　　1945年
　　プロヴァンス＝アルプ＝コート・ダジュール
　　地方マルセイユ
　　ル・コルビュジエが最初に手掛けた18階建、全337戸の集合住宅。

(6)サンディエのデュヴァル織物工場　　1946年　　アルザス＝ロレーヌ地方サンディエ
　　第二次世界大戦後初の作品。破壊されたサンディエの町の復興として、現在も稼働中。
　　月・火・木・金14：00～15：00のみ見学可能　℡3-29-52-35-35

(7)ロンシャンの礼拝堂　　1950年　　フランシュ・コンテ地方オート＝ソーヌ県ロンシャン
　　ル・コルビュジエの晩年の作品で、カニの甲羅をモチーフにした屋根、曲線を多用した彫塑的
　造形のユニークな建物。
　●ベルフォールから20km

(8)ル・コルビュジエの小屋　　1951年　　プロヴァンス＝アルプ＝コート・ダジュール地方アルプ＝
　マリティーム県ロクブリュヌ＝カプ＝マルタン

(9)ラ・トゥーレットの修道院　　1953年　　ローヌ・アルプ地方ローヌ県エヴォー（リヨン郊外）
　●リヨンから20km　リヨンのサンポール駅から電車でL'Abresel下車、徒歩約30分。

(10)フィルミニ・ヴェール　　1953～1965年　　ローヌ・アルプ地方ローヌ県フィルミニ
　　リヨンから1時間半ほどにあるフィルミニの街の再開発計画（緑のフィルミニ）の一環として、
　1960年に建設計画されたコルビュジエ最晩年の作品群。サン・ピエール教会は、財政的な問題
　で工事が中断されていたが、没後40年経った2006年に完成した。
　●サン・テティエンヌから10km

<スイス>　2資産　暫定リスト記載日：2004年12月28日
(11)レマン湖畔の小さな家　　1923年　　ヴォー州コルソーヴェヴィ

(12)クラルテ集合住宅　　1930年　　ジュネーヴ州ジュネーヴ
　　クラルテとは、日本語で光、明晰という意味で、構造は全てS造、ファサードも全面鋼製、鉄
　とガラスを前面に押し出したデザインとなっている。

<ベルギー>　1資産　暫定リスト記載日：2005年4月4日
(13)アントワープのギエット邸　　フランドル地方アントワープ　　1926年
　　画家であり芸術評論家であった、ルネ・ギエットの住宅兼アトリエ。

<ドイツ>　1資産　暫定リスト記載日：2007年2月1日
(14)シュツットガルトのヴァイセンホーフとジードルングの二つの住宅　　1927年
　　バーデン・ヴュルテンベルク州シュツットガルト

ル・コルビュジエの建築作品-近代建築運動への顕著な貢献

ル・コルビュジエの建築作品-近代建築運動への顕著な貢献

＜日本＞　1資産　暫定リスト記載日：2007年9月14日

⑮**国立西洋美術館**　1954〜1959年　〒110-0007　東京都台東区上野公園7番7号　℡03-3828-5131
松方コレクションの寄贈返還を通じ、戦後の日仏の文化交流となった建築物。ピロティから建物の中心に入り、らせん状に外側に向かって順路をとる、無限発展美術館の構想がみられる。作品の増加に伴い、展示スペースを延長することができるアイデアを試みている。
2020年度入館者数：常設展117,718人　共催展 293,418人　合計411,136人
● JR上野駅下車（公園口出口）徒歩1分

＜アルゼンチン＞　1資産　暫定リスト記載日：2007年6月1日

⑯**クルチェット邸**　1949年　ブエノスアイレス州ラ・プラタ
南アメリカ大陸に建てられた唯一の医師の住宅兼診療所。三方を既存の住宅に囲まれた敷地や暑い気候に対応した工夫がなされている。現在は資料館となって公開されている。
● ラ・プラタからStadium of Estudiantes de La Plata行のバス。スタジアム大通りに面している。

＜インド＞　1資産　暫定リスト記載日：2006年10月23日

⑰**チャンディガールのキャンピタル・コンプレックス**　1959年　パンジャブ州チャンディガール
パンジャブ州の州都で、コルビュジエが数多く構想した都市計画の中で唯一実現したもの。
● チャンディガールの駅は、街のはずれにあるので、駅からはタクシーで。

■**ル・コルビュジエの経歴**

（Le Corbusier　本名 Charles-Edouard Jeanneret　シャルル＝エドゥアール・ジャンヌレ）

1887年	スイスのラ・ショー・ド・フォンに生まれる。
1908年	フランス、パリのオーギュスト・ペレの下で建築を学ぶ。
1910年	ドイツのペーター・ベーレンスの下で建築を学ぶ。
1914年	ドミノシステム（鉄筋コンクリートによる住宅建設方法）を発表。
1920年	「エスプリ・ヌーボー」創刊。ル・コルビュジエの名前をはじめて使う。
1923年	ラ・ロッシュ＝ジャンヌレ邸（フランス）、レマン湖畔の小さな家（スイス）
1924年	ペサックの住宅群（フランス）
1926年	クック邸（フランス）、ギエット邸（ベルギー）　近代建築の五原則を発表
1927年	シュツットガルトのヴァイセンホーフとジードルングの二つの住宅（ドイツ）
1928年	CIAM（近代建築国際会議）の設立。サヴォア邸（フランス）
1930年	クラルテ集合住宅（スイス）
1931年	ポルト・モリトールの集合住宅アパート（フランス）
1945年	ユニテ・ダビタシオン（フランス　マルセイユ）
1946年	サンディエのデュヴァル織物工場（フランス）
1949年	クルチェット邸（アルゼンチン）
1950年	インドのチャンディガールの建築顧問として都市計画に関わる。（〜1965年） ロンシャン礼拝堂（フランス）
1951年	コルビュジエの小屋（フランス）
1953年	フィルミニ・ヴェール（フランス）（〜1965年） ラ・トゥーレットの修道院（フランス）
1955年	来日し、国立西洋美術館本館の基本設計をまとめる。 実施設計は、弟子の前川國男などが担当した。
1959年	国立西洋美術館完成（日本）
1965年	水泳中に南仏カプ・マルタンで死去（享年77才）

■**近代建築の5原則**

1. ピロティ（建物を柱で持ち上げ、地上部分にできる空間の吹き抜け）
2. 屋上庭園
3. 自由な平面（建物を支える壁（構造壁）と別に設けられた空間を仕切る壁で作られた平面）
4. 横長の大きな窓（水平連続窓）
5. 自由なファサード（正面）

利活用　　　　　観光、美術館

ル・コルビュジエの建築作品−近代建築運動への顕著な貢献

世界遺産登録前後の歩み

2007年9月	フランス政府から日本政府に対し共同推薦の依頼を受け、「国立西洋美術館本館」を世界遺産暫定リストに記載。
2007年12月	国立西洋美術館を国の重要文化財（建造物）に指定。
2008年1月	日本政府、「ル・コルビュジエの建築と都市計画」（構成資産の一つが国立西洋美術館）の世界遺産への推薦を決定。
2008年2月	関係国を代表し、フランス政府がユネスコ世界遺産センターに推薦書類を提出。6か国22資産。
2008年10月	イコモスの専門家(20世紀遺産国際委員会副会長シェリダン・バーク氏)による現地調査。
2009年5月	イコモスから「登録延期」の勧告がなされる。
2009年6月	第33回世界遺産委員会セビリア会議において、「情報照会」の決議がなされる。
2011年2月	関係国を代表し、フランス政府がユネスコ世界遺産センターに推薦書類を提出。構成資産の内容を見直し、「ル・コルビュジエの建築作品−近代建築運動への顕著な貢献−」とタイトルも変更した。6か国19資産。
2011年5月	イコモスから「不登録」の勧告がなされる。
2011年5月	第35回世界遺産委員会パリ会議において、「登録延期」の決議がなされる。
2014年9月	関係国を代表し、フランス政府がユネスコ世界遺産センターに推薦書類(暫定版)を提出。7か国17資産。
2015年1月	関係国を代表し、フランス政府がユネスコ世界遺産センターに推薦書類(正式版)を提出。
2015年8月	イコモスの専門家(オーストラリアのヘレン・ラードナー氏)による現地調査。
2016年5月	イコモスから「登録」の勧告がなされる。
2016年7月	第40回世界遺産委員会イスタンブール会議において、世界遺産登録される。

課題
● 全体の「顕著な普遍的価値」が損なわれないよう、構成資産のある当事国、また、所有管理者間のコミュニケーションを密にし、全体像のなかでの各構成資産の位置づけなどの解説や説明など全体管理を行なうコンソーシアムなどの組織が必要。
● 世界遺産の登録面積、コア・ゾーンとバッファー・ゾーンとの境界の明確化。
● 日本の「国立西洋美術館」の場合、
① ル・コルビュジエの他の美術館建築との比較、本建築の日本を越えた影響力の証明。
② JR上野駅等における潜在的な開発の可能性を踏まえての、東側の緩衝地帯の強化。

関係窓口
● 独立行政法人国立美術館　国立西洋美術館
〒110-0007　東京都台東区上野公園7-7　℡03-3828-5131
● 台東区世界遺産登録推進室　〒110-8615　東京都台東区東上野4-5-6　℡03-5246-1082

備考
● 日本イコモス国内委員会は、2017年12月8日、「上野恩賜公園と文化施設群」(国立西洋美術館、表慶館、東京国立博物館本館、国立科学博物館、東京文化会館など)を「日本の20世紀遺産20選」に選定。
● フランス政府とル・コルビュジエ財団が中心となって、ユネスコの世界遺産登録を推進してきた。
● 資産間の連携を強化する為、ル・コルビュジエ建築遺産自治体協議会（Association des Site Le Corbusier）が設立されている。
● 1997年から発行のスイスの10フラン札には、ル・コルビュジエの肖像と作品が描かれている。
● 国立西洋美術館本館の現地調査は、2008年10月、ICOMOSの専門家である20世紀遺産国際委員会副会長シェリダン・バーク氏、2015年8月、同じくICOMOSの専門家であるオーストラリアのヘレン・ラードナー氏によって行われた。

参考URL　ル・コルビュジエ財団（Fondation Le Corbusier）　http://www.fondationlecorbusier.fr/
国立西洋美術館　http://www.nmwa.go.jp/jp/index.html

当シンクタンクの協力
● TDE講演会「ユネスコ世界遺産の現状と今後」　2016年7月21日
● 日商岩井社友会講演「ユネスコ遺産の今年の話題とこれから」　2016年5月24日
● 東京新聞「上野の国立西洋美術館『街おこし』へなるか世界遺産」　2008年6月20日

ル・コルビュジエの建築作品-近代建築運動への顕著な貢献

国立西洋美術館

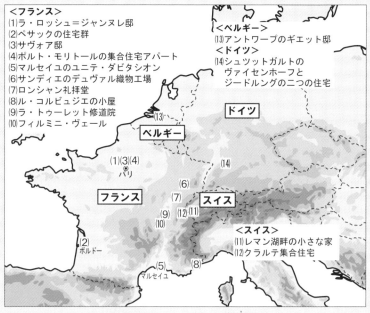

<フランス>
(1)ラ・ロッシュ＝ジャンヌレ邸
(2)ペサックの住宅群
(3)サヴォア邸
(4)ポルト・モリトールの集合住宅アパート
(5)マルセイユのユニテ・ダビタシオン
(6)サンディエのデュヴァル織物工場
(7)ロンシャン礼拝堂
(8)ル・コルビュジエの小屋
(9)ラ・トゥーレット修道院
(10)フィルミニ・ヴェール

<ベルギー>
(13)アントワープのギエット邸
<ドイツ>
(14)シュツットガルトの
　ヴァイセンホーフと
　ジードルングの二つの住宅

ドイツ

ベルギー

(13)

(1)(3)(4)
パリ

フランス

(6)

(7)

(9)(12)(11)
(10)

スイス

(2)
ボルドー

<スイス>
(11)レマン湖畔の小さな家
(12)クラルテ集合住宅

(5)
マルセイユ

(8)

北緯35度71分53秒　東経139度77分5秒

シンクタンクせとうち総合研究機構

(17)チャンディガールの
キャンピタル・コンプレックス

インド

日本

(15)国立西洋美術館

アルゼンチン

(16)クルチェット邸

ル・コルビュジエの建築作品−近代建築運動への顕著な貢献

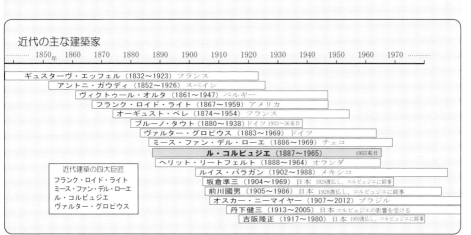

近代の主な建築家

1850年	1860	1870	1880	1890	1900	1910	1920	1930	1940	1950	1960	1970	

ギュスターヴ・エッフェル（1832〜1923）フランス
アントニ・ガウディ（1852〜1926）スペイン
ヴィクトゥール・オルタ（1861〜1947）ベルギー
フランク・ロイド・ライト（1867〜1959）アメリカ
オーギュスト・ペレ（1874〜1954）フランス
ブルーノ・タウト（1880〜1938）ドイツ 1933〜36来日
ヴァルター・グロピウス（1883〜1969）ドイツ
ミース・ファン・デル・ローエ（1886〜1969）チェコ
ル・コルビュジエ（1887〜1965） 1955来日
ヘリット・リートフェルト（1888〜1964）オランダ
ルイス・バラガン（1902〜1988）メキシコ
坂倉準三（1904〜1969）日本 1929渡仏し、コルビュジエに師事
前川國男（1905〜1986）日本 1928渡仏し、コルビュジエに師事
オスカー・ニーマイヤー（1907〜2012）ブラジル
丹下健三（1913〜2005）日本 コルビュジエの影響を受ける
吉阪隆正（1917〜1980）日本 1950渡仏し、コルビュジエに師事

近代建築の四大巨匠
フランク・ロイド・ライト
ミース・ファン・デル・ローエ
ル・コルビュジエ
ヴァルター・グロピウス

「神宿る島」宗像・沖ノ島と関連遺産群

英語名	Sacred Island of Okinoshima and Associated Sites in Munakata Region
遺産種別	文化遺産
登録基準	(ii) ある期間を通じて、または、ある文化圏において、建築、技術、記念碑的芸術、町並み計画、景観デザインの発展に関し、人類の価値の重要な交流を示すもの。
	(iii) 現存する、または、消滅した文化的伝統、または、文明の、唯一の、または、少なくとも稀な証拠となるもの。

暫定リスト記載 2009年1月　　**日本政府推薦**　2015年7月
ICOMOS調査　2016年9月7日～11日　（ニューカレドニアの考古学者クリストフ・サンド氏）
登録年月　　2017年7月　（第41回世界遺産委員会クラクフ会議）

登録遺産面積　**コア・ゾーン**　98.93ha　**バッファー・ゾーン**　79,363.48ha

物件の概要　「神宿る島」宗像・沖ノ島と関連遺産群は、日本の九州本島、福岡県宗像市の北西60kmの海上にあり、古代祭祀の記録を保存する類まれな「収蔵庫」であり、4世紀から9世紀末まで行われた日本列島と朝鮮半島及び中国などアジア大陸との活発な交流に伴う海道の航海安全祈願のための祭祀の在り方を示す証左である。沖ノ島は、中世以降は宗像大社の沖津宮として祀られ、九州本島～大島～沖ノ島にはそれぞれ市杵島姫神（いちきしまひめのかみ）、湍津姫神（たぎつひめのかみ）、田心姫神（たごりひめのかみ）の宗像3女神を祀る辺津宮－中津宮－沖津宮が配され、広大な信仰空間を築き上げた。今日まで「神宿る島」として継承されてきた。独特の地形学的特徴をもち、およそ8万点もの宝物が出土していることから「海の正倉院」の異名を持ち、膨大な数の奉献品が位置もそのままに遺存する祭祀遺跡が所在する沖ノ島総体によって、この島で行われた500年にもわたる祭祀の在り方が如実に示されている。沖ノ島の原始林、小屋島・御門柱・天狗岩といった岩礁、文書に記録された祭祀行為及び沖ノ島にまつわる禁忌、九州本土及び大島から開けた沖ノ島の眺望もまた、交易の変遷及び信仰の土着化によってその後何世紀もの間に信仰行為や信仰の意味が変容したにもかかわらず、「神宿る島」沖ノ島の神聖性が維持されてきた。2017年5月上旬にイコモスから登録勧告を受けたが、8件の構成資産のうち沖ノ島と周辺の岩礁の4件の価値のみを認め、辺津宮や中津宮、新原・奴山古墳群、沖津宮遥拝所を登録遺産から外すよう求められたが、日本政府は地元や宗像大社の要望もあって全件の登録を求めて臨み、第41回世界遺産委員会クラクフ会議の審議では、理解を得て逆転に成功し、8件の一括登録が認められた。

分　類	遺跡、建造物、文化的景観
普遍的価値	「海の正倉院」とも呼ばれている国宝・重要文化財の宝庫
所在地	福岡県宗像市、福津市
所　有	宗像大社など
管　理	宗像神全国総本宮宗像大社など
保　護	文化財保護法、鳥獣保護法

構成資産
〈沖ノ島〉〈小屋島（こやじま）〉〈御門柱（みかどばしら）〉〈天狗岩（てんぐいわ）〉

沖ノ島は、九州本土から60km離れた玄界灘にあり、周囲に他の島がなく、航海の目印、嵐に遭った時の避難場所として重要な島であり、古代より現在に至るまで島そのものが信仰の対象となった。4世紀後半から対外交流が活発になると、交流の成就と航海の安全を祈って沖ノ島で国家的な祭祀が行われるようになった。発掘調査により22か所の祭祀遺跡が確認されている。出土した8万点に及ぶ奉献品はすべて国宝に指定されている。島全体が宗像大社の境内（沖津宮）であり、中津宮・辺津宮とともに宗像大社を構成する3つの宮の一つ。宗像三女神のうち田心姫神（たごりひめのかみ）が祀られている。現在も続く厳格な禁忌のため、女人禁制、男性も一般の人の立ち入りは原則禁止されている。沖ノ島周辺に点在する小屋島、御門柱、天狗岩も校正資産に含まれる。

〈宗像大社沖津宮遥拝所〉

沖ノ島は原則立入禁止のため、普段参拝することができない。そのため大島の北側の海辺、遠く沖ノ島（沖津宮）を望める場所に沖津宮遥拝所が設けられており、ここから沖ノ島を遥拝する。

交通アクセス

●JR東郷駅・福間駅からバスで神湊波止場へ。神湊港渡船ターミナルから船で大島港へ。（フェリーおおしま：約25分、しおかぜ：約15分）。遥拝所へは、そこから徒歩20分。

宗像大社沖津宮遥拝所

〈宗像大社中津宮〉

〒871-3701　宗像市大島1811　℡0940-72-2007

中津宮は、宗像本土から11km離れた福岡県最大の島である大島にある。宗像大社を構成する3つの宮の一つで、湍津姫神（たぎつひめのかみ）が祀られており、海を隔て辺津宮と向かいあって鎮座している。古代、沖ノ島で祭祀（露天祭祀）が行われている頃、大島でも祭祀が行われるようになり、山頂には御嶽山祭祀遺跡が残っている。その後、御嶽山の麓に社殿が築かれ、山頂の祭祀遺跡と一体的な信仰の場を形成している。「中津宮」という言葉は、社殿だけではなく、参道や祭祀遺跡などを含む境内全体を指す。また、大島は七夕伝説発祥の地といわれ、中津宮七夕祭は鎌倉時代から行われている。

交通アクセス

●JR東郷駅・福間駅からバスで神湊波止場へ。神湊港渡船ターミナルから船で大島港へ。（フェリーおおしま：約25分、しおかぜ：約15分）。

宗像大社中津宮

〈宗像大社辺津宮〉

〒811-3505　宗像市田島2331

℡0940-62-1311（宗像大社社務所）

辺津宮は、沖津宮・中津宮とともに宗像大社を構成する3つの宮の一つで、宗像市の海岸から釣川をおよそ3km内陸部へ遡った田島に鎮座する。

宗像大社辺津宮

市杵島姫神（いちきしまひめのかみ）を主祭神とし、広大な神苑には、本殿を中心に儀式殿、高宮祭場、第二宮・第三宮、神宝館、祈願殿などが点在する。

交通アクセス

●JR東郷駅から神湊波止場行きバス（宗像大社経由）で宗像大社前で下車。

●九州自動車道 若宮ICから約20分、古賀ICから約25分。

〈新原・奴山古墳群〉

〒811-3522　福津市奴山・勝浦　℡00940-52-4968（福津市教育総務課）

福津市の勝浦から手光に至る南北8km、東西2kmに、全長100m級の前方後円墳などの古墳が集中し津屋崎古墳群と総称される。そのうち「新原・奴山古墳群」は、5基の前方後円墳をはじめとして41基の古墳が密集している。沖ノ島の祭祀を行った古代豪族宗像氏の墳墓群で、5〜6世紀に

「神宿る島」宗像・沖ノ島と関連遺産群

かけて築かれた。宗像氏は航海術に優れた一族
で、古代の中央国家(ヤマト王権・律令国家)が中
国大陸・朝鮮半島と交流を行うのを助けた。古
墳群のある台地は大島が間近に見え、沖ノ島へ向
かう海を一望でき、沖ノ島と一体となろうとい
う当時の宗像氏の意識をうかがうことができる。

新原・奴山古墳群

交通アクセス
●JR福間駅から車で20分、国道495沿い

これまでの取り組みと今後の予定

2009年1月	ユネスコの世界遺産暫定リストに登録。
2015年2月20日	本遺産群の世界文化遺産への推薦について政府へ要望活動。
2015年7月28日	国の文化審議会世界文化遺産・無形文化遺産部会で、「『神宿る島』宗像・沖ノ島 と関連遺産群」が2015年度のユネスコへの世界文化遺産推薦候補に決定。
2016年9月頃	ICOMOS(国際記念物遺跡会議)による現地調査。
2017年5月5日	ICOMOSによる評価結果、沖ノ島以外の構成資産を除外し「登録」の勧告。
2017年7月2〜12日	第41回世界遺産委員会クラクフ会議において審議、8資産すべて認められ登録。

ゆかりの人物　　宗像氏貞(大宮司)、小早川隆景(戦国武将)

文化施設　　●宗像大社神宝館　〒811-3505　宗像市玄海町田島2331　　℡0940-62-1311
　　　　　　　●海の道むなかた館　〒811-3504　宗像市深田588　　℡0940-62-2600
　　　　　　　　海の道むなかた館利用者数　144,558人(2016年)

イベント(祭り)　●宗像大社沖津宮現地大祭(沖津宮)　　　　　　　　　　5月27日
　　　　　　　●沖津宮・中津宮両宮春季大祭(大島 沖津宮遙拝所・中津宮)　旧暦3月15日
　　　　　　　●中津宮七夕祭(大島 中津宮)　　　　　　　　　　　　　　8月7日
　　　　　　　●沖津宮・中津宮両宮秋季大祭　　　　　　　　　　　　　　旧暦9月15日
　　　　　　　　　一日祭　みあれ祭(田島放生会)　　二日祭　流鏑馬神事　　三日祭　浦安舞奉奏

関係機関等
●福岡県 文化振興課世界遺産登録推進室
　　　　　　　〒812-8577　福岡市博多区東公園7-7　　　　　　　　℡092-643-3162
●宗像市 経営企画課世界遺産登録推進室
　　　　　　　〒811-3504　宗像市深田588 海の道むなかた館内　　　℡0940-62-2617
●福津市 世界遺産登録推進室　〒811-3293　福津市中央1丁目1-1　　℡0940-43-8134
●宗像大社辺津宮 〒811-3505　宗像市田島2331　　　　　　　　　　℡0940-62-1311
●宗像大社中津宮 〒811-3701　宗像市大島大岸1811

課題
●「保存活用協議会」を設立し、構成資産の所有者代表を参画させること。
●他の関係者の役割及び彼らによる管理体系を明確化し、構成資産の管理において彼らが効果的
　に共同できるようにすること。
●洋上または陸上における風力発電施設の建設について、「適切に制限されている」とするだけで
　はなく、構成資産の範囲及びバッファーゾーン、さらには構成資産範囲外であっても構成資産
　の視覚的完全性に影響を及ぼしうる範囲において、完全に禁止すること。
●遺産影響評価の手法を管理システムに組み込むこと。
●計画中の開発事業のうち、構成資産の「顕著な普遍的価値」及び属性に影響を及ぼしうるものに
　ついては、遺産影響評価を行い、その結果について世界遺産委員会及びイコモスにおいて検討
　できるよう、事業の承認及び着手にかかるあらゆる最終決断が行われる前に報告すること。
●バッファーゾーンの東南角にある山体について、山頂をバッファーゾーン内に含むこと。
●沖ノ島に対する違法な上陸及び船舶の接近の増加が懸念される点について考慮すること。
●交易、航海、及び信仰に関する研究を継続・拡充させること。

「神宿る島」宗像・沖ノ島と関連遺産群

沖ノ島の禁忌（きんき、タブー）
- 「不言様（おいわずさま）」
- 「一木一草一石たりとも持ち出してはならない」
- 「女人禁制」
- 「四本足の動物を食べてはならない」
- 「忌み言葉」（死、酢、塩など）

備　考
- 宗像大社は、世界遺産登録を受けて保全の取り組みを強化するため、沖ノ島で毎年5月27日に開く現地大祭での参加者の一般公募を2018年以降行わない方針を決定した。
- 宗像市と宗像郡玄海町は2003年4月1日に、宗像市と宗像郡大島村は2005年3月28日に合併。

参考URL　　　「神宿る島」宗像・沖ノ島と関連遺産群
　　　　　　　　http://www.okinoshima-heritage.jp/

当シンクタンクの協力
- にっぽん丸 船内講演『神宿る島』沖ノ島」周遊　　　　　　　　　　　　　2018年5月19日
- 三鷹国際交流協会国際理解講座「ユネスコ世界遺産の今とこれから」　　　2017年10月21日
- NHK福岡ロクいち！「『神宿る島』沖ノ島」　　　　　　　　　　　　　　2017年5月 8日
- TBSテレビ・Nスタ「トクする！3コマニュース 暗雲？福岡沖ノ島を世界遺産へ 地元困惑 その理由は？」2017年5月8日
- テレビ朝日「グッド！モーニング 明快！まとめるパネル 「神宿る島」沖の島」2017年5月8日
- NHK福岡ロクいち！「世界遺産への道のり『神宿る島』宗像・沖ノ島と関連遺産群」2017年4月 4日
- 朝日新聞朝刊教育面「世界遺産 大学で「体感」地元の人の「価値共有」が大切」2015年8月 1日
- TBSテレビ・ひるおび「『神宿る島』宗像・沖ノ島と関連遺産群」　　　　2015年7月29日
- 第2回めざせ世界遺産！「宗像・沖ノ島と関連遺産群」世界遺産写真展　　2011年11月19～23日
- 西日本新聞「『海の正倉院』に開発余波？福岡空港海上案懸念の声」　　　2009年3月 6日
- 宗像市世界遺産登録実行委員会研修会　講演
　　「沖ノ島及びその周辺における世界遺産登録への取り組みについて」　　2004年4月23日

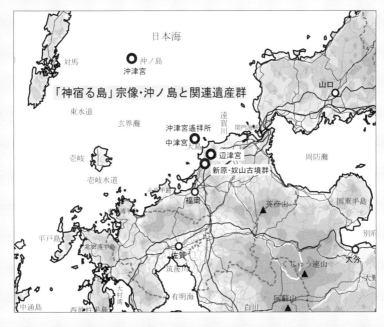

「神宿る島」宗像・沖ノ島と関連遺産群

「『神宿る島』宗像・沖ノ島と関連遺

登録範囲

コア・ゾーン（登録資産）

98.93 ha

● 文化財保護法　● 自然公園法

バッファー・ゾーン（緩衝地帯）

79,363.48 ha

＜海域＞・福岡県一般海域管理条例
＜陸域＞・景観法にもとづく景観条例・計画
　　　　　景観重点区域、準景観地区
　　　　・屋外広告物条例

長期的な保存管理計画

●「宗像・沖ノ島と関連遺産群」
□包括的保存管理計画（2014年）

●教育
＜ガイダンス施設＞
□海の道むなかた館
□宗像大社神宝館

●観光
□一般社団法人宗像観光協会
□福津市観光協会

●まちづくり
□第二次宗像市総合計画
　将来像：ときを紡ぎ躍動するまち
□福津市総合計画
　将来像：「人を、明日を、誇るまち。福津」
　　　　　をめざして
□「保存活用協議会」
□漁村の活性化

●宗像・沖ノ島世界遺産市民の会
　宗像市コミュニティ運営協議会（12地区）
　宗像市シニアクラブ連合会
　宗像青年会議所
　宗像大社氏子青年会
　むなかた歴史を学ぼう会
　宗像歴史観光ボランティアの会
　宗像観光協会
　宗像商工会
　宗像農業協同組合
　宗像漁業協同組合

●課題
□保全管理への地域住民の関わり方
□来訪者対策＜沖ノ島への接近（2kmまで）＞
　洋上参拝
　遊漁船、ダイバー船対策
□無断上陸やクルーズ船の来訪
□台風などの自然災害対策
□洋上での発電施設の開発など

担保条件

顕著な普遍的価値（Ou

国家間の境界を超越し、人類全体にとって現
文化的な意義及び/又は自然的な価値を意味
国際社会全体にとって最高水準の重要性を有

ローカル ⇨ リージョナル ⇨ ナシ

4世紀後半〜10世紀初頭の
大和王権による祭祀遺跡
古代祭祀の記録を保存する
類いまれな『収蔵庫』としての
考古学的物証の価値

地域社会（コミュニティ）

8つの構成資産

＜福津市＞
● 人口　約62,000人
● 観光入込客数
　約500万人

福津市

バッファー・ゾーン

新原・奴山古墳群

● 津屋崎古墳群
　国指定史跡
　（2005年3月）

古代豪族・胸形氏一族

【専門機関 ICOMOS の現地調査】2016年9月7〜1

【専門機関 ICOMOS の評価結果の世界

☑ 登録（記載）〔I〕　　□ 情報照会〔R〕　　□ 登

【第41回世界遺産委員会クラクフ会議（ポーランド）

☑ 登録（記載）〔I〕　　□ 情報照会〔R〕　　□ 登

登録遺産名：Sacred Island of Okinoshima and A
日本語表記：「神宿る島」宗像・沖ノ島と関連遺産群
位置（経緯度）：北緯34度14分　東経130度6分（沖

登録遺産の説明と概要：Located 60 km off the western coast of Kyushu island, the island of Okino
been preserved on the Island are virtually intact, and provide a chronological record of how the ri
as offerings at different sites on the Island. Many of them are of exquisite workmanship and had b
Peninsula and the Asian continent. Integrated within the Grand Shrine of Munakata, the island of

著な普遍的価値」の考え方

l Value＝OUV）

重要性をもつような、傑出した
遺産を恒久的に保護することは

ナル ⇨ グローバル

● 宗像神社境内
　国指定史跡（1971年4月）
● 追加指定（2015年10月）
● 沖の島原始林
　国指定天然記念物 (1926年10月)
● 沖津宮祭祀遺跡出土品
　国宝 (1962年6月)
● 沖ノ島鳥獣保護区（集団繁殖地）
　国指定鳥獣保護区 (1978年3月)
● 玄海国定公園の自然環境保全地域
　(1956年6月)

し禁止」
ない」

宗像市

<宗像市>
・人口　約97,000人
・観光入込客数
　　約650万人

福岡県

● 宗像神社境内
　国指定史跡（1971年4月）
● 玄海国定公園 (1956年6月)

● 宗像神社境内
　国指定史跡 (1971年4月)

レドニアの考古学者クリストフ・サンド氏

4つの勧告区分】

0]　　□ 不登録（不記載）[N]

年7月9日審議　7月9日登録

0]　　□ 不登録（不記載）[N]

n Munakata Region（英語）

:遺跡

ptional example of the tradition of worship of a sacred island. The archaeological sites that have
there changed from the 4th to the 9th centuries CE. In these rituals, votive objects were deposited
m overseas, providing evidence of intense exchanges between the Japanese archipelago, the Korean
considered sacred to this day.

必要十分条件の証明

登録基準（クライテリア）とその根拠

必要条件

(ii) ある期間を通じて、または、ある文化圏において、建築、技術、記念碑的芸術、町並み計画、景観デザインの発展に関し、人類の価値の重要な交流を示すもの。
→人類の価値の重要な交流を示すもの

<その根拠の説明>
日本の政治や社会、信仰などあらゆる面の発展に貢献した古代東アジアにおける海を越えた交流を反映する貴重な物証である。

(iii) 現存する、または、消滅した文化的伝統、または、文明の、唯一の、または、少なくとも稀な証拠となるもの。
→文化的伝統、文明の稀な証拠

<その根拠の説明>
聖なる島を信仰の対象とする文化的伝統が古代祭祀の変遷と展開の中で形成され、現在まで継承されてきた過程を物語っている。

✕ 顕著な普遍的な意義を有する出来事、現存する伝統、思想、信仰、または、芸術的、文学的作品と、直接に、または、明白に関連するもの。
→普遍的出来事、伝統、思想、信仰、芸術、文学的作品と関連するもの

<その根拠の説明>
沖ノ島への信仰から宗像三女神信仰への発展を伝える本資産は、海上の安全を願う生きた伝統との明白な関連がある。

真正（真実）性（オーセンティシティ）

十分条件

○形状、意匠
○材料、材質
○用途、機能
○伝統、技能、管理体制
○位置、セッティング（周辺の環境）
○言語その他の無形遺産
○精神、感性
○その他の内部要素、外部要素

完全性（インテグリティ）

a)「顕著な普遍的価値」が発揮されるのに必要な要素（構成資産）がすべて含まれているか。
b) 当該物件の重要性を示す特徴を不足なく代表するために適切な大きさが確保されているか。
c) 開発及び管理放棄による負の影響を受けていないか。

他の類似物件との比較

● スケリッグ・マイケル島（アイルランド）
● デロス島（ギリシャ）
● 厳島神社（日本）

「神宿る島」宗像・沖ノ島と関連遺産群

長崎と天草地方の潜伏キリシタン関連遺産

英語名		**Hidden Christian Sites in the Nagasaki Region**
遺産種別		文化遺産
登録基準	(iii)	現存する、または、消滅した文化的伝統、または、文明の、唯一の、または、少なくとも稀な証拠となるもの。

暫定リスト記載　2007年1月30日
ICOMOSの現地調査　2015年9月27日〜10月4日　フィリピンの建築家ルネ・ルイス・S・マタ氏
　　　　　　　　　　2017年9月4日〜14日　オーストラリアの専門家リチャード・マッケイ氏

物件の概要　　　長崎と天草地方の潜伏キリシタン関連遺産は、長崎県の長崎市、佐世保市、平戸市、五島市、南島原市、小値賀町、新上五島町、熊本県の天草市の一帯に展開する。17世紀から2世紀を越えて続いたキリスト教禁教政策の中で、潜伏キリシタンが密かに信仰を続け育んだ、宗教に関する独特の文化的伝統を物語る貴重な文化遺産である。潜伏キリシタンは、自らの信仰を継承していく中で、仏教や神道などの在来宗教を装った組織的かつ独特な信仰形態を育んだ。また「信徒発見」を契機として、カトリックに復帰した集落に建設された教会堂は、潜伏キリシタンの文化的伝統の終焉を象徴しており、独特の自然景観と一体の文化的景観を形成し、「顕著な普遍的価値」を持つ可能性は高い。2015年1月に「長崎の教会群とキリスト教関連遺産」としてユネスコへ推薦書を提出、2016年の第40回世界遺産委員会での登録をめざしていたが、2016年2月のイコモスの中間報告において、「長崎の教会群」の世界遺産としての価値を、「禁教・潜伏期」に焦点をあてた内容に見直すべきとの評価が示され、推薦を取り下げ、宗教に関する独特の文化的伝統を物語る12の構成資産で推薦書を再構成し、「長崎と天草地方の潜伏キリシタン関連遺産」として2018年の世界遺産登録をめざしている。

分　類	記念工作物、建造物群、遺跡
年代区分	明治時代〜昭和時代初期（キリスト教教会建築物群）
普遍的価値	異国に根づいた歴史的・文化的価値を有するキリスト教関連遺産群
所在地	長崎県　長崎市、佐世保市、平戸市、五島市、南島原市、小値賀町、新上五島町
	熊本県　天草市
所有・管理	各教会（大浦天主堂の場合、カトリック長崎大司教区）

保　護
文化財保護法
〔国宝・建造物〕大浦天主堂（長崎市）
〔国の重要文化財〕江上天主堂（五島市）、旧出津救助院（長崎市）、大野教会堂（長崎市）、出津教
　会堂()、黒島天主堂(佐世保市)、旧五輪教会堂（五島市）、頭ヶ島天主堂（新上五島町）
〔国の史跡〕大浦天主堂境内（長崎市）、原城跡（南島原市）
〔国の重要文化的景観〕平戸島の文化的景観(平戸市)、小値賀諸島の文化的景観(小値賀町)、
　佐世保市黒島の文化的景観(佐世保市)、五島市久賀島の文化的景観(五島市)、新上五島町崎
　浦の五島石集落景観(新五島町)、長崎市外海の石積集落景観(長崎市)、天草市﨑津・今富の
　文化的景観(天草市)

構成資産

〈原城跡〉 南島原市南有馬町大江〔国の史跡〕
禁教初期に有馬と天草のキリシタンが蜂起した「島原の乱」の舞台となった場所で、城跡からは、十字架やメダイなど、キリシタン関係遺物が多数発見されている。海禁体制の確立につながり、潜伏キリシタンが自らのかたちで信仰を続けるきっかけとなった場所。

見学　原城跡観光ガイドあり（有料）
交通アクセス
●島鉄バス　原城前バス停より徒歩15分。

原城跡（南島原市）

〈平戸の聖地と集落（春日集落と安満岳）〉
平戸市春日町、主師町〔国の重要文化的景観〕
キリスト教が厳しい弾圧を受けた中、教会堂の
代わりに春日集落、安満岳や中江ノ島などが聖
地とされ、信仰を守り崇敬されて来た。
交通アクセス　●春日集落へは、平戸大橋から生月
方面へ車で約35分。

〈平戸の聖地と集落（中江ノ島）〉
平戸市下中野町〔国の重要文化的景観〕
山岳や島を聖地や殉教地として崇敬しながら、ひそかに信仰を続けた集落。中江ノ島へは上陸で
きない。

〈天草の﨑津集落〉熊本県天草市河浦町﨑津
〔国の重要文化的景観〕〔国の重要文化財〕
島原・天草の乱以降、集落の住民は厳しい取締り
の中で潜伏キリシタンとして信仰を守り、アワビ
の貝殻模様を聖母マリアに見立てるなど、身近
なものを信心具として代用し、漁村特有の形態
で信仰を続けた集落。﨑津教会堂は、背後の海
に溶け込み「海の天主堂」とも呼ばれており、
国の重要文化財。
交通アクセス　●天草・本渡港バスセンターから約
1時間、一町田中央で乗換、下田温泉行で約20
分、教会入口下車。

天草の﨑津集落（天草市）

〈外海の出津集落〉長崎市西出津町〔国の重要文化的景観〕〔国の重要文化財〕
聖画像をひそかに拝み、教理書、教会暦などを伝承して信仰を続けた集落。旧出津救助院、出津
教会堂は、国の重要文化財。
交通アクセス　●JR長崎駅から出津文化村までバスで約1時間、徒歩約15分。

〈外海の大野集落〉長崎市下大野町〔国の重要文化的景観〕〔国の重要文化財〕
神道の信仰を装いながら、神社に自らの信仰の対象をひそかにまつって信仰を続けた集落。大野
教会堂は、国の重要文化財。
交通アクセス　●長崎駅からバス「板の浦」行きで約1時間15分、大野下車、徒歩20分。

〈黒島の集落〉佐世保市黒島町〔国の重要文化的景観〕〔国の重要文化財〕
神道の信仰を装いながら、神社に自らの信仰の対象をひそかにまつって信仰を続けた集落。黒島
天主堂は、国の重要文化財。
交通アクセス　●佐世保市相浦港からフェリーにて約50分、港から徒歩30分。

〈野崎島の集落跡〉北松浦郡小値賀町野崎郷〔国の重要文化的景観〕
19世紀以降、潜伏キリシタンが神道の聖地へと移住し、険しい斜面地を開拓しながら信仰を続け
た集落遺跡。
交通アクセス　●小値賀港から町営船で35分、野崎港下船後徒歩20分。

〈頭ヶ島の集落〉南松浦郡新上五島町友住郷頭ヶ島〔国の重要文化的景観〕〔国の重要文化財〕
病人の療養地として使われていた島に仏教徒の開拓指導者のもとで移住し、信仰を続けた集落。

長崎と天草地方の潜伏キリシタン関連遺産

頭ヶ島天主堂は、国の重要文化財。
交通アクセス ●長崎港から鯛ノ浦港までフェリーで約1時間40分、そこから車で約35分。

〈**久賀島の集落**〉 五島市蕨町〔国の重要文化的景観〕〔国の重要文化財〕
潜伏キリシタンが五島藩の開拓移民政策に従い、島の未開拓池に移住して仏教集落の島民と互助関係を築いて信仰を続けた集落。旧五輪教会堂は、国の重要文化財。
交通アクセス ●福江島福江港から久賀島の田ノ浦港まで船で約30分、そこから車で20分、徒歩10分。

大浦天主堂（長崎市）

〈**奈留島の江上集落（江上天主堂とその周辺）**〉 五島市奈留町大串郷〔国の重要文化財〕
江上に移住した潜伏キリシタンは、島の人里離れた海に近い谷間に移住し、地勢に適応した教会堂を建設した集落。キリスト教解禁後、江上天主堂は、鉄川与助によって建てられ、国の重要文化財に指定されている。
交通アクセス ●福江島福江港から奈留島まで船で約50分、奈留港からタクシー20分。

〈**大浦天主堂**〉 〒850-0931 長崎市南山手町5-3（1864年建設）〔国宝・建造物〕〔国の史跡〕
ゴシック様式の建物は現存する最古の教会。厳しいキリシタン禁制の中、約250年信仰を守り伝えてきた浦上キリシタンが、プチジャン神父に信仰を表白したいわゆる「信徒発見」の歴史的舞台として知られる。
見学 8:00～18:00 ℡095-823-2628
大人600円、中高生400円、小学生300円
交通アクセス ●JR長崎駅から路面電車で約20分。

※世界遺産候補のエリア内の各教会堂への見学は、事前連絡が必要。
http://kyoukaigun.jp/ （大浦天主堂の見学は不要）

見　所 キリスト教教会建築物群、キリシタン墓碑群
関係市町村 長崎県　長崎市、佐世保市、平戸市、五島市、南島原市、小値賀町、新上五島町
　　　　　　　熊本県　天草市
ゆかりの人物 ●フランシスコ・ザビエル（宣教師）●ベルナール・プチジャン（フランス人宣教師、大浦天主堂建設）●マルコ・マリ・ド・ロ（フランス人宣教師）●大村純忠（最初のキリシタン大名）●天草四郎（江戸時代初期のキリシタン、島原の乱の指導者）●鉄川与助（教会建築家）

世界遺産担当 長崎県世界遺産登録推進課
　　　　　　　〒850-0035　長崎市元船町14-10　橋本商会ビル7F　　　　　℡095-894-3171

これまでの取り組みと今後の予定
2007年1月	ユネスコの世界遺産暫定リストに登録。
2012年6月	世界遺産の構成資産を、長崎県の12資産と熊本県の1資産、計13資産とすることを決定。推進書原案を文化庁に提出。
2012年10月30日	長崎県世界遺産登録推進県民会議設立。
2013年1月	文化審議会での指摘事項に全て対応し、推薦書案を再提出。
2013年8月	国の文化審議会で「長崎の教会群」が、また内閣官房の有識者会議において「明治日本の産業革命遺産－九州・山口と関連地域」が推薦候補としてそれぞれ選定。
2013年9月	政府の調整により2013年度の推薦候補が「明治日本の産業革命遺産」に決定。
2014年12月	構成資産のうち、「平戸島の聖地と集落」を、「平戸の聖地と集落（春日集落と安満

岳）」、「平戸の聖地と集落（中江ノ島）」に分割。構成資産は、13→14に。

2015年1月	政府において「長崎の教会群」の推薦が正式決定。推薦書をユネスコへ提出。
2015年9月	ICOMOSによる現地調査（フィリピンの建築家ルネ・ルイス・S・マタ氏）
2016年2月	ICOMOSの中間報告において、「長崎の教会群」の世界遺産としての価値を、「禁教・潜伏期」に焦点をあてた内容に見直すべきとの評価が示され、推薦を取り下げ。
2016年5月29日	世界遺産登録推進会議において、「日野江城跡」「田平天主堂」を除く12資産で推薦書を再構成することを決定。
2016年7月25日	文化審議会において、2018年の世界文化遺産登録を目指す候補として、「長崎の教会群とキリスト教関連遺産」が選定される。
2016年9月	推薦書のOUVを端的に表す「長崎と天草地方の潜伏キリシタン関連遺産」へタイトルを変更。。
2017年1月	政府において「長崎と天草地方の潜伏キリシタン関連遺産」推薦が正式決定。推薦書をユネスコへ提出。
2017年9月4〜14日	ICOMOSによる現地調査（オーストラリアの専門家リチャード・マッケイ氏）
2018年5月4日	ICOMOSによる「登録」勧告。
2018年6月30日	第42回世界遺産委員会マナーマ会議で登録決議 （現地時間11時50分　日本時間17時50分）。

委員会での意見
- ●ユニークで傑出した歴史を物語る「顕著な普遍的価値」を有する世界遺産である。
- ●他国のお手本となる良い取組み事例である。
- ●無形の要素も色濃いこの遺産の保全には、地元住民や自治体の努力が不可欠である。
- ●専門機関のイコモスからの勧告に示されている様に、各構成資産の特性に配慮し適切な収容力及び観光の管理への配慮が引続き必要である。

委員会での追加的勧告
- ●久賀島、または、野崎島などにおける集落遺跡、教会遺跡、墓地遺跡など、既に廃絶したものの痕跡について、写真測量、航空測量、または、これらに類する技術を用いて、包括的な記録資料を作成すること。
- ●地元の活動団体、または、個人が、国、県、市町から経費の援助を受けて、保全活動ができることについて、よく周知すること。
- ●各構成資産の物理的、社会的状況に基づく制約を十分考慮したうえで、「収容力」及び望ましい観光の管理について検討すること。
- ●「世界文化遺産の遺産影響評価に関するガイダンス」（2011年）に基づき、遺産内における新規の開発事業について影響評価を行うこと。

活　動　シンポジウム、フォーラム、写真展、コンサート、ツアー

課　題
- ●包括的保存管理体制
- ●教会の老朽化の進行と耐震補強
- ●離島や過疎地での高齢化による遺産の維持
- ●関連する文化財の一体的保全と利活用
- ●文化財の修理、町並みの整備
- ●若い人への普及啓発のための学校教育

参考URL　長崎と天草地方の潜伏キリシタン関連遺産
　　　　　　　http://kirishitan.jp/news/1645
　　　　　　　長崎と天草地方の潜伏キリシタン関連遺産インフォメーションセンター
　　　　　　　http://kyoukaigun.jp/

長崎と天草地方の潜伏キリシタン関連遺産

当シンクタンクの協力
- 古田陽久「ユネスコ世界遺産－平成時代から新時代に向けての展望－」　　2018年 8月 1日
- 三鷹国際交流協会第78回国際理解講座「ユネスコ世界遺産の今とこれから」　2017年10月21日
- フジテレビ・めざましテレビ-アクア「富岡製糸場に続け！世界遺産候補地を調査」2014年5月9日
- NBC長崎放送「報道センター」ニュース「産業革命遺産」世界遺産に推薦決定　　2013年9月17日
- 長崎県教育委員会、五島市教育委員会主催「長崎の教会群とキリスト教関連遺産」世界遺産シン
  ポジウム基調講演『「地域のたからもの」から「世界のたからもの」へ』
  パネリスト「世界遺産登録を目指して」～長崎の教会群とキリスト教関連遺産を守ること、
  活かすこと～（於：長崎県五島市福江文化会館大ホール）　　　　　　　　 2008年2月17日

【潜伏キリシタンとは】
キリスト教禁教期の17～19世紀の日本において、社会的には普通に生活しながら秘かにキリスト教由来の信仰を続けようとしたキリシタンのことを学術的に「潜伏キリシタン」と呼んでいる。そして、彼らの「信仰を実践するために独自の対象を拝むという試み」と「共同体を維持するために移住先を選ぶという試み」を併せて「潜伏キリシタンの伝統」と呼んでいる。なお、禁教期よりも前にキリスト教に改宗した人々のことを、同時代の日本ではポルトガル語由来の「キリシタン」と呼んだ。また、キリスト教が解禁となった19世紀後半以降も引き続き潜伏キリシタン以来の信仰を続けた人々のことを「かくれキリシタン」と呼ぶが、その信仰のあり方は解禁以降に次第に変容したとされ、変容が進んだ段階の人々を「カクレキリシタン」と表記する場合（研究）もある。

【オラショとは】
祈りを意味するラテン語に由来するキリシタン用語。隠れキリシタンの行事で唱えられる祈りの言葉や教義や掟を言う。ラテン語の「oratio」（祈り）が語源とされる。禁教時代に宣教師との接触を断たれ、口から耳に口承伝承されていくうちに日本語とポルトガル語が交ざって意味不明になった。オラショにも異同があり、行事では信者が暗唱する地区もあれば、文書を読み上げる地区もあるが、今日役職者以外はほとんどオラショを知らず、オラショの忘却にともない隠れキリシタンの土俗化が進んでいる。

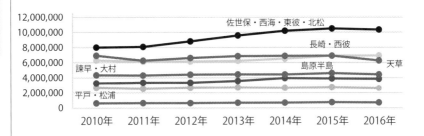

長崎県・熊本県の地域別観光客数の推移

原城跡（長崎県南島原市）

旧野首教会堂（長崎県北松浦郡小値賀町）

長崎と天草地方の潜伏キリシタン関連遺産

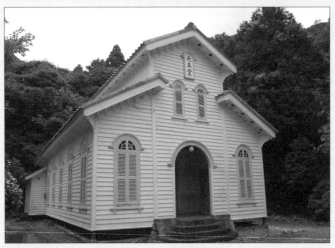

江上天主堂（長崎県五島市）

頭ヶ島天主堂（長崎県南松浦郡新上五島町）

長崎と天草地方の潜伏キリシタン関連遺産

構成資産の位置図

長崎と天草地方の潜伏キリシタン関連遺産

「長崎と天草地方の潜伏キリシタン関

コア・ゾーン（登録資産）

5,569.34 ha

●文化財保護法

登録範囲

バッファー・ゾーン（緩衝地帯）

12,152.43 ha

●文化財保護法
●景観法
●自然公園法

長期的な保存管理計画

文化財保護法
〔国宝・建造物〕大浦天主堂（長崎市）
〔国の重要文化財〕
江上天主堂（五島市）
旧出津救助院（長崎市）
大野教会堂（長崎市）
出津教会堂（長崎市）
黒島天主堂（佐世保市）
旧五輪教会堂（五島市）
頭ヶ島天主堂（新上五島町）
〔国の史跡〕
大浦天主堂境内（長崎市）
原城跡（南島原市）
〔国選定重要文化的景観〕
平戸島の文化的景観（平戸市）
【平戸の聖地と集落】
小値賀諸島の文化的景観（小値賀町）
【野崎島の集落跡】
佐世保市黒島の文化的景観（佐世保市）
【黒島の集落】
五島市久賀島の文化的景観（五島市）
【久賀島の集落】
新上五島町崎浦の五島石集落景観（新上五島町）
【頭ヶ島の集落】
長崎市外海の石積集落景観（長崎市）
【外海の出津集落】【外海の大野集落】
天草市崎津・今富の文化的景観（天草市）
【天草の崎津集落】
●教育
●観光
●まちづくり
●問題点や課題
□離島や過疎地にある集落は面積が広く文化
的景観の保全が難しい。高齢化が進む中、
コミュニティの存在自体も危うく将来にわたって
世界遺産として守っていけるか維持と持続可能
な発展が困難になっている。
□教会の老朽化が進み、耐震補強もなされて
いない。

担保条件

顕著な普遍的価値（Out

国家間の境界を超越し、人類全体にとって現代
文化的な意義及び／又は自然的な価値を意味
国際社会全体にとって最高水準の重要性を有

ローカル ⇨ リージョナル ⇨ ナシ

江戸幕府がキリスト教を禁じていた 17〜19
世紀、長崎県と熊本・天草地方で伝統的
宗教や文化と共生しながら、ひそかに信仰
を守り続けたキリシタンが育んだ独特の
文化的伝統。

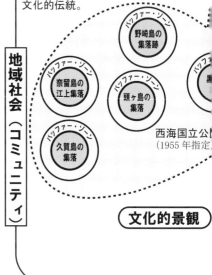

地域社会（コミュニティ）

バッファー・ゾーン 野崎島の集落跡
バッファー・ゾーン 奈留島の江上集落
バッファー・ゾーン 頭ヶ島の集落
バッファー・ゾーン 久賀島の集落

黒

西海国立公
（1955 年指定

文化的景観

【専門機関 ICOMOS の現地調査】2017 年 9 月 4〜

【専門機関 ICOMOS の評価結果の世界

☑ 登録（記載）〔I〕 □ 情報照会〔R〕 □ 登

【第 42 回世界遺産委員会マナーマ会議（バーレーン）での決

☑ 登録（記載）〔I〕 □ 情報照会〔R〕 □ 登

登録遺産名：**Hidden Christian Sites in the Nagas.**
日本語表記：長崎と天草地方の潜伏キリシタン関連遺
位置（経緯度）：北緯32度18分44秒〜33度22分25

登録遺産の説明と概要：The nominated property bears testimony to the traditions nurtured in the Naga
the period of the ban on Christianity and coexisting with conventional Japanese society and its existing
subsequent formation of Hidden Christians' religious tradition, (II) how the tradition was developed in
and (IV) how they reacted to the new phase in their history when the ban was lifted, and how the relig

必要十分条件の証明

著な普遍的価値」の考え方

Value＝OUV）

重要性をもつような、傑出した
産を恒久的に保護することは

ル ⇔ グローバル

●関係市町村　２県６市２町
長崎県（長崎市、佐世保市、
平戸市、五島市、南島原市、
小値賀町、新上五島町）
熊本県（天草市）

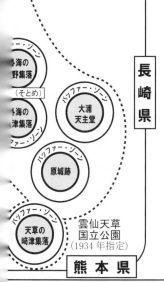

必要条件

登録基準（クライテリア）とその根拠

(iii) 現存する、または、消滅した文化的伝統、または、文明の、唯一の、または、少なくとも稀な証拠となるもの。
→文化的伝統、文明の稀な証拠

＜その根拠の説明＞
長崎と天草地方の潜伏キリシタンが禁教期に密かに信仰を継続する中で育んだ独特の宗教的伝統を物語る証拠であり、禁教期の潜伏キリシタンが自らの信仰を密かに継続する中で育んだ固有の信仰形態、大浦天主堂における「信徒発見」を契機とする新たな信仰の局面及び固有の信仰形態の変容・終焉が、12の構成資産によって表されている。

十分条件

真正（真実）性（オーセンティシティ）

個々の構成資産は、その性質により選択した属性に基づき、高い水準の真実性を維持している。
各集落　「形状・意匠」「用途・機能」「伝統・技能、管理体制」「位置・環境」の各属性に基づく高い真実性を保持。
原城跡　「用途・機能」の真実性は失っているが、その他の真実性は保持。
大浦天主堂及び江上天主堂　上記の属性に加え、建築としての「材料・材質」においても真実性を保持。

完全性（インテグリティ）

a)「顕著な普遍的価値」が発揮されるのに必要な要素（構成資産）がすべて含まれているか。
b) 当該物件の重要性を示す特徴を不足なく代表するために適切な大きさが確保されているか。
c) 開発及び管理放棄による負の影響を受けていないか。

長崎と天草地方の潜伏キリシタンが禁教期に密かに信仰を継続する中で育んだ宗教に関する独特の伝統を物語る12の構成資産からなる。これらの12の構成資産は、「顕著な普遍的価値」を表す全ての要素を含んでおり、その範囲は適切に設定され、いずれも保存状態は良好である。構成資産は、文化財保護法など適切な法律及び規則で、万全の保存措置が講じられている。緩衝地帯は、文化財保護法の他、景観法その他の関係する法律及び規則で適切な保護が図られている。従って各構成資産は、開発または管理放棄による負の影響は受けておらず、周辺環境とともに良好に保全されている。

他の類似物件との比較

●宗教弾圧と直接関連する同種の世界遺産はない。

〔そとめ〕

バッファー・ゾーン
大浦
天主堂

バッファー・ゾーン
原城跡

バッファー・ゾーン
天草の
崎津集落

雲仙天草
国立公園
（1934 年指定）

熊 本 県

リアの専門家リチャード・マッケイ氏

つの勧告区分】

）　　□ 不登録（不記載）〔N〕

月 30 日 11 時 50 分【現地時間】登録

）　　□ 不登録（不記載）〔N〕

）　暫定リスト記載年：2007年
：文化遺産（遺跡、文化的景観
52度48秒〜130度15分16秒

長崎と天草地方の潜伏キリシタン関連遺産

idden Christians who handeddown their Christian faith from generation to generation while surviving
mprises12 components demonstrating (I) the event that triggered the banon Christianity and the
(III) how Hidden Christians migrated to remote islandsorder to maintain their religious communities,
f the Hidden Christians transformedand ultimately ended.f inten

百舌鳥・古市古墳群：古代日本の墳墓群

英語名　Mozu-Furuichi Kofungun, Ancient Tumulus Clusters

登録基準

(ii) ある期間を通じて、または、ある文化圏において、建築、技術、記念碑的芸術、町並み計画、景観デザインの発展に関し、人類の価値の重要な交流を示すもの。

(iii) 現存する、または、消滅した文化的伝統、または、文明の、唯一の、または、少なくとも稀な証拠となるもの。

(iv) 人類の歴史上重要な時代を例証する、ある形式の建造物、建築物群、技術の集積、または、景観の顕著な例。

暫定リスト記載　2010年11月22日

ICOMOSの現地調査　2018年9月11日～17日　フィリピンの大学教授エリック・B・ゼルード氏（Prof. Eric B. Zerrudo）（聖トマス大学大学院熱帯地域文化財環境保全センター（CCCPET）所長）

物件の概要　百舌鳥・古市古墳群：古代日本の墳墓群は、大阪府の中部、堺市、羽曳野市、藤井寺市の3市に分布する。百舌鳥と古市と2つのエリアに分かれながら地理的にも近く、歴史的にも同時代に造られたもので、一体性、連続性を持っている。4世紀から6世紀にかけて、この一帯には200基を超える古墳が造られ、現在でも80基余の古墳が残っている。堺市の百舌鳥古墳群の中には、世界最大級の墳墓・仁徳天皇陵古墳（堺市・全長486m）をはじめとする巨大前方後円墳などが含まれており、日本の古墳文化を物語る貴重な遺産である。一方、羽曳野市、藤井寺市の古市古墳群の中には、日本で2番目の大きさを誇る応神天皇陵古墳（羽曳野市・全長425m）、8番目の大きさの仲姫皇后陵古墳などの巨大古墳が含まれる。百舌鳥・古市古墳群は、日本独自の形をした巨大な前方後円墳が数多く存在し、周囲に濠が巡らされていること、さらに埴輪が並べられ祭祀の場が作られていることなど、古代日本の王の墓としての威容を誇っている。王を頂点としたその時代の社会構造が端的に表されていて普遍的価値を有する。百舌鳥・古市古墳群は、2010年6月14日、国の世界文化遺産特別委員会で、世界遺産暫定リストへの記載を了承、2010年10月6日の世界遺産条約関係省庁連絡会議での了承を経て、2010年11月22日、ユネスコの世界遺産暫定リストに記載された。構成資産を保存状態の良い45に絞り2019年の第43回世界遺産委員会バクー（アゼルバイジャン）会議で登録された。

分　類　記念工作物、遺跡
普遍的価値　古代日本文化の希少な物証
所在地　大阪府堺市、羽曳野市、藤井寺市
構成資産　45資産（百舌鳥古墳群　21資産23基、古市古墳群　24資産26基）
管理　文化庁、宮内庁、大阪府、堺市、羽曳野市、藤井寺市など
保存管理　●包括的保存管理計画
　　　　　　●史跡百舌鳥古墳群保存管理計画
　　　　　　●史跡古市古墳群保存管理計画
ゆかりの人物　仁徳天皇（応神天皇の第四皇子　在位　313年～399年）
利活用　教育、観光（立ち入り禁止の為、外濠の周遊　約40分）、まちづくり
文化施設　堺市博物館　〒590-0802　堺市百舌鳥夕雲町2　大仙公園内　℡072-245-6201

関係機関
●百舌鳥・古市古墳群世界文化遺産登録推進本部会議
　事務局：大阪府府民文化部都市魅力創造局都市魅力づくり推進課
　　　　　　〒559-8555　大阪市住之江区南港北1-14-16　　　　　　℡06-6210-9742
●大阪府教育委員会事務局文化財保護課文化財企画グループ　　　　℡06-6210-9742
●堺市文化観光局世界文化遺産登録推進室　〒590-0078　堺市南瓦町3-1　℡072-228-7014
●羽曳野市政策推進課世界文化遺産推進室　〒583-8585　羽曳野市誉田4-1-1　℡072-958-3512
●藤井寺市総務部世界遺産登録推進室　〒590-0078　藤井寺市岡1-1-1　℡072-939-1111

構成資産候補

		構成資産	ふりがな	所在地	形	全長	保護措置	備　考
	01	反正天皇陵古墳	はんぜいてんのうりょうこふん	堺市	前方後円墳	148m	陵墓	第18代
	02-1	仁徳天皇陵古墳	にんとくてんのうりょうこふん	堺市	前方後円墳	486m	陵墓	第16代 日本最大規模
	02-2	茶山古墳	ちゃやまこふん	堺市	円墳	56m	陵墓	
	02-3	大安寺山古墳	だいあんじやまこふん	堺市	円墳	62m	陵墓	
百	03	永山古墳	ながやまこふん	堺市	前方後円墳	100m	陵墓	
舌	04	源右衛門山古墳	げんえもんやまこふん	堺市	円墳	34m	陵墓	
鳥	05	塚廻古墳	つかまわりこふん	堺市	円墳	32m	国史跡	
古	06	収塚古墳	おさめづかこふん	堺市	帆立貝形墳	58m	国史跡	
墳	07	孫太夫山古墳	まごだゆうやまこふん	堺市	帆立貝形墳	56m	陵墓	
群	08	竜佐山古墳	たつさやまこふん	堺市	帆立貝形墳	61m	陵墓	
	09	銅亀山古墳	どうがめやまこふん	堺市	方墳	26m	陵墓	
	10	菰山塚古墳	こもやまづかこふん	堺市	帆立貝形墳	33m	陵墓	
	11	丸保山古墳	まるほやまこふん	堺市	帆立貝形墳	87m	陵墓・国史跡	
	12	長塚古墳	ながつかこふん	堺市	前方後円墳	106m	国史跡	
	13	旗塚古墳	はたづかこふん	堺市	帆立貝形墳	58m	国史跡	
	14	銭塚古墳	ぜにづかこふん	堺市	帆立貝形墳	72m	国史跡	
	15	履中天皇陵古墳	りちゅうてんのうりょうこふん	堺市	前方後円墳	365m	陵墓	第17代 日本3位の規模
	16	寺山南山古墳	てらやまみなみやまこふん	堺市	方墳	45m	国史跡	
	17	七観音古墳	しちかんのんこふん	堺市	円墳	33m	国史跡	
	18	いたすけ古墳	いたすけこふん	堺市	前方後円墳	146m	国史跡	
	19	善右ヱ門山古墳	ぜんえもんやまこふん	堺市	方墳	28m	国史跡	
	20	御廟山古墳	ごびょうやまこふん	堺市	前方後円墳	203m	陵墓	
	21	ニサンザイ古墳	にさんざいこふん	堺市	前方後円墳	290m	陵墓	
	01	津堂城山古墳	つどうしろやまこふん	藤井寺市	前方後円墳	210m	陵墓・国史跡	
	02	仲哀天皇陵古墳	ちゅうあいてんのうりょうこふん	藤井寺市	前方後円墳	242m	陵墓	第14代
	03	鉢塚古墳	はちづかこふん	藤井寺市	前方後円墳	60m	国史跡	
古	04	允恭天皇陵古墳	いんぎょうてんのうりょうこふん	藤井寺市	前方後円墳	230m	陵墓	第19代
	05	仲姫命陵古墳	なかつひめのみことりょうこふん	藤井寺市	前方後円墳	290m	陵墓	
市	06	鍋塚古墳	なべづかこふん	藤井寺市	方墳	70m	国史跡	
古	07	助太山古墳	すけたやまこふん	藤井寺市	方墳	36m	陵墓	
	08	中山塚古墳	なかやまづかこふん	藤井寺市	方墳	50m	陵墓	
墳	09	八島塚古墳	やしまづかこふん	藤井寺市	方墳	50m	陵墓	
群	10	古室山古墳	こむろやまこふん	藤井寺市	前方後円墳	150m	国史跡	
	11	大鳥塚古墳	おおとりづかこふん	藤井寺市	前方後円墳	110m	国史跡	
	12-1	応神天皇陵古墳	おうじんてんのうりょうこふん	羽曳野市	前方後円墳	425m	陵墓・国史跡	第15代 日本第2位の規模
	12-2	誉田丸山古墳	こんだまるやまこふん	羽曳野市	円墳	50m	陵墓	
	12-3	二ツ塚古墳	ふたづかこふん	羽曳野市	前方後円墳	110m	陵墓	
	13	東馬塚古墳	ひがしうまづかこふん	羽曳野市	方墳	23m	陵墓	
	14	栗塚古墳	くりづかこふん	羽曳野市	方墳	43m	陵墓	
	15	東山古墳	ひがしやまこふん	藤井寺市	方墳	50m	国史跡	
	16	はざみ山古墳	はざみやまこふん	藤井寺市	前方後円墳	103m	国史跡	
	17	墓山古墳	はかやまこふん	藤井寺市・羽曳野市	前方後円墳	225m	陵墓・国史跡	
	18	野中古墳	のなかこふん	藤井寺市	方墳	37m	国史跡	
	19	向墓山古墳	むこうはかやまこふん	羽曳野市	方墳	68m	陵墓	
	20	西馬塚古墳	にしうまづかこふん	羽曳野市	方墳	45m	陵墓	
	21	浄元寺山古墳	じょうがんじやまこふん	藤井寺市	方墳	67m	国史跡	
	22	青山古墳	あおやまこふん	藤井寺市	円墳	62m	国史跡	
	23	峯ヶ塚古墳	みねがづかこふん	羽曳野市	前方後円墳	96m	国史跡	
	24	白鳥陵古墳	はくちょうりょうこふん	羽曳野市	前方後円墳	200m	陵墓	

百舌鳥古墳群　21資産23基　　古市古墳群　24資産26基

百舌鳥・古市古墳群

これまでの経緯と今後の予定

2008年11月	百舌鳥・古市古墳群の世界遺産登録に向けた諸課題についての検討を進めるため、大阪府、堺市、羽曳野市、藤井寺市が共同で「百舌鳥・古市古墳群世界文化遺産登録有識者会議」を設立。
2010年11月	ユネスコの世界遺産暫定リストに記載。
2011年5月	大阪府知事、堺市長、藤井寺市長、羽曳野市長をトップとした「百舌鳥・古市古墳群世界文化遺産登録推進本部会議を設立。
2012年6月	地元経済界・観光分野・交通事業者などの民間団体と有識者で構成する「百舌鳥・古市古墳群世界文化遺産登録推進民間会議」を設立。
2014年3月	百舌鳥・古市古墳群を活用した地域活性化ビジョンの作成。
2014年3月	古市エリア、保存管理計画策定
2015年3月	百舌鳥エリア、保存管理計画策定
2015年7月	文化審議会世界文化遺産特別委員会で「百舌鳥・古市古墳群」の推薦が見送り。
2019年5月14日	イコモスが「登録勧告」。
2019年7月6日	第43回世界遺産委員会バクー（アゼルバイジャン）会議で登録決議。
2021年3月	堺市の大仙公園内に百舌鳥古墳群ビジターセンター、オープン。

第43回世界遺産委員会バクー（アゼルバイジャン）会議2019での追加的な勧告事項

①構成資産の無形的な側面に関する記録の継続。
②峯ケ塚古墳の緩衝地帯（バッファー・ゾーン）についての範囲に関する調整。
③国の史跡に指定されている構成資産の整備基本計画を作成。
④墳丘の構造的な安定性を評価するための方法の検討。
⑤管理システムにおける地域住民の関与の在り方についての検討。
⑥緩衝地帯（バッファー・ゾーン）とその周辺環境の関係を踏まえて、必要に応じて
　周辺環境においてさらに保護すべき対象とその手段についての検討。
⑦計画されているガイダンス施設の遺産影響評価について世界遺産の「顕著な普遍的価値」
　（OUV）の言及に基づく検討。
⑧自転車博物館、大仙公園基本計画、南海高野鉄道の高架事業等など将来的な開発計画
　について遺産影響評価の手法の開発と実施。
⑨オペレーショナル・ガイドラインズの172項に基づいて、構成資産に影響をもたらす
　可能性のある全ての主要な事業についての世界遺産センターへの情報提供。

参考URL　　　世界文化遺産を大阪に　百舌鳥・古市古墳群　http://www.mozu-furuichi.jp/
　　　　　　　　百舌鳥・古市古墳群を世界文化遺産に（堺市）
　　　　　　　　http://www.city.sakai.lg.jp/kanko/rekishi/sei/index.html

備考
●2024年、世界遺産登録5周年

当シンクタンクの協力

●朝日新聞「世界遺産の審査事前評価を導入　「政治力で逆転」難しくなる？」　2019年8月11日
●関西テレビ「ゆうがたLIVEワンダー　うぃーくワンダー『百舌鳥・古市古墳群』」　2015年5月8日
●フジテレビ・めざましテレビ-アクア「富岡製糸場に続け！世界遺産候補地を調査」 2014年5月9日
●はびきの市民大学「世界遺産講座」　　　　　　2012年10月21日、12月2日、2013年2月3日
●大阪府立大型児童館（堺市）「世界遺産写真展」　2011年 4月12日〜6月5日
●読売テレビ「ニュース・スクランブル」　　　　　2008年 9月25日
●関西テレビ「ニュース　百舌鳥古墳群」　　　　　2007年10月11日
●大阪府立大型児童館（通称：ビッグバン）「日本と世界の世界遺産展」2005年9月10日〜10月30日

百舌鳥・古市古墳群

百舌鳥・古市古墳群

日本最大規模の前方後円墳「仁徳天皇陵」

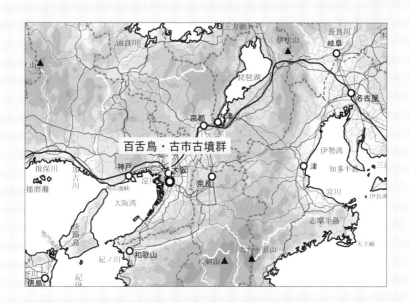

百舌鳥・古市古墳群

交通アクセス　●仁徳陵古墳へは、JR阪和線百舌鳥駅下車　西へ徒歩8分。

北海道・北東北の縄文遺跡群

英語名	Jomon Archaeological Sites in Hokkaido, Northern Tohoku, and other regions

登録基準

(iii) 現存する、または、消滅した文化的伝統、または、文明の、唯一の、または、少なくとも稀な証拠となるもの。

(ⅴ) 特に、回復困難な変化の影響下で損傷されやすい状態にある場合における、ある文化（または、複数の文化）を代表する伝統的集落、または、土地利用の顕著な例。

暫定リスト記載 2009年1月5日
ICOMOSの現地調査 2020年(令和2年)9月4日（金）〜15日（火）　オーストラリアからのICOMOS専門家

物件の概要　北海道・北東北の縄文遺跡群は、津軽海峡を挟んだ日本列島の北海道・北東北に位置し、縄文時代の各時期(草創期、早期、前期、中期、後期、晩期)における、人々の生活跡の実態を示す遺跡(集落跡、貝塚、低湿地遺跡)や、祭祀や精神的活動の実態を示す記念物(環状列石、周堤墓)で構成された17遺跡からなる考古学的遺跡群である。2021年のオンラインでの第44回世界遺産福州（中国）会議で登録された。2005年に始まった世界遺産を目指す取り組みは6回の「落選」を経て17年越しの長きにわたった。

分　類　遺跡群　　　　**年代区分**　　縄文時代の前期〜中期

普遍的価値　○日本最大級の規模を誇る縄文集落遺跡群。
○紀元前1万3千年ごろから1万年以上にわたり、自然環境に適応しながら採集・漁労・狩猟を基盤として定住を始め、展開させていった生活や祭祀のあり方。
○北東アジアでの農耕以前の社会における長期にわたる定住や精神文化の展開。

所在地　4道県13市町　北海道(函館市、千歳市、伊達市、洞爺湖町)
青森県(青森市、弘前市、八戸市、つがる市、外ヶ浜町、七戸町)
秋田県(鹿角市、北秋田市)、岩手県(一戸町)

保護　**文化財保護法**〔国の特別史跡〕三内丸山遺跡、大湯環状列石
〔国の史跡〕北黄金貝塚、入江・高砂貝塚、キウス周堤墓群、垣ノ島遺跡など
管理　各自治体　**利活用**　縄文文化の学習

構成資産　17資産

❶〈大船遺跡〉〔国の史跡　2001年指定〕
〒041-1622　北海道函館市大船町　℡0138-25-2030(函館市縄文文化交流センター)
縄文時代前期後半から中期後半(紀元前3,200年〜紀元前2,000年頃)の大規模な集落遺跡。
交通アクセス　●JR函館駅から車で約70分。函館空港から車で約50分。道央自動車道森ICから車で約40分。

❷〈垣ノ島遺跡〉〔国の史跡　2011年指定〕
〒041-1613　北海道函館市臼尻町　℡0138-25-2030(函館市縄文文化交流センター)
縄文時代早期前半から後期後半(紀元前7,000年〜紀元前1,000年頃)にかけて、約6,000年もの長期にわたる定住を示す集落遺跡。
交通アクセス　●JR函館駅から車で約60分。道央自動車道森ICから車で約50分。

❸〈キウス周堤墓群〉〔国の史跡　1979年指定〕
〒066-0001　北海道千歳市長都42-1　℡0123-24-4210（千歳市教育委員会埋蔵文化財センター）
千歳市の北東、標高15〜20mの斜面上に縄文時代後期後半(紀元前1,200年頃)に造られた大規模

な集団墓。　**交通アクセス**　●JR長都駅から北へ
約5km（車で約10分）

❹〈北黄金貝塚〉〔国の史跡　1987年指定〕
〒059-0272　北海道伊達市北黄金町75
℡0142-24-2122
縄文時代前期（紀元前5,000年～紀元前3,500年
頃）の貝塚を伴う集落遺跡。縄文文化を体感でき
る「史跡公園」として整備・公開し、出土品を展示
した北黄金貝塚情報センターを併設している。
●北黄金貝塚情報センター（9:00～17:00　休館
12月1日～3月31日）℡0142-24-2122
交通アクセス　●JR黄金駅からバスで約5分、
貝塚公園前」バス停下車、徒歩5分

「北黄金　北黄金貝塚（北海道伊達市）

❺❻〈入江・高砂貝塚〉〔国の史跡　1988年指定〕
〒049-5605　北海道虻田郡洞爺湖町高砂町44　℡0142-76-5802（入江・高砂貝塚館）
縄文時代前期末から晩期中葉（紀元前3,500年～紀元前800年頃）にかけて形成された貝塚を伴う
集落遺跡。　●入江・高砂貝塚館（9:00～17:00　休館 月曜）℡0142-76-5802
交通アクセス　●JR洞爺駅より徒歩約15分。

❼〈三内丸山遺跡〉〔国の特別史跡　2000年指
定〕
〒038-0031　青森市三内字丸山305　℡017-781-
6078
縄文時代前期中頃から中期末（紀元前3,000年～
紀元前2,200年頃）の、我が国を代表する大規模
な集落遺跡。
●三内丸山遺跡 縄文時遊館
(9:00～17:00 GW, 6～9月は18:00 休館 年末年始)
　℡017-781-6078
交通アクセス　●JR青森駅から車で約30分。
東北新幹線新青森駅から車で約10分。
東北自動車道青森ICより車で約5分。

三内丸山遺跡（青森県青森市）

❽〈小牧野遺跡〉〔国の史跡　1995年指定〕
〒030-0152　青森市大字野沢字小牧野
℡017-757-8665（縄文の学び舎・小牧野館）
青森平野を一望できる標高80～160mの舌状台地上に立地する、縄文時代後期前葉（紀元前2,000
年頃）の環状列石。
交通アクセス　●JR青森駅から車で30分。青森空港から車で15分。青森中央ICから車で20分。

❾〈大森勝山遺跡〉〔国の史跡　2012年指定〕
〒036-1203　弘前市大森勝山　℡0172-82-1642（弘前市教育委員会 文化財課）
縄文時代晩期前半（紀元前1,000年頃）の環状列石を中心とする遺跡。
交通アクセス　●JR青森駅から車で約90分、JR弘前駅から車で約40分。

❿〈是川石器時代遺跡〉〔国の史跡　1957年指定〕
〒031-0023　八戸市大字是川字横山1　℡0178-38-9511（八戸市埋蔵文化財センター是川縄文館）
堀田遺跡（縄文時代中期）、一王寺遺跡（縄文時代前～中期）、中居遺跡（縄文時代晩期）の総称で、

北海道・北東北の縄文遺跡群

中でも中居遺跡は亀ヶ岡文化を代表する遺跡。
●八戸市埋蔵文化財センター是川縄文館（9：00〜17：00　休館 月曜 年末年始）℡0178-38-9511
交通アクセス　　●JR八戸駅からバスで是川縄文館下車。八戸自動車道八戸ICから車で10分。

⓫〈田小屋野貝塚〉〔国の史跡　1944年指定〕
〒038-3138　青森県つがる市木造若緑　℡0173-45-3450（つがる市木造亀ヶ岡考古資料室）
縄文時代前期中頃〜中期中頃（紀元前4000年〜紀元前2500年頃）の円筒土器文化を中心とする遺跡。
交通アクセス　　●JR木造駅から車で20分。

⓬〈亀ヶ岡石器時代遺跡〉〔国の史跡　1944年指定〕
〒038-3138　青森県つがる市木造若緑　℡0173-45-3450（つがる市木造亀ヶ岡考古資料室）
縄文時代晩期（紀元前1,000年〜紀元前300年頃）の低湿地を伴う集落遺跡。
●つがる市木造亀ヶ岡考古資料室（9：00〜16：00　休館 月曜・年末年始）　　℡0173-45-3450
交通アクセス　　●JR木造駅から車で20分。

⓭〈大平山元遺跡〉〔国の史跡　2013年指定〕
〒030-1307　青森県東津軽郡外ヶ浜町字蟹田大平山元　℡0174-22-2577
縄文時代草創期初頭（紀元前13,000年頃）の遺跡。
●外ヶ浜町大山ふるさと資料館（9：00〜16：00　休館 月曜・年末年始）　　℡0174-22-2577
交通アクセス　　●JR大平駅から徒歩約5分。

⓮〈二ツ森貝塚〉〔国の史跡　1998年指定〕
〒039-2751　青森県上北郡七戸町字貝塚家ノ前地内　℡0176-58-5530（七戸町教育委員会世界遺産対策室）
縄文時代前期前葉から縄文時代中期末葉（紀元前3,500年〜紀元前2,000年頃）の大規模な貝塚を伴う集落遺跡で、広さは約30haにも及ぶ。
交通アクセス　　●JR東北新幹線七戸十和田駅から車で約20分。青い森鉄道上北町駅から車で約10分

⓯〈御所野遺跡〉〔国の史跡　1993年指定〕
〒028-5316　岩手県一戸町岩舘字御所野
℡0195-32-2652（御所野縄文博物館）
縄文時代中期後半（紀元前2,500年〜紀元前2,000年頃）の大規模集落遺跡。
●御所野縄文博物館
（9：00〜17：00　休館 月曜・年末年始）
交通アクセス　　●JR東北新幹線二戸駅から車で15分。東北自動車道八戸線一戸ICから国道4号を南下し車で5分。IGRいわて銀河鉄道一戸駅から車で5分。

大湯環状列石（秋田県鹿角市）

⓰〈大湯環状列石〉
〔国の特別史跡　1956年指定〕
〒018-5421　秋田県鹿角市十和田大湯字万座　℡0186-37-3822（大湯ストーンサークル館）
縄文時代後期前葉から中葉（紀元前2,000年〜紀元前1,500年頃）の環状列石を中心とした遺跡。
万座と野中堂の2つの環状列石は直径45m以上もあり、縄文人の精神文化を表わす貴重な遺跡。
●大湯ストーンサークル館（9：00〜18：00　休館 月曜、年末年始。11〜3月）　　℡0186-37-3822
交通アクセス　　●JR鹿角花輪駅からバスで20分。
　　　　　　　　　　●東北縦貫道十和田ICより、十和田湖方面に車で15分。

⓱〈伊勢堂岱遺跡〉〔国の史跡　2001年指定〕
〒018-3454　秋田県北秋田市脇神字伊勢堂岱　℡0186-84-8710（伊勢堂岱縄文館）

縄文時代後期前葉(紀元前2,000年〜紀元前1,700年頃)に形成された環状列石を中心とした遺跡。
●伊勢堂岱縄文館　北秋田市脇神字小ヶ田中田100-1
（2016年4月23日オープン。9:00〜17:00 休館 月曜、年末年始。遺跡の公開は4月下旬〜10月）

交通アクセス　●秋田内陸縦貫鉄道小ヶ田駅より徒歩5分。JR奥羽本線鷹ノ巣駅より車で15分

観光客入込数　北黄金貝塚公園（2018年 12,645人 ← 2017年 12,643人 ← 2016年 11,973人）
　　　　　　　三内丸山遺跡(縄文時遊館) (2019年 202,275人 ← 2016年 310,460人 ← 2015年 297,130人)
　　　　　　　大湯ストーンサークル館　（2019年 19,230人 ← 2016年 17,516人）

文化施設　●三内丸山遺跡（縄文時遊館）　●大湯ストーンサークル館
　　　　　●北黄金貝塚情報センター　●入江・高砂貝塚館　●八戸市埋蔵文化財センター
　　　　　是川縄文館　●つがる市木造亀ヶ岡考古資料室　●外ヶ浜町大山ふるさと資料館
　　　　　●御所野縄文博物館　●伊勢堂岱縄文館

イベント　縄文フォーラム、縄文シンポジウムなど
課題　●北海道・東北北を中心とすることの説明
　　　　●自然との共生を果たした縄文文化の価値を強調

世界遺産担当窓口
●縄文遺跡群世界遺産登録推進事務局（青森県企画政策部　世界文化遺産登録推進室内）
●青森県企画政策部世界文化遺産登録推進室　〒030-8570 青森県長島1-1-1 ☎017-734-9183
●北海道環境生活部くらし安全局文化・スポーツ課縄文世界遺産推進室
　　　　　　　　　　　　　　　　〒060-8544 札幌市中央区北3条西6丁目 ☎011-204-5168
●岩手県文化スポーツ部文化振興課　〒020-8570 盛岡市内丸10-1　　☎019-629-6486
●秋田県教育庁生涯学習課文化財保護室 〒010-8580 秋田市山王3-1-1 ☎018-860-5193
参考URL　　北海道・東北北の縄文遺跡群　**http://jomon-japan.jp**

当シンクタンクの協力
●テレビ岩手「世界遺産登録後の効果と課題」　　　　　　　　　　　　2021年8月14日
●岩手日報朝刊「明日の世界」のモデルに「御所野」世界遺産　　　　　2021年7月28日
●テレビ岩手「ニュースプラス1いわて」　　　　　　　　　　　　　　2021年5月21日
●北海道新聞朝刊コラム『記者の視点』
　「縄文遺跡群　世界遺産国内候補に　道民巻き込み保全活用を」　　　2019年 9月1日
●フジテレビ・めざましテレビアクア「富岡製糸場に続け！世界遺産候補地を調査」2014年 5月9日
●テレビ岩手「ザ・ナビゲーター6　岩手の文化を生かす！」　　　　　2009年3月21日
●岩手日報【日報論壇】「御所野縄文遺跡の保存」　　　　　　　　　　2009年10月1日
●北海道新聞札幌圏版「世界遺産「価値」示せるか」　　　　　　　　　2008年10月2日

備考　　2024年　世界遺産登録3周年

縄文遺跡群
①大船遺跡
②垣ノ島遺跡
③キウス周堤墓群
④北黄金貝塚
⑤⑥入江・高砂貝塚
⑦三内丸山遺跡
⑧小牧野遺跡
⑨大森勝山遺跡
⑩是川石器時代遺跡
⑪田小屋野貝塚
⑫亀ヶ岡石器時代遺跡
⑬大平山元遺跡
⑭二ツ森貝塚
⑮御所野遺跡
⑯大湯環状列石
⑰伊勢堂岱遺跡

北海道・北東北の縄文遺跡群

世界遺産、世界無形文化遺産、世界の記憶の比較

	世 界 遺 産	世界無形文化遺産	世界の記憶
準拠	世界の文化遺産および自然遺産の保護に関する条約 （略称 ： 世界遺産条約）	無形文化遺産の保護に関する条約 （略称：無形文化遺産保護条約）	メモリー・オブ・ザ・ワールド・プログラム（略称：MOW） ＊条約ではない
採択・開始	1972年	2003年	1992年
目的	かけがえのない遺産をあらゆる脅威や危険から守る為に、その重要性を広く世界に呼びかけ、保護・保全の為の国際協力を推進する。	グローバル化により失われつつある多様な文化を守るため、無形文化遺産尊重の意識を向上させ、その保護に関する国際協力を促進する。	人類の歴史的な文書や記録など、忘却してはならない貴重な記録遺産を登録し、最新のデジタル技術などで保存し、広く公開する。
対象	有形の不動産 （文化遺産、自然遺産）	文化の表現形態 ・口承及び表現 ・芸能 ・社会的慣習、儀式及び祭礼行事 ・自然及び万物に関する知識及び慣習 ・伝統工芸技術	・文書類（手稿、写本、書籍等） ・非文書類（映画、音楽、地図等） ・視聴覚類（映画、写真、ディスク等 ・その他　記念碑、碑文など
登録申請	各締約国（195か国） 2023年12月現在	各締約国（182か国） 2023年12月現在	国、地方自治体、団体、個人など
審議機関	世界遺産委員会 （委員国21か国）	無形文化遺産委員会 （委員国24か国）	ユネスコ事務局長 ↑ 国際諮問委員会
審査評価機関	NGOの専門機関 (ICOMOS, ICCROM, IUCN) 現地調査と書類審査	無形文化遺産委員会の評価機関 6つの専門機関と6人の専門家で構成	国際諮問委員会の補助機関　登録分科会 専門機関 (IFLA, ICA, ICAAA, ICOM などのNGO)
リスト	世界遺産リスト（1199件） うち日本（25件）	人類の無形文化遺産の代表的なリスト（611件） うち日本（22件）	世界の記憶リスト（494件） うち日本（8件）
登録基準	必要条件 ：10の基準のうち、1つ以上を完全に満たすこと。 顕著な普遍的価値	必要条件 ：5つの基準を全て満たすこと。 コミュニティへの社会的役割と文化的な意味	必要条件 ：5つの基準のうち、1つ以上の世界的な重要性を満たすこと。 世界史上重要な文書や記録
危機リスト	危機にさらされている世界遺産リスト （略称：危機遺産リスト）（56件）	緊急に保護する必要がある無形文化遺産のリスト（82件）	―
基金	世界遺産基金	無形文化遺産保護基金	世界の記憶基金
事務局	ユネスコ世界遺産センター	ユネスコ文化局無形遺産課	ユネスコ情報・コミュニケーション局知識社会部ユニバーサルアクセス・保存課
指針	オペレーショナル・ガイドラインズ （世界遺産条約履行の為の作業指針）	オペレーショナル・ディレクティブス （無形文化遺産保護条約履行の為の運用指示書）	ジェネラル・ガイドラインズ （記録遺産保護の為の一般指針）
サウジの窓口	外務省、環境省、林野庁 文化庁文化資源活用課	外務省、文化庁文化資源活用課	文化科学省 日本ユネスコ国内委員会

日本の世界遺産暫定リスト記載物件　各物件の概要

佐渡島の金山

写真：道遊の割戸
（新潟県佐渡市）

佐渡島の金山

英語名　　　Sado Island Gold Mines

該当すると思われる登録基準

(ii) ある期間を通じて、または、ある文化圏において、建築、技術、記念碑的芸術、町並み計画、景観デザインの発展に関し、人類の価値の重要な交流を示すもの。

(iii) 現存する、または、消滅した文化的伝統、または、文明の、唯一の、または、少なくとも稀な証拠となるもの。

(iv) 人類の歴史上重要な時代を例証する、ある形式の建造物、建築物群、技術の集積、または、景観の顕著な例。

物件の概要　　　佐渡島の金山は、かつて「黄金の国ジパング」と呼ばれた日本にあって、400年以上にわたって採掘が続けられてきた金銀山とその鉱山技術の変遷を伝える遺跡が数多く残されている。それは、西三川砂金山、相川鶴子金銀山など佐渡鉱山の一群の遺跡・建造物・鉱山都市・集落として良好に継承されており、アジアの他地域の鉱山においては今や見ることのできない極めて希少な物証である。西三川砂金山は、平安時代の「今昔物語集」にも登場したと推定されるており、佐渡最古の砂金山で「大流し（おおながし）」と呼ばれる砂金採取が行われた。鶴子銀山は、1542（天文11）年に発見されたとされる佐渡最大の銀山で、600カ所以上の採掘の跡が確認され、時代の異なるさまざまな掘り方を見ることができる。相川鶴子金銀山は、江戸時代に本格的な開発が始まり、大量に生産された金や銀は貨幣として利用され、国の財政を大きく支えた。また、採掘から小判製造までが同じ場所で行われていた鉱山は国内でも佐渡だけであり、その工程を鮮やかに描いた鉱山絵巻が100点以上も残っている。佐渡鉱山から産出した金は明治以降においても政府の基盤を成し、結果的に金本位制を基準とする国際経済にも大きな影響を与えた。従って、佐渡鉱山は、日本のみならずアジアを代表する稀有な鉱山の遺産として「顕著な普遍的価値」を有する。2024年の第46回世界遺産委員会インド会議での登録実現をめざして登録推薦書類をユネスコに提出している。

分　類　　　記念工作物、建造物群、遺跡（文化的景観を含む）

普遍的価値　　　近世におけるわが国最大の金銀山で、大露頭「道遊の割戸」は世界最大級

構成資産　　　西三川砂金山、相川鶴子金銀山

所在地　　　新潟県佐渡市

保　護　　　**文化財保護法**

〔国の史跡〕佐渡金銀山遺跡（1994年5月24日指定）

〔国の重要文化財〕蓮華峰弘法堂、小比叡神社本殿・鳥居、妙宣寺五重塔

〔国の重要伝統的建造物群保存地区〕佐渡市宿根木（1991年4月30日指定）

〔国の重要文化的景観〕佐渡西三川の砂金山由来の農山村景観（2011年9月指定）

自然公園法　佐渡・弥彦米山国定公園（1950年7月27日指定）

佐渡金銀山の世界遺産登録への経緯

2006年11月　　世界遺産の国内候補の暫定リスト記載へ提案書を提出。

2007年1月　　世界遺産の国内候補の暫定リスト記載を継続審査。

2007年12月　　世界遺産の国内候補の暫定リスト記載へ提案書を提出。

2008年9月　　世界遺産の国内候補の暫定リストに追加記載。

2010年6月　　世界遺産の国内候補の暫定リストに単独掲載。

2010年10月 6日　ユネスコの世界遺産暫定リストに追加記載へ。国内候補入り。

2010年11月22日　ユネスコの世界遺産暫定リストに正式に記載。

2015年3月　　世界遺産の推薦書原案を文化庁に提出。

2015年7月　　2017年度の世界遺産登録候補見送り。「『神宿る島』宗像・沖ノ島と関連遺産群」を選定。

2016年3月　　2018年度の世界遺産登録へ推薦書原案を国へ提出。

2017年3月　　2019年度世界遺産登録へ推薦書原案（改訂版）を国へ提出。

2017年7月　　2019年の推薦候補見送り。「百舌鳥・古市古墳群」（大阪）をユネスコに推薦決定。

2018年3月　　2020年の世界遺産登録へ推薦書原案（改訂版）を国へ提出。

2018年7月　　2020年の世界遺産登録への推薦候補見送り。「北海道・北東北の縄文遺跡群」
　　　　　　　（北海道、青森、岩手、秋田）を選出。

2019年1月　　2019年度の世界遺産の国内推薦候補を「北海道・北東北の縄文遺跡群」を
　　　　　　　基本とする方針を確定。

2020年3月　　2022年の世界遺産登録へ推薦書原案（改訂版）を国に提出。「金を中心とする
　　　　　　　佐渡鉱山の遺産群」としてきた名称を「佐渡島（さど）の金山」に変更

2020年6月　　新型コロナウイルスの影響で、文化庁が国内推薦候補の選定を2020年度は行わないと発表。

2021年3月　　2023年の世界遺産登録へ推薦書原案（改訂版）を国に提出。

2021年12月　文化審議会が2021年度の国内推薦候補に「佐渡島の金山」を選定するよう答申。

2022年1月　　岸田文雄首相が「佐渡島の金山」をユネスコに推薦すると表明。

2022年2月　　日本政府が2023年の世界遺産登録を目指す国内候補として「佐渡島の金山」の
　　　　　　　推薦を閣議了解し、ユネスコに推薦書を提出。

2022年4月　　ロシアのウクライナ侵攻を受け、世界遺産委員会が無期限延期に。

2022年7月　　日本政府が「佐渡島の金山」の推薦書を2023年2月までに再提出すると表明。
　　　　　　　ユネスコが推薦書の不備を指摘。目標としていた23年中の登録を断念。

2022年9月　　日本政府が「佐渡島の金山」の暫定版推薦書をユネスコに提出。

2022年11月　世界遺産委員会、ロシアが議長国辞任。

2023年1月　　「佐渡島の金山」の正式版推薦書をユネスコに再提出。

2023年3月　　ユネスコが「佐渡島の金山」の推薦書の審査を終え、諮問機関のイコモスへ送付。

2023年秋　　イコモス、佐渡島を現地調査。

2023年11〜12月　　第1回イコモス世界遺産パネル・ミーティング

2024年3月　　第2回イコモス世界遺産パネル・ミーティング

2023年5月　　イコモスによる評価結果、ユネスコ世界遺産センターから通知。

2024年7月　第46回世界遺産委員会インド会議で登録の可否を審議。

佐渡島の金山

利活用	観光、教育（郷土学習）

文化施設	ゴールデン佐渡	〒952-1501	佐渡市相川大字下相川1305	☎0259-74-2389
	佐渡博物館	〒952-1311	佐渡市八幡2041	☎0259-52-2447
	相川郷土博物館	〒952-1505	佐渡市相川大字坂下町20	☎0259-74-4312

観光案内　　一般社団法人 佐渡観光交流機構「さど観光ナビ」https://www.visitsado.com/
　　　　　　　〒952-0014 新潟県佐渡市両津湊353（佐渡汽船両津港ターミナル内）
　　　　　　　　　　　　　　　　　　　　　　　　　　　　　　　　☎0259-27-5000

観光入込客数　佐渡
　　　　　　　（2022年 36.8万人 ← 2014年 50.9万人 ← 2004年 66万人 ← 1994年 114.4万人）

関係行政機関　新潟県教育庁文化行政課世界遺産担当〒950-8570　新潟市新光町4-1　☎025-280-5620
　　　　　　　新潟県佐渡市　　　　　　　〒952-1592　佐渡市相川大字塩屋町26　☎0259-74-3111

課題
- ●金の産出から精錬、運搬までの一連性
- ●崩壊の恐れがある国史跡の保存管理
- ●世界遺産になった際の観光客の受け入れ体制、移動手段や宿泊施設の整備
- ●遺産ガイドの育成

備考
- ●「佐渡金山の遺構」は、「美しい日本の歴史的風土100選」(2007年1月)に選定されている。
- ●「トキと共生する佐渡の里山」は、世界農業遺産（2011年)に認定されている。
- ●2022年5月20日、佐渡市は内閣府募集の令和4年度「SDGs未来都市」に選定された。SDGs未来都市とは、SDGsの理念に沿った基本的・総合的取組を推進しようとする都市・地域の中から、特に、経済・社会・環境の三側面における新しい価値創出を通して持続可能な開発を実現するポテンシャルが高い都市・地域として選定された。

参考URL　　　佐渡を世界遺産に　佐渡島の金山　**https://www.sado-goldmine.jp/**

当シンクタンクの協力

- ●新潟日報「輝ける島へ　佐渡　世界遺産の行方」　　　　　　　　　　　　2023年4月28日
- ●共同通信47NEWS「韓国だけじゃない？世界遺産登録を目指す「佐渡金山」を巡る心配事
　文化的価値を証明する準備はできているのか」　　　　　　　　　　　2022年6月8日
- ●YAHOO ニュース「韓国だけじゃない？世界遺産登録を目指す「佐渡金山」を巡る心配事」
　　　　　　　　　　　　　　　　　　　　　　　　　　　　　　　　2022年6月8日
- ●東京新聞「韓国だけじゃない？世界遺産登録を目指す「佐渡金山」を巡る心配事」
　　　　　　　　　　　　　　　　　　　　　　　　　　　　　　　　2022年6月6日
- ●沖縄タイムス「韓国だけじゃない？世界遺産登録を目指す「佐渡金山」を巡る心配事
　文化的価値を証明する準備はできているのか」　　　　　　　　　　　2022年6月3日
- ●「佐渡金山」田中志津著　角川文化振興財団　　　　　　　　　　　　　2020年4月1日
- ●世界遺産写真展　於：新潟県国際交流プラザ　　　　　　　2015年7月25日～8月9日
- ●「おーい世界遺産 佐渡金銀山夢追いものがたり」逸見修著　新潟日報事業社　2011年7月
- ●新潟県観光復興戦略会議、新潟商工会議所、新潟日報社「新潟県の観光を考えるライン
　ミーティング 2007」基調講演「世界遺産に育てる夢と魅力のある地域づくり」2007年2月17日

佐渡島の金山

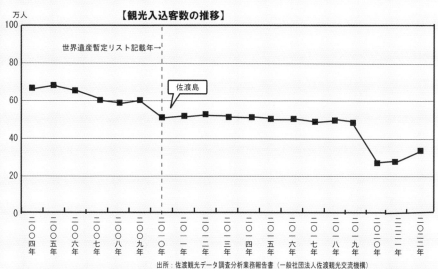

【観光入込客数の推移】

万人

世界遺産暫定リスト記載年→

佐渡島

出所：佐渡観光データ調査分析業務報告書（一般社団法人佐渡観光交流機構）

参考：佐渡市人口　49,947人（2023年3月31日現在）

交通アクセス　　佐渡金山へは、
　　　　　　　　●両津から車で、約50分
　　　　　　　　●両津から路線バスで、相川まで1時間
　　　　　　　　　　ここから佐渡金山線、佐渡金山まで15分
　　　　　　　　●小木から車で、約80分
　　　　　　　　●相川市街から、車で、約5分

飛鳥・藤原の宮都とその関連資産群

英語名　Asuka-Fujiwara: Archaeological sites of Japan's Ancient Capitals and Related Properties

該当すると思われる登録基準

(i) 人類の創造的天才の傑作を表現するもの。
(ii) ある期間を通じて、または、ある文化圏において、建築、技術、記念碑的芸術、町並み計画、景観デザインの発展に関し、人類の価値の重要な交流を示すもの。
(iii) 現存する、または、消滅した文化的伝統、または、文明の、唯一の、または、少なくとも稀な証拠となるもの。
(iv) 人類の歴史上重要な時代を立証する、ある形式の建造物、建築物群、技術の集積、または、景観の顕著な例。
(v) 特に、回復困難な変化の影響下で損傷されやすい状態にある場合における、ある文化（または、複数の文化）を代表する伝統的集落、または、土地利用の顕著な例。
(vi) 顕著な普遍的な意義を有する出来事、現存する伝統、思想、信仰、または、芸術的、文学的作品と、直接に、または、明白に関連するもの。

暫定リスト記載　2007年1月30日

物件の概要　飛鳥・藤原の宮都とその関連資産群は、崇峻5年(592年)に推古天皇が即位してから、和銅3年(710年)に平城京へ遷都するまでの間、飛鳥の地に営まれた宮都の関連遺跡群及び周辺の文化的景観からなる。飛鳥・藤原の宮都とその関連資産群は、100年以上にわたる累代の天皇・皇族の宮殿をはじめ、それに付属する苑地などの諸施設、わが国最古の本格的都城やその内外に営まれた諸寺院、当時の有力者の墳墓などの遺跡群は今なお地下に良好に遺存している。飛鳥・藤原の宮都とその関連資産群は、日本の古代国家の形成過程を明瞭に示し、中国大陸及び朝鮮半島との緊密な交流の所産である一群の考古学的遺跡と歴史的風土からなり、両者が織りなす文化的景観としても極めて優秀である。2007年1月30日に、世界遺産暫定リストに記載された。2023年の政府推薦をめざしていたが、推薦されず、2024年の政府推薦、2026年の世界遺産登録をめざす。今後の課題としては、文化財の追加指定など関係自治体で資産の保護を万全とするための取り組みを継続すること、それに、国際的な理解を得るための価値の説明の精査・充実などについてさらに取り組むことなどが挙がっている。

分　類　遺跡
年代区分　飛鳥時代〜
普遍的価値　数々の歴史遺産を有し美しい田園風景を誇る
所在地　奈良県高市郡明日香村、橿原市、桜井市
保　護　**文化財保護法**
　〔国の特別史跡〕高松塚古墳、石舞台古墳、キトラ古墳、藤原宮跡、本薬師寺跡、山田寺跡
　〔国の史跡〕中尾山古墳、川原寺跡、菖蒲池古墳など
　〔国の名勝〕飛鳥京跡苑地、大和三山
　古都保存法
　明日香村における歴史的風土の保存及び生活環境の整備等に関する
　特別措置法（通称　明日香法）

構成資産候補　2市1村　20資産
　明日香村〔国の特別史跡〕石舞台古墳、高松塚古墳、キトラ古墳
　　〔国の史跡〕川原寺跡、大官大寺跡、牽牛子塚古墳、中尾山古墳、酒船石遺跡、飛鳥寺跡、橘寺境内、伝飛鳥板蓋宮跡、飛鳥水落遺跡、檜隈寺跡
　　〔国の史跡・名勝〕飛鳥京跡苑地
　桜井市〔国の特別史跡〕山田寺跡
　橿原市〔国の特別史跡〕藤原宮跡、本薬師寺跡

〔国の史跡〕菖蒲池古墳、藤原京朱雀大路跡
〔国の名勝〕大和三山＜畝傍山（199m）、耳成山（139m）、香具山（152m）＞

利活用　　国営飛鳥歴史公園
　　　　　　〒634-0102　奈良県高市郡明日香村大字平田538
　　　　　　㈶公園緑地管理財団飛鳥管理センター　　　℡0744-54-2441

観光客数　明日香村　116万人（2010年度）→　81万人（2018年度）

資料館など
● 奈良県立万葉文化館　　　〒634-0103　高市郡明日香村飛鳥10　　℡0744-54-1850
● 奈良文化財研究所
　　飛鳥資料館　　　　　　〒634-0144　高市郡明日香村奥山601　　℡0744-54-3561
　　藤原宮跡資料室　　　　〒634-0025　橿原市木之本町94-1　　℡0744-24-1122
● 高松塚壁画館　　　　　　〒634-0144　高市郡明日香村平田439　　℡0744-54-3340
● 明日香村埋蔵文化財展示室〒634-0144　高市郡明日香村飛鳥112　℡0744-54-5600
● 桜井市埋蔵文化センター　〒633-0074　桜井市芝58-2　　　　℡0744-42-6005
● 奈良県立橿原考古学研究所附属博物館
　　　　　　　　　　　　　〒634-0065　橿原市畝傍町50-2　　℡0744-24-1185
● 橿原市藤原京資料室　　　〒634-0025　橿原市繩手町178-1　　℡0744-24-1114
● ㈶古都飛鳥保存財団　　　〒634-0138　高市郡明日香村越13-1　℡0744-54-3338
● 飛鳥びとの館　　　　　　〒634-0138　高市郡明日香村越6　　℡0744-54-3624

これまでの取り組みと今後の予定
2007年1月　　　ユネスコの世界遺産暫定リストに登録。
2007年10月　　登録推進協議会設立。
2008年3月　　　専門委員会設立。
2008年5月　　　資産の完全性の確保に関する検討会。
2009年11月　　シンボルマークの決定。
2010年2月　　　「飛鳥・藤原」OUV に関する専門家会議。
2016年2月26日　「飛鳥・藤原」を学ぶウォーク　No.1「藤原京の成立」
2021年3月31日　令和6年の世界文化遺産登録にむけて、文化庁へ関連書類を提出。
2023年7月　　　政府推薦されず、2024年の政府推薦、2026年の世界遺産登録をめざす。

関係自治体等
● 奈良県教育委員会文化財保存課・文化財保存事務所
　　　　　　　　　　　　　〒630-8501　奈良市登大路町30　　℡0742-27-9865
● 奈良県高市郡明日香村　〒634-0111　高市郡明日香村大字岡55　℡0744-54-2001
● 橿原市　　　　　　　　〒634-8586　橿原市八木町1-1-18　℡0744-22-4001
● 桜井市　　　　　　　　〒633-8585　桜井市大字粟殿432-1　℡0744-42-9111
● 飛鳥・橿原ユネスコ協会〒634-0075　橿原市小房町11-5 橿原市教育委員会事務局社会教育課内
　　　　　　　　　　　　　　　　　　　　　　　　　　℡0744-29-6991

姉妹都市　明日香村　扶余郡（韓国　忠清南道）
　　　　　　橿原市　　洛陽市（中国　河南省）
　　　　　　桜井市　　シャルトル（フランス　サントル州）

備考　　● 「奥飛鳥の文化的景観」は、2011年9月に、国の重要文化的景観に指定
　　　　　　　されている。
　　　　　● 「日本国創成のとき〜飛鳥を翔（かけ）た女性たち〜」
　　　　　　　（奈良県：明日香村、橿原市、高取町）は、2015年4月に「日本遺産」に
　　　　　　　認定されている。

参考URL　「飛鳥・藤原」登録推進協議会（明日香・桜井市・橿原市・奈良県）
　　　　　　「飛鳥・藤原の宮都とその関連資産群」を世界遺産に　http://asuka-fujiwara.jp/

飛鳥・藤原の宮都とその関連資産群

シンクタンクせとうち総合研究機構

藤原宮跡（橿原市）

藤原京の中心施設である藤原宮があった藤原宮跡　大和三山の絶好の眺望
スポット

飛鳥・藤原の宮都とその関連資産群

構成資産候補

にのくち

橿原市

ますが

まつづか

かなはし　　　やぎにしぐち

近鉄大阪線

やまとやぎ

近鉄橿原線

うねび

耳成山 ❷⓪

だいふく

みみなし

かぐやま

香具山 ❷⓪

桜井市

ぼうじょう　　畝傍山 ❷⓪

近鉄南大阪線

うねび
ごりょうまえ

❶⓿

❶❼

かしはら
じんぐうにしぐち

かしはら
じんぐうまえ

❺

❶❺

❶❷ ❾

おかでら

❶❽

❶❹ ❽
❹ ❶❶
❶⓿
❶

❻

あすか

❼
❷

❶❸

明日香村

いちお

高取町

つぼさかやま

❸

近鉄吉野線

いちお

吉野町

❶石舞台古墳 （明日香村）特別史跡	❶❸檜隈寺跡 （明日香村）史跡
❷高松塚古墳 （明日香村）特別史跡	❶❹飛鳥京跡苑地 （明日香村）史跡・名勝
❸キトラ古墳 （明日香村）特別史跡	❶❺山田寺跡 （桜井市）特別史跡
❹川原寺跡 （明日香村）史跡	❶❻藤原宮跡 （橿原市）特別史跡
❺大官大寺跡 （明日香村）史跡	❶❼本薬師寺跡 （橿原市）特別史跡
❻牽牛子塚古墳 （明日香村）史跡	❶❽菖蒲池古墳 （橿原市）史跡
❼中尾山古墳 （明日香村）史跡	❶❾藤原京朱雀大路跡 （橿原市）史跡
❽酒船石遺跡 （明日香村）史跡	❷⓪大和三山 畝傍山 （橿原市）名勝
❾飛鳥寺 （明日香村）史跡	❷⓪大和三山 耳成山 （橿原市）名勝
❶⓿橘寺境内 （明日香村）史跡	❷⓪大和三山 香具山 （橿原市）名勝
❶❶伝飛鳥板蓋宮跡 （明日香村）史跡	
❶❷飛鳥水落遺跡 （明日香村）史跡	

飛鳥・藤原の宮都とその関連資産群

交通アクセス
●明日香村へは、西名阪道天理ICから約30分。
●橿原市へは、近鉄京都駅から特急で約50分。
●桜井市へは、JR大阪駅或は天王寺駅から大和路線快速で約70分。
　近鉄上本町駅或は鶴橋駅から大阪線急行で約40分。

彦 根 城

英語名	Hikone-Jo（castle）

物件の概要　彦根城は、井伊直勝（直継）が約20年の歳月をかけて元和8年（1622年）に彦根山に完成した平山城で、佐和山城、安土城、長浜城、大津城の石垣や用材が使われたといわれ、別名、金亀城という。彦根城は、琵琶湖に面した丘の周囲に濠を巡らした内郭と、楽々園や玄宮園など居館の庭園がある外郭から構成されている。天守閣は、国宝、天秤櫓は重要文化財、彦根城跡は特別史跡に指定されている。彦根城は、姫路城などと共に、わが国の城郭建築の美しさを代表する城の一つで、防御的部分や城主の居鰭部分を含めて城郭の全体像を最も良く残しており、明治時代の廃城令や戦火を免れた。1993年から約3年の歳月をかけて平成の大改修が行われた。城下町は、近代的な市街地に変貌しているが、街路の形態などに城下町特有の地割が残っている。1992年に世界遺産暫定リストに記載されたが、既に世界遺産に登録されている同種遺産の姫路城との明確な違いを証明することが世界遺産登録の課題である。彦根市は、滋賀県と共に、彦根城の世界遺産登録に必要な推薦書原案と包括的保存管理計画案を、2021年（令和3年）3月31日に、文化庁に提出した。文化庁の文化審議会世界文化遺産部会は、2023年7月4日、2023年度の日本からの世界遺産への登録推薦について、「彦根城」については、事前評価制度（プレリミナリー・アセスメント）を活用することとした。事前評価制度とは、ユネスコの諮問機関ICOMOSと世界遺産委員会での評価の違いが問題視され、各国が世界遺産委員会に登録推薦書類を提出する前に諮問機関が関与して助言する制度である。2023年から導入された制度で、申請から世界遺産登録まで少なくとも4年かかるため、「彦根」の登録は早くても2027年になる。事前評価の結果によっては推薦されない可能性もある。

分　類	記念工作物、遺跡、文化的景観（適用未定）
時代区分	江戸時代＜元和8年（1622年）＞ 〜
普遍的価値	17世紀初頭の城郭建築最盛期の遺産

所在地	滋賀県彦根市金亀町
所　有	彦根市
管　理	彦根市教育委員会事務局文化財課
保　護	**文化財保護法**〔国の特別史跡〕彦根城跡（1956年7月19日指定）
	〔国の史跡〕彦根藩主井伊家墓所（2008年3月28日指定）
	〔国宝〕天守附櫓及び多聞櫓（1952年3月29日指定）
	〔国の重要文化財〕彦根城太鼓門櫓及び続櫓（1951年9月22日指定）、西の丸三重櫓及び続櫓（1951年9月22日指定）、二の丸佐和口多聞櫓（1951年9月22日指定）、天秤櫓（1951年9月22日指定）、馬屋（1963年7月1日指定）
	〔国の名勝〕玄宮楽々園（1951年6月9日指定）、旧彦根藩松原下屋敷（お浜御殿）庭園（2002年3月19日指定）
	彦根市指定文化財　旧西郷屋敷長屋門（1973年4月28日指定）、旧池田屋敷長屋門（1973年4月28日指定）、旧鈴木屋敷長屋門（1973年4月28日指定）
	彦根市ごみの散乱およびふん害のない美しいまちづくり条例　2002年10月1日
近年の修復	1957年〜1960年　天守、附櫓および多聞櫓の修理
	1960年〜1962年　西の丸三重櫓と二の丸佐和口多聞櫓の解体修理
	1965年〜1968年　馬屋などの解体修理
	1993年〜1996年　平成の大改修

ゆかりの人物	井伊直勝（直継）、井伊直弼
利活用	観光、博物館

見　所
＜二の丸佐和口多聞櫓＞　入口に向かって左側は、佐和山城から移築されたもの。
＜天秤櫓＞　羽柴秀吉の長浜城大手門を移築したといわれる。

<太鼓門櫓>　本丸表口を固める勇壮な迫力を感じさせる楼門。
<天守閣>　牛蒡積みと呼ばれる石垣は自然石を使い重心が内下に向くように作られ、
　　　　　　外見は粗雑だが強固な造り。その上に三重の天守が立っている。
<三重櫓>　西の丸に建ち、小谷城からの移築と伝えられている。
<玄宮園>　大名庭園

博物館・美術館など

● 彦根城博物館　〒522-0061　滋賀県彦根市金亀町1-1　℡0749-22-6100
　井伊家歴代藩主の美術工芸品、古文書、武具、文化資料などが数多く展示されている。
● 彦根市歴史まちづくり部文化財課彦根城世界遺産登録推進室
　　　　　　　　　　　　〒522-0071　彦根市尾末町4-2　　　　　℡0749-26-5833
● 彦根観光センター　　　　〒522-0001　彦根市尾末町1-51　　　　℡0749-23-0033
● 彦根市観光案内所　　　　〒522-0007　彦根市古沢町40-7　JR彦根駅構内　℡0749-22-2954
● 彦根市観光振興課　　　　〒522-8501　彦根市元町4-2　　　　　℡0749-22-1411
● 彦根ボランティアガイド協会連絡所　〒522-0064　彦根市本町1-3-24俳遊館　℡0749-22-6849

関係市町村　　　滋賀県彦根市　　　〒522-8501　彦根市元町4番2号　　　℡0749-22-1411

これまでの取り組み

1992年	世界遺産条約締約に伴って、日本政府がユネスコ世界遺産の暫定リストに「彦根城」を記載。
2007年	「彦根城の世界遺産登録を推進する方策を考える懇話会」を設置。2009年に「彦根城世界遺産登録推進委員会」に名称変更。
2011年9月11日	ICOMOS国内委員会理事会、彦根市において開催。
2012年11月	ICOMOSの専門家、現地視察。
	→● 姫路に比べ、縄張りや堀、都市機能などが総合的、複合的で、他の城からの資材を使っているのもユニーク。
	● 戦争を抑止する統治機構として注目するとよい。
	● 庭園を含むことは、彦根城の価値をより高める。
2013年	登録コンセプト案「彦根城―近世大名の城と御殿―」を文化庁に説明。→姫路城との差別化等の課題ありとの指摘。
2014年度	彦根城および関連遺産について基礎的調査の実施とそれに基づく学問的考察および資料の作成を目指し、比較研究を通したコンセプトの探求と普遍的価値の証明を目的とする滋賀県・彦根市連絡会議と彦根市作業グループの設置。特別史跡彦根城跡保存管理計画の見直し。
2014年6月	フランス、世界遺産センターへ訪問、ICOMOSなどの専門家意見聴取。
2015年1月	フランス、世界遺産センターへ再度訪問、ICOMOSなどの専門家意見聴取。
2021年3月	世界遺産登録に必要な推薦書原案と包括的保存管理計画案を文化庁に提出。
2023年7月	文化庁の文化審議会世界文化遺産部会は、2023年度の日本からの世界遺産への登録推薦について、「彦根城」については事前評価制度（プレリミナリー・アセスメント）を活用することとした。
課題	● 既に世界遺産登録されている「姫路城」との明確な違いを証明すること。
	● 国内の他の城郭との比較検討（単独推薦とするか否か）
	● 城下町部分を資産とする場合、法的担保措置が必要。

備考

● 2016年4月25日、「琵琶湖とその水辺景観－祈りと暮らしの水遺産」（2015年度の文化庁による日本遺産）の構成文化財に、彦根城(彦根市)：水と暮らしの文化が追加された。
● 近世の城のうち天守が残っているのは、弘前城、松本城、犬山城、丸岡城、彦根城、姫路城、備中松山城、松江城、丸亀城、松山城、宇和島城、高知城の12。このうち、松本城、犬山城、彦根城、姫路城、松江城の5城の天守が国宝。なかでも、姫路城と彦根城は、周辺が特別史跡に指定されている。従って、「天守が国宝、周辺が特別史跡」であるのは、姫路城と彦根城だけである。

参考URL　　　彦根城を世界遺産に　　　**https://www.hikonejo-worldheritage.jp/**

彦根城

琵琶湖と彦根城

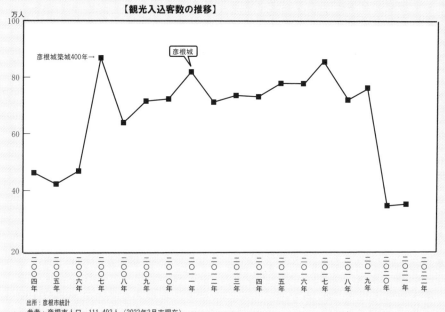

【観光入込客数の推移】

彦根城築城400年→

彦根城

出所：彦根市統計
参考：彦根市人口　111,493人（2023年3月末現在）

彦根城は、佐和山城・安土城・長浜城・大津城の石垣や用材が使用された

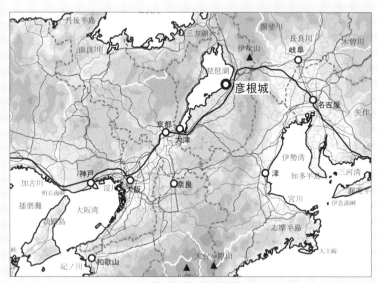

彦根市　北緯35度11分〜35度18分　東経136度6分〜136度21分

交通アクセス　●JR東海道本線（JR琵琶湖線）彦根駅下車　徒歩15分
　　　　　　　　　駐車場　180台

武家の古都・鎌倉

英語名	Kamakura, Home of the Samurai

物件の概要 武家の古都・鎌倉は、1192年に源頼朝が開いた武家政権である鎌倉幕府の本拠。鎌倉は、東・西・北を丘陵で囲まれ、南は海に面しており、要塞として、防御に適した立地であった。また、頼朝が幕府を開いてから約150年の間、東日本だけでなく、日本全国の政治や文化、特に、わが国の中世武家文化の中心として栄えた。武家の古都・鎌倉には、鎌倉幕府の宗社であった鶴岡八幡宮、時の政府から禅宗寺院として最高の寺格を承認された国宝の舎利殿がある円覚寺をはじめ、建長寺、寿福寺、浄智寺、浄妙寺の鎌倉五山、高徳院、永福寺などの寺院や当時の権力者の屋敷跡が散在する。また、周囲の丘陵には、外部に通じる交通路であった険しい切通し道（鎌倉七口）が現存する。それに、海岸には、港の遺跡である和賀江嶋が残っている。これらは現代日本をささえる精神・物質文化の根元を証するものとして、非常に重要であると考えられている。1992年に「古都鎌倉の寺院・神社ほか」として世界遺産の暫定リストに記載された。2011年9月22日、世界遺産条約関係省庁連絡会議(外務省、文化庁、環境省、林野庁、水産庁、国土交通省、宮内庁)が開催され、「武家の古都・鎌倉」(文化庁、国土交通省の共同推薦)の政府推薦が決定、2013年の第37回世界遺産委員会での世界遺産登録をめざしていたが、専門機関イコモスの「不登録」勧告を受けて、世界遺産委員会の事前に推薦を取り下げ、撤回した。神奈川県、横浜市、鎌倉市、逗子市の4県市では、再推薦に向けて、「武家の古都」に替わる新たなコンセプト及び構成資産を練り直し、早期の世界遺産登録をめざしている。

分　類	記念工作物、遺跡　※文化的景観の適用は無し
時代区分	中世（鎌倉時代）～
普遍的価値	武家の古都・鎌倉
所在地	神奈川県鎌倉市、逗子市、横浜市
所有・管理	各社寺
保　護	**文化財保護法**

〔国宝・建造物〕円覚寺舎利殿
〔国の重要文化財・建造物〕鶴岡八幡宮上宮、鶴岡八幡宮摂社若宮、鶴岡八幡宮大鳥居（一の鳥居）、鶴岡八幡宮末社丸山稲荷社本殿、建長寺山門、建長寺昭堂、建長寺大覚禅師塔、建長寺唐門、建長寺仏殿、建長寺法堂、浄光明寺五輪塔、荏柄天神社本殿、覚園寺開山塔、覚園寺大燈塔、極楽寺五輪塔、極楽寺忍性塔、
〔国の史跡〕鶴岡八幡宮境内、建長寺境内、建長寺庭園、円覚寺境内、円覚寺庭園、永福寺跡、覚園寺境内、仮粧坂、亀ヶ谷坂、巨福呂坂、寿福寺境内、和賀江嶋、法華堂跡（源頼朝墓・北条義時墓）、若宮大路、東勝寺跡、名越切通、仏法寺跡、一升桝遺跡、瑞泉寺境内、荏柄天神社境内、浄光明寺境内・冷泉為相墓、鎌倉大仏殿跡、大仏切通、朝夷奈切通、北条氏常盤亭跡、称名寺境内
〔国の名勝〕建長寺庭園、円覚寺庭園、瑞泉寺庭園
古都保存法 歴史的風土保存区域、歴史的風土特別保存地区　鎌倉市、逗子市
神奈川県・鎌倉市風致地区条例
景観法　都市計画法　海岸法 海岸保全地域
首都圏近郊緑地保全法
鎌倉市都市景観条例　逗子まちづくり条例

保護団体	㈶鎌倉風致保存会　〒248-0012　鎌倉市御成町9-1　℡0467-23-6621
協働事業	湘南工科大学　文化財のIT化
構成資産候補	①鶴岡八幡宮（若宮大路、上宮、摂社若宮）、寿福寺、建長寺（庭園、山門、仏殿、法堂、昭堂、大覚禅師塔、朱垂木やぐら群）、瑞泉寺（庭園）、鎌倉大仏、覚園寺（百八やぐら群）、仏法寺跡、永福寺跡、法華堂跡、北条氏常盤亭跡、亀ヶ谷坂、仮粧坂、大仏切通　②極楽寺　③円覚寺（庭園、舎利殿）　④荏柄天神社　⑤浄光明寺　⑥朝夷奈切通　⑦東勝寺跡　⑧名越切通　⑨称名寺　⑩和賀江嶋（2011年9月現在）
利活用	観光、教育、まちづくり

これまでの経緯と今後の予定

1992年	世界遺産条約締約に伴って、日本政府がユネスコ世界遺産の暫定リストに「古都鎌倉の寺院・神社ほか」を記載。
1996年	鎌倉市、総合計画に世界遺産登録を目指すことを位置づける。
1998年	鎌倉市、神奈川県「世界遺産登録検討連絡会議」発足。
1999年	登録資産候補の関連から横浜市(朝夷奈切通)と逗子市(和賀江嶋、名越切通)が「世界遺産登録検討連絡会議」に参加。
2001年	「鎌倉市歴史遺産検討委員会」設置。
2003年	鎌倉市、湘南工科大学と、文化財のIT化について協働事業を立ち上げる。
2004年5月	「武家の古都・鎌倉～鎌倉における歴史的遺産の普遍的な価値について～」の中間報告書をまとめる。
2006年	称名寺(横浜市)を登録資産候補に追加。
	横浜市、世界遺産登録に参画する方向で検討すること決定。
2007年7月24日	「鎌倉世界遺産登録推進協議会」設立。(会長：養老孟司東京大学名誉教授)
2007年7月27日	「神奈川県・横浜市・鎌倉市・逗子市世界遺産登録推進会議」設置。
2008年7月28日	候補資産の文化財指定完了。
2009年1月29日～2月1日	第1回国際専門家会議の開催。
2009年7月30日～8月2日	第2回国際専門家会議の開催。
2009年10月5日	文化庁長官への推薦要請。
	「武家の古都・鎌倉」世界遺産一覧表記載推薦書作成委員会の設置。
2010年1月・3月	作成委員会開催。
2010年3月31日	候補資産の個別保存計画策定完了。
2010年4月1日	県に「文化遺産課世界遺産登録推進グループ」設置。
2010年6月23日～24日	第3回国際専門家会議の開催。
2010年10月4日	文部科学大臣・文化庁長官への要望活動(県知事、鎌倉市長)
2011年9月22日	世界遺産条約関係省庁連絡会議が開催され、「武家の古都・鎌倉」の世界遺産登録推薦書類を2012年2月1日までに提出することを決定。
2012年1月	ユネスコ世界遺産センターに登録推薦書類を提出。
2012年9月24日～27日	専門機関ICOMOSによる現地調査(王力軍氏 中国ICOMOS国内委員会委員)
2013年4月30日	専門機関ICOMOS、物証の不足などを理由に「不登録」の勧告。
2013年5月27日	関係4県市で、推薦取り下げの方針を決定。
2013年6月4日	国が「武家の古都・鎌倉」の推薦取り下げを決定。
現在	関係4県市で、「武家の古都」に替わる新たなコンセプト及び構成資産の練り直しを検討中。

博物館・美術館など

● 鎌倉国宝館　　　　　　〒248-0005　神奈川県鎌倉市雪ノ下2-1-1　　Tel 0467-22-0753
● 鎌倉文学館　　　　　　〒248-0016　神奈川県鎌倉市長谷1-5-3　　　Tel 0467-23-3911

姉妹都市提携

● 鎌倉市　＜国内＞山口県萩市、長野県上田市、栃木県足利市
　　　　　＜海外＞フランス・ニース市、中華人民共和国敦煌市
● 逗子市　＜国内＞群馬県伊香保町

主要な年間伝統行事・イベント

● 除魔神事	鶴岡八幡宮	1月5日
● 節分祭	鶴岡八幡宮、鎌倉宮ほか	2月3日
● 鎌倉まつり	鶴岡八幡宮	4月第2～第3日曜日
● 鎌倉宮例大祭	鎌倉宮	8月19日・20日
● 例大祭、神幸祭	鶴岡八幡宮	9月15日
● 流鏑馬神事	鶴岡八幡宮	9月16日
● 薪能(申込制)	鎌倉宮	10月8日・9日
● 弁天祭	円覚寺	11月28日
● 御鎮座記念祭	鶴岡八幡宮	12月16日
● 除夜の鐘	円覚寺ほか	12月31日

武家の古都・鎌倉

関係市町村
- ●鎌倉市世界遺産登録推進担当　　　〒248-8686　鎌倉市御成町18-10　　℡0467-61-3849
- ●逗子市教育委員会教育部社会教育課　〒249-8686　逗子市逗子5-2-16　　℡046-872-8153
- ●横浜市教育委員会事務局総務部生涯学習文化財課
　　　　　　　　　　　　　　　　　〒231-0017　横浜市中区港町1-1　　℡045-671-3284

課題　　　　　●「武家の古都」に替わる新たなコンセプトの練り直しと再チャレンジ

伝統工芸品などの地場特産品　●鎌倉彫　800年の伝統をもつ美術品
伝統芸能　　●薪能
古都鎌倉や観光宿泊等に関する現地照会先
- ●鎌倉市　　　　　　　　〒248-8686　鎌倉市御成町18-10　　　℡0467-23-3000
- ●鎌倉市観光協会　　　　〒248-0012　鎌倉市御成町1-12　　　℡0467-23-3050

備考　　　　　"「いざ、鎌倉」〜歴史と文化が描くモザイク画のまちへ〜"が、2016年度の
　　　　　　　文化庁による「日本遺産」に認定されている。

参考資料　　●武家の古都鎌倉　鎌倉市歴史遺産検討委員会
　　　　　　●鎌倉　鎌倉市市民活動部観光課

当シンクタンクの協力
- ●北海道新聞夕刊「富士山／鎌倉　明と暗」　　　　　　　　　　　　2013年 5月10日
- ●BS朝日テレビ・午後のニュース・ルーム「富士山・武家の古都鎌倉」　2013年 5月 2日
- ●TBSテレビ・NEWS23「富士山・武家の古都鎌倉」　　　　　　　2013年 5月 1日
- ●テレビ朝日・ANNスーパーJチャンネル ニュース「富士山・武家の古都鎌倉」　2013年 5月 1日
- ●TBSテレビ・Nスタ ニュース「富士山・武家の古都鎌倉」　　　　　2013年 5月 1日
- ●フジテレビ・めざましテレビ「富士山・武家の古都鎌倉」　　　　　　2013年 5月 1日
- ●フジテレビ・めざにゅ〜　MEZA NEWS「富士山・武家の古都鎌倉」　2013年 5月 1日
- ●フジテレビ・スーパーニュース「富士山に鎌倉…どうなる世界遺産」　2011年 7月27日

参考URL　　「鎌倉」世界遺産への登録を目指して　**http://www.kamakura-worldheritage.com//**
　　　　　　神奈川県・横浜市・鎌倉市・逗子市 世界遺産登録推進委員会

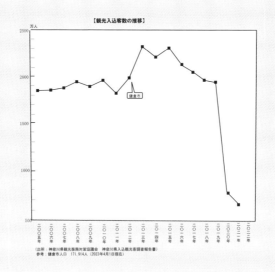

【観光入込客数の推移】

（出所：神奈川県観光振興対策協議会　神奈川県入込観光客調査報告書）
参考：鎌倉市人口　171,914人（2023年4月1日現在）

鎌倉七切通し（鎌倉七口）の中で、最も昔の姿をとどめている朝夷奈切通し

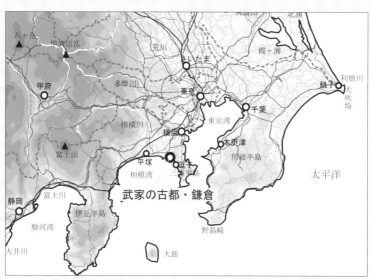

鎌倉市　北緯35度17分〜35度21分　東経139度29分〜139度35分

交通アクセス　鶴岡八幡宮へは、
　　　　　　　　●JR鎌倉駅東口、或は、江ノ電鎌倉駅から徒歩10分。

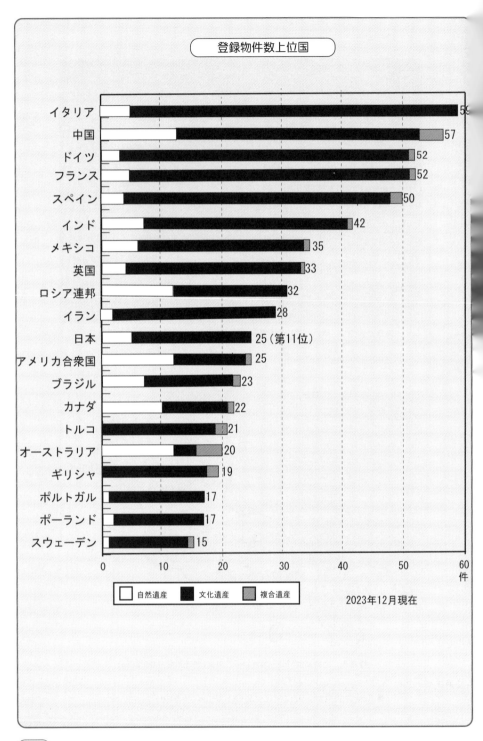

登録物件数上位国

国	件数
イタリア	59
中国	57
ドイツ	52
フランス	52
スペイン	50
インド	42
メキシコ	35
英国	33
ロシア連邦	32
イラン	28
日本	25（第11位）
アメリカ合衆国	25
ブラジル	23
カナダ	22
トルコ	21
オーストラリア	20
ギリシャ	19
ポルトガル	17
ポーランド	17
スウェーデン	15

□ 自然遺産　■ 文化遺産　▨ 複合遺産

2023年12月現在

214

第45回世界遺産委員会拡大会合リヤド会議 2023

第45回世界遺産委員会拡大会合リヤド（サウジアラビア）会議2023

写真：サウジアラビアのDr.アブドゥーラ・アル・トカイス議長（左）
ユネスコのラザレ・エルンドゥ・アソモ世界遺産センター所長（右）

第45回世界遺産委員会リヤド（サウジアラビア）拡大会議　新登録物件等＜仮訳＞

〈新登録物件〉（36か国　42物件　自然 9　複合 0　文化 33）
　　　　　　　　（アフリカ　5　アラブ諸国　3　アジア・太平洋　12
　　　　　　　　ヨーロパ・北アメリカ　19　ラテンアメリカ　3）

＜自然遺産＞　9件

エチオピア
　バレ山国立公園（Bale Mountains National Park）　（登録基準(ⅶ)(ⅹ)）
コンゴ
　オザラ・コクア森林山塊（Forest Massif of Odzala-Kokoua）　（登録基準(ⅸ)(ⅹ)）
ルワンダ
　ニュングェ国立公園（Nyungwe National Park）　（登録基準(ⅹ)）

サウジアラビア
　ウルク・バニ・マアリッド（'Uruq Bani Ma'arid）　（登録基準(ⅶ)(ⅸ)）

カザフスタン、トルクメニスタン、ウズベキスタン
　寒冬のトゥラン砂漠群（Cold Winter Deserts of Turan）　（登録基準(ⅸ)(ⅹ)）
タジキスタン
　ティグロヴァヤ・バルカ自然保護区のトゥガイ森林群（Tugay forests of the Tigrovaya Balka Nature Reserve）
　（登録基準(ⅸ)）

イタリア
　アペニン山脈北部の蒸発岩のカルスト・洞窟群（Evaporitic Karst and Caves of Northern Apennines）
　（登録基準(ⅷ)）
フランス
　プレー山およびマルティニーク北部の尖峰群の火山・森林群
　（Volcanoes and Forests of Mount Pelée and the Pitons of Northern Martinique）
　（登録基準(ⅷ)(ⅹ)）
カナダ
　アンティコスティ（Anticosti）　（登録基準(ⅷ)）

＜文化遺産＞　33件

エチオピア
　ゲデオの文化的景観（The Gedeo Cultural Landscape）　（登録基準(ⅲ)(ⅴ)）
ルワンダ
　虐殺の記憶の地：ニャマタ、ムランビ、ビセセロ、ギソッチ
　（Memorial sites of the Genocide: Nyamata, Murambi, Gisozi and Bisesero）
　（登録基準(ⅵ)）

チュニジア
　ジェルバ：島嶼域での入植様式を伝える文化的景観
　（Djerba: Testimony to a settlement pattern in an island territory）
　（登録基準(ⅴ)）
パレスチナ
　古代エリコ／テル・エッ・スルタン（Ancient Jericho/Tell es-Sultan）
　（登録基準(ⅲ)(ⅳ)）

イラン
　ペルシアのキャラバンサライ（The Persian Caravanserai）
　　（登録基準(ii)(iii)）
タジキスタン、トルクメニスタン、ウズベキスタン
　シルクロード ： ザラフシャン・カラクム回廊（Silk Roads: Zarafshan-Karakum Corridor）
　　（登録基準(ii)(iii)(v)）
インド
　サンティニケタン（Santiniketan）
　　（登録基準(iv)(vi)）
インド
　ホイサラ朝の宗教建築物群（Sacred Ensembles of the Hoysalas）　（登録基準(i)(ii)(iv)）
タイ
　古代都市シーテープ
　　（The Ancient Town of Si Thep and its Associated Dvaravati Monuments）
　　（登録基準(ii)(iii)）
インドネシア
　ジョグジャカルタの宇宙論的軸線とその歴史的建造物群
　　（The Cosmological Axis of Yogyakarta and its Historic Landmarks）
　　（登録基準(ii)(iii)）
カンボジア
　コー・ケー ： 古代リンガプラ（チョック・ガルギャー）の考古遺跡
　　（Koh Ker: Archaeological Site of Ancient Lingapura or Chok Gargyar）
　　（登録基準(ii)(iv)）
モンゴル
　鹿石および青銅器時代の関連遺跡群（Deer Stone Monuments and Related Bronze Age Sites）
　　（登録基準(i)(iii)）
中国
　普洱の景邁山古茶林の文化的景観
　　（Cultural Landscape of Old Tea Forests of the Jingmai Mountain in Pu'er）
　　（登録基準(iii)(v)）
韓国
　伽耶古墳群（Gaya Tumuli）
　　（登録基準(iii)）

トルコ
　ゴルディオン（Gordion）　（登録基準(iii)）
フランス
　ニームのメゾン・カレ（The Maison Carrée of Nîmes）　　（登録基準(iv)）
トルコ
　木柱と木製上部構造を備えたアナトリアの中世モスク群
　　（Wooden Hypostyle Mosques of Medieval Anatolia）　　（登録基準(ii)(iv)）
ギリシャ
　ザゴリの文化的景観（Zagori Cultural Landscape）　　（登録基準(v)）
スペイン
　タラヨ期メノルカ － キュクロプス式建造物の島のオデッセイ
　　（Prehistoric Sites of Talayotic Menorca）　　（登録基準(iii)(iv)）
ドイツ
　エアフルトの中世ユダヤ人関連遺産（Jewish-Medieval Heritage of Erfurt）
　　（登録基準(iv)）
デンマーク
　ヴァイキング時代の円形要塞群（Viking-Age Ring Fortresses）　（登録基準(iii)(iv)）

第45回世界遺産委員会リヤド会議 2023

オランダ
　王立エイセ・エイシンガ・プラネタリウム（Eisinga Planetarium in Franeker）
　　（登録基準(ⅳ)）
ベルギー、フランス
　第一次世界大戦（西部戦線）の追悼と記憶の場所
　　　（Funerary and memory sites of the First World War (Western Front)
　　（登録基準(ⅲ)(ⅳ)(ⅵ)）
チェコ
　ジャテツとザーツホップの景観（Žatec and the Landscape of Saaz Hops）
　　（登録基準(ⅲ)(ⅳ)(ⅴ)）
リトアニア
　モダニズム建築都市カウナス ： 楽天主義の建築、1919年-1939年
　　（Modernist Kaunas: Architecture of Optimism, 1919-1939）　　（登録基準(ⅳ)）
ラトヴィア
　クールラントのクルディーガ/ゴールディンゲン（Old town of Kuldīga）
　　（登録基準(ⅴ)）
アゼルバイジャン
　キナルグ人の文化的景観と移牧の道
　　　（Cultural Landscape of Khinalig People and "Köç Yolu" Transhumance Route）
　　（登録基準(ⅲ)(ⅴ)）
ロシア連邦
　カザン連邦大学天文台（Astronomical Observatories of Kazan Federal University）
　　（登録基準(ⅱ)(ⅳ)）
カナダ
　トロンデック・クロンダイク（Tr'ondëk-Klondike）　　（登録基準(ⅳ)）
アメリカ合衆国
　ホープウェルの儀礼的土構造物群（Hopewell Ceremonial Earthworks）
　　（登録基準(ⅰ)(ⅲ)）

スリナム
　ヨーデンサヴァネの考古遺跡 ： ヨーデンサヴァネの入植地とカシポラクレークの共同墓地
　　　（Jodensavanne Archaeological Site: Jodensavanne Settlement and Cassipora Creek Cemetery）
　　（登録基準(ⅲ)）
グアテマラ
　タカリク・アバフ国立考古公園（National Archaeological Park Tak'alik Ab'aj）
　　（登録基準(ⅱ)(ⅲ)）
アルゼンチン
　ESMA「記憶の場所」博物館 − かつての拘禁、拷問、絶滅の秘密センター
　　　（ESMA Museum and Site of Memory – Former Clandestine Center of Detention, Torture and Extermination）
　　（登録基準(ⅵ)）

〈登録範囲の拡大〉（7か国　5物件　自然 3　文化 2）

マダガスカル
　アンドレファナの乾燥林（Andrefana Dry Forests）
　　自然遺産（登録基準(ⅶ)(ⅸ)(ⅹ)）
ベニン、トーゴ
　バタマリバ人の土地クタマク（Koutammakou, the Land of the Batammariba）
　　文化遺産（登録基準(ⅴ)(ⅵ)）

アゼルバイジャン、イラン
　ヒルカニアの森林群（Hyrcanian Forests）
　　自然遺産（登録基準(ⅸ)）

ヴェトナム
　ハロン湾・カットバー群島（Ha Long Bay - Cat Ba Archipelago）
　　自然遺産（登録基準(ⅶ)(ⅷ)）

ポルトガル
　ギマランイスの歴史地区とコウルス地区（Historic Centre of Guimarães and Couros Zone）
　　文化遺産（登録基準(ⅱ)(ⅲ)(ⅳ)）

〈危機遺産リストからの解除〉（1か国　1物件　文化 1）

ウガンダ
　カスビのブガンダ王族の墓（Tombs of Buganda Kings at Kasubi）
　　文化遺産（登録基準(ⅰ)(ⅲ)(ⅳ)(ⅵ)）　2001年
　　★【危機遺産登録】2010年　★【危機遺産解除】2023年
　　理由：火災で焼失したことが原因で危機遺産となったが、伝統的な技術と適正な文化材を
　　　　　用いた再建が評価され、解除となった。

〈危機遺産リストへの登録〉（1か国　2物件　文化 2）

ウクライナ
　キーウの聖ソフィア大聖堂と修道院群、キーウ・ペチェルスカヤ大修道院
　（Kyiv:Saint-Sophia Cathedral and Related Monastic Buildings, Kiev-Pechersk Lavra）
　　文化遺産（登録基準(ⅰ)(ⅱ)(ⅲ)(ⅳ)）　1990年
　　★【危機遺産登録】2023年
　　理由：ロシアの軍事侵攻で破壊される脅威に直面。

ウクライナ
　リヴィウの歴史地区（L'viv-the Ensemble of the Historic Centre）
　　文化遺産（登録基準(ⅱ)(ⅴ)）　1998年／2008年
　　★【危機遺産登録】2023年
　　理由：ロシアの軍事侵攻で破壊される脅威に直面。

〈登録遺産名の変更〉（3か国　3物件　自然2　● 文化1）

マダガスカル
　　　　アンドレフアナ乾燥林群（Andrefana Dry Forests）
　　　　　　←　ツィンギー・ド・ベマラハ厳正自然保護区
　　　　　　　（Tsingy de Bemaraha Strict Nature Reserve）
ヴェトナム
　　　　ハ・ロン湾とカット・バ諸島（Ha Long Bay - Cat Ba Archipelago）
　　　　　　←　ハ・ロン湾（Ha Long Bay）
ポルトガル
　　　　ギマランイスの歴史地区とコウルス地区
　　　　（Historic Centre of Guimarães and Couros Zone）
　　　　　　←　ギマランイスの歴史地区（Historic Centre of Guimarães）

〈著者プロフィール〉

古田 陽久（ふるた・はるひさ FURUTA Haruhisa）
世界遺産総合研究所 所長

1951年広島県生まれ。1974年慶応義塾大学経済学部卒業、1990年シンクタンクせとうち総合研究機構を設立。アジアにおける世界遺産研究の先覚・先駆者の一人で、「世界遺産学」を提唱し、1998年世界遺産総合研究所を設置、所長兼務。毎年の世界遺産委員会や無形文化遺産委員会などにオブザーバー・ステータスで参加、中国杭州市での「首届中国大運河国際高峰論壇」、クルーズ船「にっぽん丸」、三鷹国際交流協会の国際理解講座、日本各地の青年会議所（JC）での講演など、その活動を全国的、国際的に展開している。これまでにイタリア、中国、スペイン、フランス、ドイツ、インド、メキシコ、英国、ロシア連邦、アメリカ合衆国、ブラジル、オーストラリア、ギリシャ、カナダ、トルコ、ポルトガル、ポーランド、スウェーデン、ベルギー、韓国、スイス、チェコ、ペルー、キューバ、サウジアラビアなど69か国、約300の世界遺産地を訪問している。HITひろしま観光大使(広島県観光連盟)、防災士(日本防災士機構)現在、広島市佐伯区在住。

【専門分野】世界遺産制度論、世界遺産論、自然遺産論、文化遺産論、危機遺産論、地域遺産論、日本の世界遺産、世界無形文化遺産、世界の記憶、世界遺産と教育、世界遺産と観光、世界遺産と地域づくり・まちづくり

【著書】「世界の記憶遺産60」(幻冬舎)、「世界遺産データ・ブック」、「世界無形文化遺産データ・ブック」、「世界の記憶データ・ブック」(世界記憶遺産データブック)、「誇れる郷土データ・ブック」、「世界遺産ガイド」シリーズ、「ふるさと」「誇れる郷土」シリーズなど多数。

【執筆】連載「世界遺産への旅」、「世界記憶遺産の旅」、日本政策金融公庫調査月報「連載『データで見るお国柄』」、「世界遺産を活用した地域振興−『世界遺産基準』の地域づくり・まちづくり−」（月刊「地方議会人」）、中日新聞・東京新聞サンデー版「大図解危機遺産」、「現代用語の基礎知識2009」(自由国民社) 世の中ペディア「世界遺産」など多数。

【テレビ出演歴】TBSテレビ「あさチャン！」、「ひるおび」、「NEWS23」、テレビ朝日「モーニングバード」、「やじうまテレビ」、「ANNスーパーJチャンネル」、日本テレビ「スッキリ!!」、フジテレビ「めざましテレビ」、「スーパーニュース」、「とくダネ!」、NHK福岡「ロクいち！」、テレビ岩手「ニュースプラス１いわて」など多数。
【ホームページ】「世界遺産と総合学習の杜」http://www.wheritage.net/

世界遺産ガイド −日本編− 2024改訂版

2024年（令和6年）1月15日 初版 第1刷

著　　　者　　古田 陽久
企画・編集　　世界遺産総合研究所
発　　　行　　シンクタンクせとうち総合研究機構 ©
　　　　　　　〒731-5113
　　　　　　　広島市佐伯区美鈴が丘緑三丁目4番3号
　　　　　　　TEL＆FAX　082-926-2306
　　　　　　　電子メール wheritage@tiara.ocn.ne.jp
　　　　　　　インターネット http://www.wheritage.net
　　　　　　　出版社コード 86200

Complied and Printed in Japan, 2024　ISBN978-4-86200-271-6 C1526 Y2727E

発 行 図 書 の ご 案 内

世 界 遺 産 シ リ ー ズ

世界遺産データ・ブック　2024年版　新刊
978-4-86200-272-3 本体2727円 2024年1月発行
最新のユネスコ世界遺産1199物件の全物件名と登録基準、位置を掲載。ユネスコ世界遺産の概要も充実。世界遺産学習の上での必携の書。

世界遺産事典-1157全物件プロフィール-　新刊　2023改訂版
978-4-86200-264-8 本体3000円 2023年3月発行
世界遺産1157物件の全物件プロフィールを収録。 2023改訂版

世界遺産キーワード事典 2020改訂版　新刊
978-4-86200-241-9 本体2600円 2020年7月発行
世界遺産に関連する用語の紹介と解説

世界遺産マップス-地図で見るユネスコの世界遺産-　新刊　2023改訂版
978-4-86200-263-1 本体2727円 2023年2月発行
世界遺産1157物件の位置を地域別・国別に整理

世界遺産ガイド-世界遺産条約採択40周年特集-
978-4-86200-172-6 本体2381円 2012年11月発行
世界遺産の40年の歴史を特集し、持続可能な発展を考える。

世界遺産フォトス　-写真で見るユネスコの世界遺産-
世界遺産の多様性を写真資料で学ぶ。
-写真で見るユネスコの世界遺産-	4-916208-22-6 本体1905円 1999年8月発行
第2集-多様な世界遺産-	4-916208-50-1 本体2000円 2002年1月発行
第3集-海外と日本の至宝100の記憶-	978-4-86200-148-1 本体2381円 2010年1月発行

世界遺産入門-平和と安全な社会の構築-
978-4-86200-191-7 本体2500円 2015年5月発行
世界遺産を通じて「平和」と「安全」な社会の大切さを学ぶ

世界遺産学入門-もっと知りたい世界遺産-
4-916208-52-8 本体2000円 2002年2月発行
新しい学問としての「世界遺産学」の入門書

世界遺産学のすすめ-世界遺産が地域を拓く-
4-86200-100-9 本体2000円 2005年4月発行
普遍的価値を顕す世界遺産が、閉塞した地域を拓く

世界遺産概論<上巻><下巻>
世界遺産の基礎的事項をわかりやすく解説
上巻 978-4-86200-116-0　2007年1月発行
下巻 978-4-86200-117-7　本体各2000円

世界遺産ガイド-ユネスコ遺産の基礎知識-2023改訂版　新刊
978-4-86200-267-9 本体2727円 2023年8月発行
混同しやすいユネスコ三大遺産の違いを明らかにする

世界遺産ガイド-世界遺産条約編-
4-916208-34-X 本体2000円 2000年7月発行
世界遺産条約を特集し、条約の趣旨や目的などポイントを解説

世界遺産ガイド　-世界遺産条約とオペレーショナル・ガイドラインズ編-
978-4-86200-128-3 本体2000円 2007年12月発行
世界遺産条約とその履行の為の作業指針について特集する

世界遺産ガイド-世界遺産の基礎知識編- 2009改訂版
978-4-86200-132-0 本体2000円 2008年10月発行
世界遺産の基礎知識をQ&A形式で解説

世界遺産ガイド-図表で見るユネスコの世界遺産編-
4-916208-89-7 本体2000円 2004年12月発行
世界遺産をあらゆる角度からグラフ、図表、地図などで読む

世界遺産ガイド-情報所在源編-
4-916208-84-6 本体2000円 2004年1月発行
世界遺産に関連する情報所在源を各国別、物件別に整理

世界遺産ガイド-自然遺産編- 2020改訂版　新刊
978-4-86200-234-1 本体2600円 2020年4月発行
ユネスコの自然遺産の全容を紹介

世界遺産ガイド-文化遺産編- 2020改訂版　新刊
978-4-86200-235-8 本体2600円 2020年4月発行
ユネスコの文化遺産の全容を紹介

世界遺産ガイド-文化遺産編-
1. 遺跡	4-916208-32-3 本体2000円 2000年8月発行
2. 建造物	4-916208-33-1 本体2000円 2000年9月発行
3. モニュメント	4-916208-35-8 本体2000円 2000年10月発行
4. 文化的景観	4-916208-53-6 本体2000円 2002年1月発行

世界遺産ガイド-複合遺産編- 2020改訂版　新刊
978-4-86200-236-5 本体2600円 2020年4月発行
ユネスコの複合遺産の全容を紹介

世界遺産ガイド-危機遺産編- 2020改訂版　新刊
978-4-86200-237-2 本体2600円 2020年4月発行
ユネスコの危機遺産の全容を紹介

世界遺産ガイド-文化の道編-
978-4-86200-207-5 本体2500円 2016年12月発行
世界遺産に登録されている「文化の道」を特集

世界遺産ガイド-文化的景観編-
978-4-86200-150-4 本体2381円 2010年4月発行
文化的景観のカテゴリーに属する世界遺産を特集

世界遺産ガイド-複数国にまたがる世界遺産編-
978-4-86200-151-1 本体2381円 2010年6月発行
複数国にまたがる世界遺産を特集

世界遺産ガイド-日本編- 2024改訂版 **新刊**	978-4-86200-271-6 本体2727円 2024年1月発行	日本にある世界遺産、暫定リストを特集
日本の世界遺産 -東日本編- -西日本編-	978-4-86200-130-6 本体2000円 2008年2月発行 978-4-86200-131-3 本体2000円 2008年2月発行	
世界遺産ガイド-日本の世界遺産登録運動-	4-86200-108-4 本体2000円 2005年12月発行	暫定リスト記載物件はじめ世界遺産登録運動の動きを特集
世界遺産ガイド-世界遺産登録をめざす富士山編-	978-4-86200-153-5 本体2381円 2010年11月発行	富士山を世界遺産登録する意味と意義を考える
世界遺産ガイド-北東アジア編-	4-916208-87-0 本体2000円 2004年3月発行	北東アジアにある世界遺産を特集、国の概要も紹介
世界遺産ガイド-朝鮮半島にある世界遺産-	4-86200-102-5 本体2000円 2005年7月発行	朝鮮半島にある世界遺産、暫定リスト、無形文化遺産を特集
世界遺産ガイド-中国編- 2010改訂版	978-4-86200-139-9 本体2381円 2009年10月発行	中国にある世界遺産、暫定リストを特集
世界遺産ガイド-モンゴル編- **新刊**	978-4-86200-233-4 本体2500円 2019年12月発行	モンゴルにあるユネスコ遺産を特集
世界遺産ガイド-東南アジア諸国編-	978-4-86200-262-4 本体3500円 2023年1月発行	東南アジア諸国にあるユネスコ遺産を特集
世界遺産ガイド-ネパール・インド・スリランカ編 **新刊**	978-4-86200-221-1 本体2500円 2018年11月発行	ネパール・インド・スリランカにある世界遺産を特集
世界遺産ガイド-オーストラリア編-	4-86200-115-7 本体2000円 2006年5月発行	オーストラリアにある世界遺産を特集、国の概要も紹介
世界遺産ガイド-中央アジアと周辺諸国編-	4-916208-63-3 本体2000円 2002年8月発行	中央アジアと周辺諸国にある世界遺産を特集
世界遺産ガイド-サウジアラビア編-	4-86200-270-9 本体2500円 2023年11月発行	サウジアラビアにある世界遺産等を特集
世界遺産ガイド-知られざるエジプト編- **新刊**	978-4-86200-152-8 本体2500円 2010年6月発行	エジプトにある世界遺産、暫定リスト等を特集
世界遺産ガイド-アフリカ編-	4-916208-27-7 本体2000円 2000年3月発行	アフリカにある世界遺産を特集
世界遺産ガイド-イタリア編-	4-86200-109-2 本体2000円 2006年1月発行	イタリアにある世界遺産、暫定リストを特集
世界遺産ガイド-スペイン・ポルトガル編-	978-4-86200-158-0 本体2381円 2011年1月発行	スペインとポルトガルにある世界遺産を特集
世界遺産ガイド-英国・アイルランド編-	978-4-86200-159-7 本体2381円 2011年3月発行	英国とアイルランドにある世界遺産等を特集
世界遺産ガイド-フランス編-	978-4-86200-160-3 本体2381円 2011年5月発行	フランスにある世界遺産、暫定リストを特集
世界遺産ガイド-ドイツ編-	4-86200-101-7 本体2000円 2005年6月発行	ドイツにある世界遺産、暫定リストを特集
世界遺産ガイド-ロシア編-	978-4-86200-166-5 本体2381円 2012年4月発行	ロシアにある世界遺産等を特集
世界遺産ガイド-ウクライナ編- **新刊**	978-4-86200-260-0 本体2600円 2022年3月発行	ウクライナにある世界遺産等を特集
世界遺産ガイド-コーカサス諸国編- **新刊**	978-4-86200-227-3 本体2500円 2019年6月発行	コーカサス諸国にある世界遺産等を特集
世界遺産ガイド-アメリカ合衆国編- **新刊**	978-4-86200-214-3 本体2500円 2018年1月発行	アメリカ合衆国にあるユネスコ遺産等を特集
世界遺産ガイド-メキシコ編-	978-4-86200-202-0 本体2500円 2016年8月発行	メキシコにある世界遺産等を特集
世界遺産ガイド-カリブ海地域編- **新刊**	4-86200-226-6 本体2600円 2019年5月発行	カリブ海地域にある主な世界遺産を特集
世界遺産ガイド-中米編-	4-86200-81-1 本体2000円 2004年2月発行	中米にある主な世界遺産を特集
世界遺産ガイド-南米編-	4-86200-76-5 本体2000円 2003年9月発行	南米にある主な世界遺産を特集

世界遺産ガイド-地形・地質編-	978-4-86200-185-6 本体2500円 2014年5月発行 世界自然遺産のうち、代表的な「地形・地質」を紹介
世界遺産ガイド-生態系編-	978-4-86200-186-3 本体2500円 2014年5月発行 世界自然遺産のうち、代表的な「生態系」を紹介
世界遺産ガイド-自然景観編-	4-916208-86-2 本体2000円 2004年3月発行 世界自然遺産のうち、代表的な「自然景観」を紹介
世界遺産ガイド-生物多様性編-	4-916208-83-8 本体2000円 2004年1月発行 世界自然遺産のうち、代表的な「生物多様性」を紹介
世界遺産ガイド-自然保護区編-	4-916208-73-0 本体2000円 2003年5月発行 自然遺産のうち、自然保護区のカテゴリーにあたる物件を特集
世界遺産ガイド-国立公園編-	4-916208-58-7 本体2000円 2002年5月発行 ユネスコ世界遺産のうち、代表的な国立公園を特集
世界遺産ガイド-名勝・景勝地編-	4-916208-41-2 本体2000円 2001年3月発行 ユネスコ世界遺産のうち、代表的な名勝・景勝地を特集
世界遺産ガイド-歴史都市編-	4-916208-64-1 本体2000円 2002年9月発行 ユネスコ世界遺産のうち、代表的な歴史都市を特集
世界遺産ガイド-都市・建築編-	4-916208-39-0 本体2000円 2001年2月発行 ユネスコ世界遺産のうち、代表的な都市・建築を特集
世界遺産ガイド-産業・技術編-	4-916208-40-4 本体2000円 2001年3月発行 ユネスコ世界遺産のうち、産業・技術関連遺産を特集
世界遺産ガイド-産業遺産編-保存と活用	4-86200-103-3 本体2500円 2005年4月発行 ユネスコ世界遺産のうち、各産業分野の遺産を特集
世界遺産ガイド-19世紀と20世紀の世界遺産編-	4-916208-56-0 本体2000円 2002年7月発行 激動の19世紀、20世紀を代表する世界遺産を特集
世界遺産ガイド-宗教建築物編-	4-916208-72-2 本体2000円 2003年6月発行 ユネスコ世界遺産のうち、代表的な宗教建築物を特集
世界遺産ガイド-仏教関連遺産編- 新刊	4-86200-223-5 本体2600円 2019年2月発行 ユネスコ世界遺産のうち仏教関連遺産を特集
世界遺産ガイド-歴史的人物ゆかりの世界遺産編-	4-916208-57-9 本体2000円 2002年9月発行 歴史的人物にゆかりの深いユネスコ世界遺産を特集
世界遺産ガイド-人類の負の遺産と復興の遺産編-	978-4-86200-173-3 本体2000円 2013年2月発行 世界遺産から人類の負の遺産と復興の遺産を学ぶ
世界遺産ガイド-未来への継承編 新刊	4-916208-242-6 本体3500円 2020年10月発行 2022年の「世界遺産条約採択50周年」に向けて
ユネスコ遺産ガイド-世界編- 総合版 新刊	4-916208-255-6 本体3500円 2022年2月発行 世界のユネスコ遺産を特集
ユネスコ遺産ガイド-日本編- 総集版 新刊	4-916208-250-1 本体3500円 2021年4月発行 日本のユネスコ遺産を特集

世 界 の 文 化 シ リ ー ズ

世界遺産の無形版といえる「世界無形文化遺産」についての希少な書籍

| 世界無形文化遺産データ・ブック 新刊 2023年版 | 978-4-86200-269-3 本体2727円 2023年9月
世界無形文化遺産の仕組みや登録されているものを地域別・国別に整理。 |
| 世界無形文化遺産事典 2022年版 新刊 | 978-4-86200-258-7 本体2727円 2022年3月
世界無形文化遺産の概要を、地域別・国別・登録年順に掲載。 |

世 界 の 記 憶 シ リ ー ズ

ユネスコのプログラム「世界の記憶」の全体像を明らかにする

| 世界の記憶データ・ブック 新刊 2023年版 | 978-4-86200-268-6 本体3000円 2023年8月発行
ユネスコ三大遺産事業の一つ「世界の記憶」の仕組みや494件の世界の記憶など、プログラムの全体像を明らかにする。 |

ふるさとシリーズ

誇れる郷土データ・ブック 新刊 −コロナ後の観光振興−**2022年版**	978-4-86200-261-7 本体2727円 2022年6月発行 ユネスコ遺産（世界遺産、世界無形文化遺産、 世界の記憶）を活用した観光振興策を考える。 「訪れてほしい日本の誇れる景観」も特集。	
誇れる郷土データ・ブック −世界遺産と令和新時代の観光振興−**2020年版**	978-4-86200-231-0 本体2500円 2019年12月発行 令和新時代の観光振興につながるユネスコの 世界遺産、世界無形文化遺産、世界の記憶、 それに日本遺産などを整理。	
誇れる郷土データ・ブック −2020東京オリンピックに向けて−**2017年版**	978-4-86200-209-9 本体2500円 2017年3月発行 2020年に開催される東京オリンピック・パラリンピックを 見据えて、世界に通用する魅力ある日本の資源を 都道府県別に整理。	
誇れる郷土ガイド−日本の歴史的な町並み編−	978-4-86200-210-5 本体2500円 2017年8月発行 日本らしい伝統的な建造物群が残る歴史的な町並みを特集	
誇れる郷土ガイド	**−北海道・東北編−** 新刊 **−関東編−** 新刊 **−中部編−** 新刊 **−近畿編−** 新刊 **−中国・四国編−** 新刊 **−九州・沖縄編−** 新刊	978-4-86200-244-0 本体2600円 2020年12月 北海道・東北地方のユネスコ遺産を生かした地域づくりを提言 978-4-86200-246-4 本体2600円 2021年2月 関東地方のユネスコ遺産を生かした地域づくりを提言 978-4-86200-247-1 本体2600円 2021年3月 中部地方のユネスコ遺産を生かした地域づくりを提言 978-4-86200-248-8 本体2600円 2021年3月 近畿地方のユネスコ遺産を生かした地域づくりを提言 978-4-86200-243-3 本体2600円 2020年12月 中国・四国地方のユネスコ遺産を生かした地域づくりを提言 978-4-86200-245-7 本体2600円 2021年2月 九州・沖縄地方のユネスコ遺産を生かした地域づくりを提言
誇れる郷土ガイド−口承・無形遺産編−	4-916208-44-7 本体2000円 2001年6月発行 各都道府県別に、口承・無形遺産の名称を整理収録	
誇れる郷土ガイド−全国の世界遺産登録運動の動き−	4-916208-69-2 本体2000円 2003年1月発行 暫定リスト記載物件はじめ全国の世界遺産登録運動の動きを特集	
誇れる郷土ガイド−全国47都道府県の観光データ編− **2010改訂版**	978-4-86200-123-8 本体2381円 2009年12月発行 各都道府県別の観光データ等の要点を整理	
誇れる郷土ガイド−全国47都道府県の誇れる景観編−	4-916208-78-1 本体2000円 2003年10月発行 わが国の美しい自然環境や文化的な景観を都道府県別に整理	
誇れる郷土ガイド−全国47都道府県の国際交流・協力編−	4-916208-85-4 本体2000円 2004年4月発行 わが国の国際交流・協力の状況を都道府県別に整理	
誇れる郷土ガイド−日本の国立公園編−	4-916208-94-3 本体2000円 2005年2月発行 日本にある国立公園を取り上げ、概要を紹介	
誇れる郷土ガイド−自然公園法と文化財保護法−	978-4-86200-129-0 本体2000円 2008年2月発行 自然公園法と文化財保護法について紹介する	
誇れる郷土ガイド−市町村合併編−	978-4-86200-118-4 本体2000円 2007年2月発行 平成の大合併により変化した市町村の姿を都道府県別に整理	
日本ふるさと百科−データで見るわたしたちの郷土−	4-916208-11-0 本体1429円 1997年12月発行 事物・統計・地域戦略などのデータを各都道府県別に整理	
環日本海エリア・ガイド	4-916208-31-5 本体2000円 2000年6月発行 環日本海エリアに位置する国々や日本の地方自治体を取り上げる	

シンクタンクせとうち総合研究機構

事務局　〒731-5113　広島市佐伯区美鈴が丘緑三丁目4番3号
書籍のご注文専用ファックス　082-926-2306　電子メールwheritage@tiara.ocn.ne.jp